LK 7 5157

MONTPELLIER.

PROPRIÉTÉ.

Montpellier, RICARD Frères, Imprimeurs de la Préfecture, plan d'Encivade, 3.

MONTPELLIER

TABLEAU HISTORIQUE ET DESCRIPTIF;

POUR SERVIR DE GUIDE A L'ÉTRANGER

DANS CETTE VILLE ET DANS SES ENVIRONS.

Par Eugène THOMAS,

ARCHIVISTE DU DÉPARTEMENT DE L'HÉRAULT, MEMBRE DE LA SOCIÉTÉ ARCHÉOLOGIQUE, DE L'ACADÉMIE DES SCIENCES ET LETTRES DE MONTPELLIER, ETC

MONTPELLIER,
CHEZ FÉLIX SEGUIN, LIBRAIRE, RUE DE L'ARGENTERIE.

1857.

AVERTISSEMENT.

Nos villes méridionales sont quelquefois accusées d'indifférence pour les étrangers. Il est cependant difficile de croire qu'ils viennent auprès de nous seulement pour respirer l'air pur de notre ciel ou pour implorer les bienfaits de l'art de notre moderne Épidaure. Quoi qu'il en soit, nous avons dû nous inscrire en faux contre cette accusation, et faire aux étrangers les honneurs de Montpellier.

Déjà, en 1836, nous nous étions essayés dans le même but, persuadés que, si notre œuvre était utile, indispensable même à ceux-ci, elle pourrait n'être pas sans utilité pour beaucoup de nos concitoyens. La bienveillance avec laquelle cet *Essai* fut accueilli, nonobstant ses imperfections, nous a montré que nous ne nous étions pas tout-à-fait trompés. Mais, quelles métamorphoses depuis ! Bien différentes de l'humaine nature, qui regrette ses grâces et sa fraîcheur premières en vieillissant, les cités, au contraire, gagnent à perdre leur jeunesse. Le temps, en secouant ses ailes sur notre ville, lui a imprimé une physionomie nouvelle. Celui qui en traçait l'ébauche, il y a dix ou douze ans, doit, quand il veut reproduire son tableau, dessiner d'autres traits et tremper ses pinceaux dans d'autres couleurs.

Voici donc un nouveau portrait de Montpellier : sera-t-il reçu avec la même faveur? Nous l'espérons, s'il est encore ressemblant.

Nous avons presque partout écarté l'appareil scientifique ; rarement nous conduisons le lecteur sur le terrain de la discussion : en soumettant nos doutes à l'indulgence des savants, voire aux critiques qui veulent bien nous éclairer de leurs conseils, nous nous adressons plus directement à ceux qui n'ont ni le temps ni le goût d'études locales plus complètes, et qui peuvent se contenter de ces notes recueillies originairement par amour de notre pays.

Nous avons plusieurs fois ailleurs discuté les origines de nos monuments, de nos institutions, de notre histoire : dans des proportions moins compliquées, nous résumons ici en peu de lignes, autant que cela nous est possible, ce que nous avons, dans nos recherches, trouvé de plus positif et de plus intéressant sur chacun des objets qui appellent l'attention. Sans être trop restreints, comme la première fois, nous avons du moins voulu que notre cadre, dans des dimensions convenables, fût une sorte d'introduction et comme le premier sinon le seul mérite de l'ouvrage. En un mot, nous avons cherché à être encore utiles à tous, à être lus de tous. C'est beaucoup sans doute pour un livre qui s'annonce sous le voile de la modestie; puissions-nous avoir réussi! Le public nous a accoutumés à tant de bienveillance, qu'en cherchant toujours à la mériter, nous n'avons pas cessé d'y compter.

MONTPELLIER.

GUIDE

HISTORIQUE ET DESCRIPTIF DANS CETTE VILLE

ET DANS SES ENVIRONS.

CHAPITRE Ier.

Histoire.

Les villes s'enorgueillissent de montrer le berceau de leurs plus illustres enfants : les enfants ne conservent pas avec le même soin les titres originaires des cités qui leur ont donné le jour. Sept villes au moins se disputent l'honneur d'avoir vu naître Homère : Homère, qui a tant dit, a oublié de parler de l'origine d'aucune de ses sept mères. Puisque le berceau de la plupart des villes se perd sous le voile des fables, Montpellier n'a pas dû échapper à la destinée commune. Nous ignorons et l'époque précise de sa fondation, et l'étymologie véritable de son nom : ce nom, devenu depuis si célèbre dans le commerce et l'industrie, et surtout dans le monde savant, est encore une espèce d'énigme pour nous. Heureusement ces sortes de recherches importent aussi peu à l'étude de l'histoire qu'à la prospérité de la ville dont nous nous proposons d'esquisser le tableau.

Sans examiner, avec Jacques Charron et André Thevet, si, du temps de Scipion-l'Africain, les Pœniens (Carthaginois), poussés sur ces côtes, avaient agrandi Montpellier, qui aurait été bâti autrefois par Félix; sans nous arrêter au sentiment de ceux qui veulent que cette ville doive son existence aux Romains, nous conviendrons cependant que, si elle ne peut pas se glorifier des monuments et des débris d'antiquités qu'on admire à Nimes, à Narbonne, à Béziers, ni des ruines encore debout à Maguelone, à Substantion, à Lattes, à Murviel, villes dont la chute a accru la population et augmenté la splendeur de Montpellier, on y retrouve pourtant quelques traces qui sembleraient annoncer une origine beaucoup plus ancienne que celle qu'on attribue ordinairement à cette cité.

L'opinion la plus commune ne fait pas remonter plus haut que le huitième ou le neuvième siècle de l'ère chrétienne l'existence certaine de Montpellier. Suivant nos historiens, sur une colline couverte en partie des restes d'une antique et épaisse forêt, s'étaient formés deux villages appelés l'un *Montpellier*, l'autre *Montpellieret*. Deux sœurs de St Fulcran, d'abord archidiacre de Maguelone, ensuite Évêque de Lodève, tenaient ces lieux de leur mère, qui était fille d'un Comte de Substantion et de Melgueil (Mauguio), villes voisines de Montpellier. Elles en firent donation à l'église de Maguelone, en la personne de Ricuin, Évêque de ce diocèse (975) : enfin, ajoute la tradition, elles se retirèrent dans l'Abbaye de *S*^t*-Geniès*, du même diocèse. Ricuin donna Montpellier en fief à Guy ou Guillaume qui devint ainsi la tige des Seigneurs de Montpellier. Mais la critique est là debout qui dit : Ricuin, dont parle l'Évêque historien, Verdale, vivait sous le règne de Louis-le-Débonnaire qui mourut en 840 ; ni St Fulcran, ni ses sœurs, ni Guillaume n'ont pu être ses contemporains. Car St Fulcran fut consacré en 949 et mourut en 1006 ; et le premier Guillaume, d'après le Chanoine d'Aigrefeuille, ne date que de l'an 990 [1].

Ceux qui ont voulu embellir la naissance de cette ville ont dit gaîment que son nom était composé de deux mots latins, *Mons Puellarum*, c'est-à-dire *Colline des jeunes filles*; soit qu'ils aient voulu rendre hommage à la beauté des jeunes filles de Montpellier, soit qu'ils aient entendu faire allusion à la donation des deux sœurs de St Fulcran. Nous devons cependant faire observer qu'aucun titre ancien ne désigne Montpellier sous le nom de *Mons Puellarum*. Un auteur, Robert Cœnal, l'appelle *Monspisciculanus*, *une montagne poissonneuse*; peut-être fallait-il lire *Pessiculanus*, *fermée au verrou*; d'autres *Monspellerius*, *Petrosus* ou *Pertarius*.

Un historien de cette ville, Serres, pense que ceux qui ont appelé Montpellier *Monspessulanus*, comme s'ils voulaient dire *montagne fermée à verrou*, ne se sont pas beaucoup éloignés de la vérité, puisqu'en divers endroits il est nommé en mauvais latin, *Monspestellarius*,

---

[1] Garonne. *Histoire de la ville de Montpellier*, p. 10.

et en langage du pays, *Montpeiler* [1], *Montpeylat*, ce qui signifie, dans certains dialectes de cette langue, *Montagne fermée à clé* [2]. C'est aussi le sentiment de M. Charles de Belleval [3] : « Qui pourrait, en effet, douter, dit-il, que le nom de Montpellier, en latin *Monspessulanus*, ne vienne de *mons* et de *pessulus*? Ce dernier mot latin signifie *verrou* ou *pêne*, et l'on a bien pu dire *Monspessulanus* pour *Monspessulatus*..... Le mont sur lequel furent jetés dans la suite les fondements de Montpellier n'était encore qu'un lieu inculte et couvert d'herbes sauvages propres à servir de pâture aux troupeaux. C'est ce que l'on appelle en langage du pays un *dévès*, c'est-à-dire un lieu de réserve où les seuls habitants de Substantion avaient droit de pâturage. Pour en interdire l'entrée au bétail étranger, on environna ce lieu de palissades, de fossés ou de murailles. On n'y laissa qu'un seul endroit pour servir de passage, lequel se fermait par une grande porte, avec un gros verrou. » — Serres s'exprime différemment, et prétend que c'est certainement avec beaucoup de raison que cette nouvelle ville a dû être enfermée et entourée de murailles,

---

[1] Froissart écrit en français *Montpeslier*, et Gariel *Montpélier*. Le Petit Thalamus, manuscrit conservé dans les archives de la Mairie, dont il sera parlé plus loin, avait déjà écrit *Montpeslier* et *Montpeylier*.

[2] On dit encore à Montpellier : *Porta d'âou Pila-Sen-Gély*, pour désigner la porte qui fermait la ville du côté du chemin de Nimes. C'est le cas de remarquer que le mot de *Pila* (*auge, pilier*) peut non-seulement s'appliquer à plusieurs objets, mais que, dans le dialecte de Montpellier, ce mot n'exprime pas même l'idée de clôture ou de fermeture à clé ; ce qui infirme les raisons que l'on a données à l'appui de cette origine du nom de la ville.

[3] Notice sur Montpellier, *init.*

puisque, dans le temps principalement que la France était embrasée des feux de la guerre civile, ses premiers fondements faillirent à être renversés et bouleversés entièrement. — Cela n'empêche pas que cet auteur ne tienne encore à la première étymologie, à celle qui ferait dériver le nom de cette cité de *Mons Puellarum*, ou *Puellæ*, en disant que si Montpellier doit surtout ses commencements à la générosité de deux jeunes filles, elle a été inspirée par la Vierge par excellence, la patronne de cette ville, la mère de Dieu, et que c'est pour cela que Montpellier l'a placée dans ses armoiries [1].

Il faut donc avouer que ces nombreuses origines du nom de Montpellier paraissent, à un examen un peu attentif, plus ou moins obscures, plus ou moins ridicules. Comment tirer d'un mot latinisé une interprétation quelconque, quand on a besoin de cette interprétation pour rendre raison du mot latin? Et le moyen de ne pas douter que, parce qu'un coin de cette montagne innominée aura servi de retraite fermée au bétail, la ville à laquelle elle sert de base aura, dès son berceau, reçu un nom d'une circonstance sans valeur; car rien, du reste, ne justifie le fait ni la tradition? Seulement on pourrait défendre cette étymologie en disant qu'elle ne serait pas unique dans son genre, et que d'autres localités s'en contentent dans leur baptistaire.

Quoi qu'il en soit, voici d'autres étymologies. Selon Rulman, Montpellier devrait son nom à sa situation sur le Lez, *mons in pede Ledi*; selon d'autres, à la solidité de sa base rocheuse, *Mont-Pilier*. Selon d'autres encore,

---

[1] Voyez, à la fin de cet article, la description de ces armoiries.

cette ville aurait existé primitivement dans la plaine et au bord du Lez, non loin du Pont-Juvénal, d'où, afin de se garantir, soit de l'invasion de la rivière, soit des incursions de l'ennemi, les habitants se seraient ensuite retirés vers le monticule situé en face, *versus montem pulsi*. La ville, ainsi transférée, aurait alors échangé contre le nom de *Montpellier*, qu'elle porte aujourd'hui sur la colline, le nom d'*Agathopolis* qu'elle avait autrefois dans la plaine [1].

Pourquoi, dit-on, le nom de Montpellier n'adopterait pas pour parents les deux mots, *mons* et *populus*, *mont du peuplier*, de cet arbre qui devait se plaire sur la colline où la ville est bâtie, et qu'on retrouve encore dans les environs? Du moins, ajoute-t-on, c'est de cette manière que le nom de Montauban a été composé. On sait, en effet, que cette ville a été de même élevée sur une colline boisée où abondait l'arbre qu'on appelle *aube*, en latin *alba*: des deux mots *mons* et *alba* on a fait celui de *Montauban*. — Mais, chez nous, cette étymologie ne paraît pas plus heureuse que les autres, parce qu'il faut toujours supposer que l'essence du peuplier était abondante sur notre montagne, et que des suppositions ne sont pas des preuves.

Ne serait-il pas arrivé ici ce qui arrive presque toujours dans les investigations de cette nature? Ne cherchons-nous pas loin ce que nous avons, pour ainsi dire, sous la main?

Si l'on fait attention à la nudité de la montagne sur

---

[1] Consultez l'excellente *Histoire de la Commune de Montpellier*, par A. Germain, p. v.

laquelle Montpellier a été fondé, nudité qui est le caractère de presque toutes les collines et montagnes voisines; si l'on réfléchit que la tradition nous a fait connaître que la colline de Montpellier n'était boisée qu'en partie lors de l'établissement de la ville; qu'il a fallu alors la dépouiller de sa verdure et de ses bois; que cette roche aride, pelée, soit par sa propre nature, soit par suite des constructions qui prirent la place des forêts, a été effectivement appelée par d'anciens auteurs *mons petrosus*, comme nous l'avons vu; que cette désignation de montagne pierreuse [1], dégarnie, en un mot, de *mont pelé*, se traduit, dans l'idiome du pays, par *mont pélat*, expression qui, à une légère différence d'ortographe près, apportée nécessairement par le temps, est la même que l'ancien nom de la cité, *Montpeylat*, d'où dérivent toutes ces appellations de basse latinité que nous avons citées, on conviendra peut-être qu'il ne faut pas espérer de trouver ailleurs des raisons plus naturelles, si les nôtres ne sont pas assez satisfaisantes, pour expliquer l'étymologie du nom de la ville de Montpellier. — Mais c'est trop nous arrêter sur un objet qui ne peut intéresser toutes les classes de lecteurs.

Bien que Ricuin eût donné Montpellier en fief, vers 990, à un gentilhomme du pays nommé Guy, ou *Guillaume*, il réserva pour l'église de Maguelone la possession immédiate de Montpellieret. Ce Guillaume, nous l'avons dit, fut le premier des Seigneurs qui, conservant le

---

[1] La qualification de *pierreuse* a fourni, indépendamment du nom de *Montpeyroux*, commune peu éloignée de Montpellier, le nom de la place célèbre de cette ville, le *Peyrou*.

même nom, possédèrent le fief de Montpellier pendant plusieurs siècles, jusqu'au moment où cette seigneurie passa en dot dans la maison d'Aragon.

Sous prétexte d'ôter toute retraite aux Sarrasins dans la Gothie (c'était le nom que les Français donnaient au Languedoc), Charles Martel fit démanteler, en 737, plusieurs villes, notamment celles de la côte, parmi lesquelles était Maguelone : elle fut ruinée entièrement, à cause de sa situation au milieu des eaux ; son église seule fut conservée. L'Évêque et son Chapitre se retirèrent à Substantion, ville bâtie près de la rivière du Lez, à une lieue N.-E. de Montpellier.

La ruine de cette île fut une des sources de l'accroissement de la population de Montpellier, comme l'abandon et le délaissement de Substantion, trois siècles plus tard, ajoutèrent encore à son importance et à sa prospérité ; en sorte que, de ces événements, de la fuite des Visigoths devant les Sarrasins d'Espagne, du commerce et de l'industrie, de la combinaison de tous ces moyens, les deux villages ou bourgs voisins, réunis en une ville considérable [1], acquirent bientôt, sous le nom de Montpellier, un rang distingué parmi les villes de la Gothie. A la fin du Xme siècle, la cité jouissait d'une certaine réputation.

Les successeurs de Guillaume [2] reconnurent pour

---

[1] Montpellier s'étendait depuis la porte du *Pila-St-Gély* jusqu'à la porte de *Lattes*.

[2] Quelques auteurs ont dit que les Seigneurs de Montpellier prirent le titre de *Comte*. Mais il serait difficile de trouver cette qualification dans les anciens documents. (Consultez, sur les Guillems, Seigneurs de Montpellier, le *Mémoire* de M. Ferd. Pégat, dans les publications de la Société Archéologique de cette ville, t. I, p. 293.)

suzerain le Comte de Toulouse; mais Guillaume V se constitua, en 1090, vassal de l'Évêque de Maguelone, avec lequel il venait d'avoir des démêlés très-vifs.

Il est bon de se faire ici une idée des deux *justices* différentes qui s'exerçaient alors à Montpellier. L'une appartenait à l'Évêque dans Montpellieret, et s'appelait la *Rectorie* [1]; l'autre, la cour du *Bailly* ou *Bayle* [2], appartenait aux Guillaumes, Seigneurs de Montpellier. Lorsque cette ville fut réunie à la couronne, les Rois de France laissèrent subsister ces deux justices. La rectorie fut appelée *part antique*, comme étant la première et la plus ancienne acquisition qu'ils avaient faite dans la seigneurie de cette ville. Ces justices n'éprouvèrent de changement que sous Henri II, par l'édit du mois de Janvier 1551, qui institua les Présidiaux.

Pendant que les Guillaumes possédaient la seigneurie de Montpellier, durant deux siècles et plus, la ville fut ravagée par des pestes, par des guerres cruelles et d'autres calamités; mais l'affluence des étrangers que son commerce attirait, la célébrité de son Collége de médecine, bâti par un de ses Seigneurs dans le XIIme siècle, la doctrine des Arabes qu'on y enseignait

---

[1] Outre le logement dont l'Évêque jouissait à Maguelone, il avait à Montpellier un palais qu'on nommait la *Salle de l'Évêque*, où il recevait les Princes et les étrangers de distinction, et où logeaient son official et ses officiers de justice. Cet édifice était situé dans la partie de la ville qu'on appelle à présent l'*île de l'Oratoire*. Il fut détruit en 1568, pendant les guerres de religion.

[2] La Cour du Bayle siégeait dans un local qui fut ensuite réuni à l'Hôtel de l'Intendance de la province de Languedoc, aujourd'hui l'Hôtel de la Préfecture de l'Hérault.

et qui était florissante à cette époque, réparèrent une partie de ses malheurs. — Elle fut entourée de nouvelles murailles, à la fin du même siècle, par Guillaume VIII.— Un autre Guillaume protégea l'établissement de l'École de droit, créée en 1160. Suivant le *Petit Thalamus*, manuscrit précieux déjà cité, Maître Pierre Placentin, ou plutôt Placentinus [1], le premier professeur en droit à Montpellier, y mourut le douzième jour de Février de l'année 1192. Azo, son compagnon et son ami, qui fut le maître d'Accurce, fut désigné pour lui succéder.

Diverses vicissitudes se rattachent à la biographie des Guillaumes : elles n'occupent pas une place assez considérable dans l'histoire pour être rapportées. L'un d'eux, Guillaume VI, ayant été chassé par les habitants, les fit excommunier par le Pape Innocent II, et finit par rentrer dans la ville, après un long siége et avec le secours du Comte de Barcelone.

---

[1] Placentin, le vrai créateur de l'École de droit de Montpellier, fut regardé comme la lumière de son siècle : il était si fort aimé et considéré, que Guillaume, fils de Mathilde, Seigneur de Montpellier, voulut assister à ses funérailles. Les jurisconsultes et les étudiants en droit célébrèrent depuis l'anniversaire de sa mort dans le couvent de Ste-Eulalie, au-devant de la Merci, hors de la porte du Peyrou, où l'on faisait les leçons publiques et les exercices du droit, avant qu'on les fît au Collége de Ste-Anne. (Voyez, sur Placentin, la Notice de M. J. Castelnau, dans les *Mémoires de la Soc. Archéol. de Montpellier*, t. 1, p. 471.)

Azo, ou, comme on l'appela dans la suite, le grand Azo, lui succéda dans l'enseignement du droit. On sait que celui-ci mourut à Bologne, où il était retourné après avoir enseigné, à Montpellier, pendant dix ans, et presque en même temps que Placentin. Guy-Pape (dans le 98e livre de ses *Conseils*) appelle Azo *la trompette de la vérité*.

Nous parlerons, dans le chapitre qui traitera de *l'Administration*, des anciennes *coutumes*, *libertés* et *franchises* de Montpellier. — Ce n'est que vers le commencement du XIIIme siècle (1204) qu'on trouve l'établissement des Consuls de la ville, d'abord au nombre de douze, puis réduits à quatre, et plus tard portés à six.

En Juillet 1204, Pierre II, Roi d'Aragon, épousa Marie, fille unique du dernier Guillaume, huitième du nom, qui lui apporta en dot la seigneurie de Montpellier. Ce Roi prêta serment de fidélité à l'Évêque de Maguelone, et lui rendit foi et hommage pour ce fief. En la même année, le 15 Août, il donna la grande charte de Montpellier, c'est-à-dire qu'il approuva les statuts et coutumes des habitants de Montpellier, et confirma les priviléges et libertés dont ils avaient joui sous les ancêtres de la Reine sa femme. D'autres actes de confirmation, avec extension de priviléges et de droits, furent concédés, à différentes époques, en faveur des habitants de la ville par les successeurs de ce Prince.

Jacques Ier, son fils, joignit le royaume de Majorque, qu'il conquit sur les Sarrasins, à la couronne d'Aragon et à la seigneurie de Montpellier que lui avait laissées son père : celui-ci eut deux fils ; il donna au plus jeune Majorque et Montpellier qui, de cette manière, passa entre les mains de la famille du Roi de Majorque.

On voit, dans le siècle où nous sommes arrivés, Montpellier soutenir, augmenter, étendre le lustre qui l'environnait : des édifices majestueux s'élèvent dans son enceinte; de nouveaux temples chrétiens y sont construits et consacrés, d'autres sont réparés ; le culte catholique compte, parmi les plus considérables, ceux de Notre-Dame-des-Tables [1], des Frères-Mineurs, de St-Firmin, de St-Denis, monuments que le temps et les hommes n'ont pas respectés ; ses institutions se maintiennent en se perfectionnant ; son commerce est favorisé par les Rois de France, alimenté par de riches Israélites, et prospère en paix à l'ombre des traités passés entre les habitants de Montpellier et les citoyens de Gênes, Nice, Pise, Toulon, Hyères, Antibes. — L'étude des sciences y est florissante : le Pape Nicolas IV y établit une Université en 1292.

Dix ans auparavant, le Roi de Majorque avait fait hommage au Roi de France de la souveraineté de Montpellier. En 1292 fut consommé l'échange projeté depuis long-temps entre l'Évêque de Maguelone et le Roi de France. L'Évêque Bérenger de Frédol céda au Roi Philippe-le-Bel la partie de la ville lui appartenant en propre, appelée Montpellieret, et, en outre, tous les

---

[1] Cette église, qui était probablement la plus ancienne de Montpellier, portait d'abord le nom de Ste-*Marie-de-Montpellier*, *Ecclesia S. Mariæ de Montepessulano*. Dans l'acte de serment de fidélité de Pierre II (1204), l'église Notre-Dame est appelée *Ecclesia beatæ Mariæ de Tabulis*. Pour avoir une idée nette de cette dénomination, il faut savoir que cette église était désignée (voy. le *Petit Thalamus*) sous le nom de *Nostra Dona dé las Tâoulas* (tables). En effet, les changeurs avaient leurs tables auprès de l'église. Au rapport de Gariel, ces trafiquants étaient dans l'usage de lever sur leurs tables ou comptoirs, après la tenue de leur foire, un impôt qu'ils appelaient le *denier de Dieu*, et qui était destiné à l'entretien du temple. Nous parlerons ailleurs de cette ancienne église, sur laquelle on peut aussi consulter les *Mémoires* de J.-P. Thomas. Montpellier, 1827, in-8°.

droits qu'il avait sur l'autre partie. Il reçut en échange la baronnie de Sauve, le château de Durfort, Ste-Croix-de-Fontanès, et la partie de la seigneurie de Poussan, qui dépendait du Roi. Ces différentes propriétés restèrent jointes à la mense épiscopale.

La célébrité attachée au nom de Montpellier, les trésors que le commerce avait amassés dans son sein, sa population active, industrielle, florissante, étendant de plus en plus ses relations avantageuses dans les pays étrangers, avaient dès long-temps inspiré aux Rois de France le désir ardent de réunir cette ville à la couronne. Déjà Philippe-le-Bel avait acquis la partie nommée Montpellieret : le Roi de France avait des droits à faire valoir sur l'autre partie. La situation précaire du Roi de Majorque, alors en guerre avec le Roi d'Aragon, et au moment d'aller *recouvrer* son royaume, dont il ne possédait que le titre, était une occasion favorable pour Philippe VI. Effectivement, après une possession de cent quarante-cinq ans de la seigneurie de Montpellier, dans la maison des Princes d'Aragon, Jacques III, Roi de Majorque, de la branche cadette des Rois d'Aragon, aliéna la ville et la seigneurie de Montpellier (qui était alors une baronnie) à Philippe-de-Valois. L'acte est du mois d'Avril 1349. La seigneurie vendue, et contenant sept mille feux, fut, avec la châtellenie de Lattes, achetée cent vingt mille écus d'or.

Nous remarquerons que, vers ce temps-là, Montpellier jouissait d'une telle réputation, et devait avoir accumulé tant de richesses, qu'on le désignait souvent par cette expression : *Port très-fréquenté de la France, ou de la mer Méditerranée*[1]. S'il faut en croire le rabbin Benjamin Tudèle, les Orientaux, les Iduméens, les Ismaélites, les Égyptiens, les gens de toutes sortes de pays et de langues, ne fréquentaient Montpellier qu'à cause de ses marchandises. Froissart convient, dans sa *Chronique*, à l'occasion du voyage en Languedoc du Roi Charles VI, que les habitants de Montpellier lui firent des présents si riches, qu'ils ressemblaient plus à la magnificence d'un Roi qu'à celle de simples bourgeois.

Ici nous devons place aux bienfaits dont Montpellier fut redevable à l'illustre Pape Urbain V. Ce vertueux Pontife[2], qui, après avoir suivi la règle de St-Benoît, à Montpellier, après y avoir étudié la rhétorique et la philosophie, et y avoir professé d'une manière distinguée, siégea sur le trône de St Pierre de l'an 1362 à l'an 1370, conserva pour cette ville un attachement qui dura toute sa vie. Entre autres témoignages de reconnaissance pour les habitants, il les exempta de comparaître en justice hors du diocèse de Maguelone, lorsqu'ils seraient cités par lettres apostoliques ou par des Légats (1362); il leur confirma lui-même le consulat de la ville; interdit de les excommunier sans cause juste et raisonnable; défendit toute contrainte dans les clauses testamentaires, et ordonna toute liberté à cet égard; prohiba l'admission des enfants à l'habit de religion sans la permission de leurs parents ou de leurs tuteurs (1362); excommunia tous les routiers qui ra-

---

[1] Voy. ci-après l'article *Commerce*.

[2] Son frère, le Cardinal Anglic de Grimoard, partagea la prédilection de ce Pontife pour Montpellier; il y fonda, en 1368, la Collégiale de St-Ruf qui s'est perpétuée jusqu'en 1776.

vageaient alors le pays, et protégea les voyageurs contre leurs insultes et les prisonniers tombés en leurs mains (1363); en 1364, il recommanda au Duc d'Anjou, fils du Roi de France Jean-le-Bon, les habitants de Montpellier comme de bons sujets de la couronne et comme *les particuliers enfants qu'il affectionnait*, lui demanda de ne pas permettre à ses officiers de les tourmenter et de les écraser d'exactions (1364), et ce n'est pas la seule recommandation que nous trouvons dans ses bulles [1]. On voit encore, dans nos Archives municipales [2], un certificat du trésorier du Pape, de plusieurs paiements faits par les Consuls de la ville, pour les bâtiments et les travaux qu'Urbain V faisait élever et exécuter à Montpellier (1367).

Urbain V, dit le vieil historien Gariel, se plut à faire à Montpellier toute sorte de biens et d'honneurs. Il confia l'administration du diocèse de Maguelone à un homme sur lequel il pouvait bien compter, et qu'il connaissait depuis long-temps, à l'Évêque Gaucelin II, et, en même temps, il affranchit l'église de Maguelone de l'impôt de deux mille florins d'or que cette église payait au Pape et à la Chambre apostolique. Déjà le même Pape avait allégé un tribut analogue que les habitants de Montpellier payaient à l'Église depuis le pontificat d'Honorius III [3].

---

[1] Arch. municip. de Montpellier, armoire A, case 20, liasse 4; arm. F, case 5, liasse 5.

[2] Arm. F, case 7, n° 48.

[3] Deux marcs d'or équivalant à 50 livres tournois, ou à 132 florins d'or de Florence, qui représenteraient 1,000 ou 1,200 fr. d'aujourd'hui, et 6,000 fr, si l'on multipliait cette valeur intrinsèque par le pouvoir de l'argent à la fin du XIIIme siècle.

Le Pape Urbain, continue Gariel [1], avait fait le dessin d'une ville nouvelle. Il voulait rendre inexpugnable *le plus agréable verger des sciences*, en le défendant par une enceinte de fortes murailles, ensuite accroître sa prospérité commerciale en le faisant communiquer avec la mer par un canal qui aurait débouché dans l'étang de Lattes. Ce projet, dont on voyait encore le tracé au XVIme siècle, resta sans exécution.

Les anciennes fortifications de Montpellier remontaient au commencement du XIIIme siècle. En 1204, Pierre d'Aragon et Marie sa femme avaient permis qu'une enceinte de murs fût élevée sous la direction de douze *probes*. En 1352, on décida de creuser des fossés autour des *barris* ou faubourgs. Mais les fossés étaient insuffisants pour garder les faubourgs, et les vieux murs étaient également insuffisants pour défendre la ville. Urbain V voulut faire élever à ses frais des fortifications nouvelles. On s'y mit des deux bouts en 1366, dit l'ancien historien. De sorte que, lorsque Urbain V vint à Montpellier, à la fin de la même année, ces belles murailles s'étendaient de la tour de la *Babote* (près de la porte de la Saunerie) jusqu'à la tour des *Carmes*. La mort du Pape arrêta les travaux; les guerres de religion détruisirent ceux qui étaient déjà faits.

Charles V céda, en 1365, à Charles II, dit le Mauvais, Roi de Navarre, la baronnie de Montpellier, en dédommagement des châteaux de Mante et de Meulan, et du comté de Longueville, qu'il lui avait enlevés en Normandie.

---

[1] *Idée de la ville de Montpellier,* pp. 79, 154, etc.

Nous n'exposerons pas aux regards du lecteur le tableau du passage des *compagnies étrangères* qui désolèrent le pays : cette triste période occupe les trois quarts du XIVme siècle. Montpellier vit alors ruinés, démolis, ses faubourgs et ses églises.

Le Roi de Navarre prit possession de la ville au commencement de l'an 1365. Il n'en jouit pas sans interruption. Souvent enlevée et rendue, reprise diverses fois pour cause de félonie, elle rentra définitivement au pouvoir de Charles VI en 1382; et, depuis cette époque, la ville de Montpellier n'a plus été détachée de la monarchie française.

Un fait assez singulier se présente à la fin de ce siècle : c'est la révocation d'une amende de cent marcs contre ceux qui avaient fait charivari, attendu qu'*elle était contraire aux priviléges de la ville et à la possession immémoriale de faire de tels charivaris.* — De pareils faits caractérisent les mœurs du temps [1].

La fin du XIVme siècle fut frappée d'épidémies et de grandes mortalités : on fit des vœux, on éleva des églises.— La ville resta presque indifférente à la guerre des Albigeois; du moins les fureurs des Croisés ne l'atteignirent point.—Le Tribunal de l'Inquisition s'y établit avec peine : les Consuls de Montpellier refusèrent même, au commencement du XVme siècle, de prêter serment à l'Inquisiteur. Ce Tribunal s'essaya sur une prétendue

---

[1] Un arrêt du Conseil, du 19 Août 1661, défend de faire aucun *chef de jeunesse* (*cap dé jouvén*) ni *charivaris*, sous peine de punition corporelle.

sorcière, c'est-à-dire sur une véritable hérétique, Catherine Sauve [1], et fut aboli peu de temps après.

On a dû remarquer jusqu'à présent, et malgré la réunion à la couronne, avec quelle constance la cité avait cherché, dans toutes les occasions, à maintenir l'indépendance de ses droits. En 1438, elle fit confirmer ses priviléges par le concile général de Bâle.—Un siècle auparavant, Philippe IV, par ses lettres-patentes du 1er Juillet 1342, voulut que les habitants de Montpellier jouissent des priviléges de la noblesse de Languedoc, et ne contribuassent que *libéralement* aux frais de la guerre. — En 1464, Louis XI exempta la cité du droit de fief et d'amortissement, conformément à la charte de 1231, de Jacques, Seigneur de Montpellier. — En 1483, les étrangers qui viennent s'y établir sont affranchis de toute contribution.

Il fallut, à la fin du XVme siècle, accorder cinq deniers sur chaque quintal de sel qu'on vendait dans la ville, pour être employés à ses fortifications. Les lettres du Roi Charles VIII, expédiées à cette occasion, le 30 Mars 1495, attestent que Montpellier était auparavant peuplé de 3 à 4000 feux. On reconnaît là sa splendeur déclinante.

A cette époque, la ville semble, en effet, avoir perdu de l'importance que son commerce et son industrieuse activité lui avaient acquise dans les siècles précédents. Serait-ce parce que les circonstances auxquelles elle

---

[1] Voy., sur cette héritière du catharisme, un intéressant mémoire de M. A. Germain, dans le *Recueil de l'Académie des sciences et lettres de Montpellier*, section des lettres, t. Ier, p. 539.

devait sa fortune n'étaient plus les mêmes ; que le négoce avait trouvé d'autres débouchés, d'autres entrepôts, et, bientôt après, d'autres sources de richesses avec la conquête du Nouveau-Monde? Car telles furent aussi les causes de déclin qui sapèrent les fondements de la prospérité et du commerce de bien d'autres villes, et notamment des riches et puissantes cités de la péninsule italienne. — Montpellier ne paraît reprendre, au siècle suivant, une place célèbre dans l'histoire que par ses malheurs, et par les funestes alternatives et les vicissitudes d'une longue lutte entre deux cultes qui ne devraient inspirer qu'amour et charité.

Au commencement du XVIme siècle, Montpellier possédait une Cour des Aides, une Chambre des Comptes, un Hôtel des Monnaies, une Université fameuse : son commerce, quoique plus restreint, s'étendait encore assez loin ; la ville comptait déjà plusieurs monuments publics et beaucoup d'églises. Le siége épiscopal de Maguelone fut transféré à Montpellier en 1536. La doctrine de Calvin y fut introduite en 1559. — C'est bientôt une guerre de rivalité : les deux partis ont tour à tour part aux défaites, aux succès. La ville est un théâtre de sang et de ruines : les temples, les églises sont démolis ; le fort St-Pierre est renversé (1567). Les protestants s'emparent de la ville sous Henri III ; une espèce de république, ou plutôt un mélange démocratico-oligarchique s'y établit. Du moins une pensée consolante surgit au milieu de ces horreurs : Montpellier reste pur du sang protestant dans la fatale nuit de la St-Barthélemy.

Henri II, en instituant le Présidial en 1551, comme nous l'avons dit précédemment, supprima les deux justices de la *Baillie* et de la *Rectorie*. Il créa en même temps une charge de *Viguier* qui réunit toute l'autorité et la compétence des deux autres charges. Mais la police fut toujours exercée par les Consuls. En la même année, ceux-ci acquirent du Roi, au nom de la ville, l'aliénation de tous les droits seigneuriaux. D'un autre côté, le Maréchal de Damville, Lieutenant-Général en Languedoc, fit procéder, en 1574, à la nomination des Consuls de Montpellier *pour le service du Roi, mais sans préjudice des droits et priviléges du consulat, et dès protestations des anciens Consuls.*

Les protestants, de nouveau maîtres de la ville, la firent fortifier, par des bastions et d'autres ouvrages, en 1621. Louis XIII vient en personne l'assiéger : le siége, commencé le 3 Août 1622, est long et meurtrier ; la ville se rend le 19 Octobre ; les fortifications sont démolies, et le Roi fait son entrée solennelle, le 20, par la porte de la *Blanquerie*.

Pour maîtriser les habitants, il fit construire la citadelle qu'on voit aujourd'hui et qui sert de caserne. Les agitations excitées par ces longs et violents orages se calmèrent enfin : la ville soumise se prépara en quelque sorte, par des années de paix et de repos, au siècle brillant de Louis XIV [1].

Mais elle essuya d'ailleurs d'autres calamités : il suffit de nommer la grande peste de 1629, qui dura dix-neuf mois, celle de 1640, et le froid extraordinaire de 1709, qui fit périr les oliviers et les autres arbres. La glace des rivières eut jusqu'à 12 et 15 pieds d'épaisseur : on

---

[1] Ce Prince vint à Montpellier le 5 Janvier 1650.

ne recueillit de l'huile à Montpellier, après cette catastrophe, qu'en 1715.

Toutefois, dans les XVIIme et XVIIIme siècles, la ville reçut un nouveau lustre des embellissements que l'art et l'utilité publique firent élever dans son sein : tels furent la place du Peyrou ; l'arc de triomphe, qui sert, pour ainsi dire, d'entrée à cette magnifique place ; l'imposant aqueduc qui soutient et porte à Montpellier, dans un trajet de deux lieues, les eaux de la source abondante de St-Clément ; la promenade de l'Esplanade, et d'autres constructions dont nous aurons occasion de parler plus amplement.

Avant la révolution de 1789, Montpellier avait repris, dans l'ordre politique, une partie de l'importance à laquelle durent contribuer ses richesses, sa position, son commerce, l'étude florissante des sciences qu'on y cultivait, et les circonstances qu'on a déjà pu apprécier. Cet éclat, Montpellier en fut aussi redevable aux États de la province de Languedoc. Ils ne s'assemblaient d'abord que par sénéchaussée [1] : ils furent ensuite autorisés à se réunir constamment en États-Généraux. Leur réunion avait lieu tantôt dans une ville, tantôt dans une autre, mais souvent à Montpellier. Cette ville fut définitivement choisie pour le siége de leurs délibérations, et les États de la province s'y sont assemblés, sans interruption, depuis 1736 jusqu'à leur extinction en 1789.

Montpellier, chef-lieu de la généralité du Bas-Languedoc

[1] Louis XIII avait érigé la charge de Sénéchal de Montpellier, le 7 Août 1624; précédemment, la viguerie de Montpellier dépendait de la sénéchaussée de Beaucaire et Nimes.

et de la sénéchaussée de son nom, avait donc, à cette dernière époque, une Cour souveraine composée d'une Chambre des Comptes, réunie, par des édits de 1629 et de 1648, à une Cour des Aides ; un Siége Présidial, auquel avait été joint, en 1759, le Petit-Scel établi par Philippe-le-Bel ; un Bureau des Finances ; un Hôtel des Monnaies ; une Université composée de quatre Facultés, de théologie, de droit, de médecine et des arts, dont l'Évêque était Chancelier, et qui florissait dans le XIIme siècle ; plusieurs Colléges ; une École de chirurgie ; une Académie célèbre des sciences.

Elle était le siége du Gouvernement et de l'Intendance de la province de Languedoc, et de l'Évêché qui portait le nom de la cité.

On compte plusieurs conciles tenus dans cette ville. Le *Gallia Christiana* fait mention de ceux de 1134, 1269, 1303, 1321 et 1339. Mais ordinairement on ne cite que les conciles provinciaux de 1162 contre l'Anti-Pape Victor ; de 1195 sur la discipline et pour déterminer la guerre contre les Sarrasins ; de 1214 sur la discipline ; de 1215 où Simon, Comte de Montfort, fut déclaré Comte souverain des terres dont il avait chassé les Albigeois ; de 1224 dans la cause du Comte de Toulouse, protecteur de ces mêmes Albigeois ; de 1258 sur la liberté de l'Église.

Montpellier possédait encore, dans le dernier siècle, un grand nombre d'ordres religieux, d'hospices, de confréries d'hommes et de femmes. Le Comte Guidon fonda dans cette ville l'Ordre des Hospitaliers, dont le premier Chapitre général se tint en 1032. Il y avait aussi le *Grand Prieuré de St-Lazare* de Languedoc, qui comprenait la Provence, le Dauphiné, le Quercy, le Périgord, la Gascogne et la Guyenne.

Montpellier portait pour anciennes amoiries : d'azur à une Vierge de carnation, habillée de *gueules*, ayant un manteau d'azur, tenant l'Enfant Jésus, aussi de carnation, accosté, en chef, d'un A et d'un M (*Ave Maria*) en caractères gothiques d'argent [1], appuyant ses pieds sur un petit écusson d'argent avec un tourteau ou bezan de gueules, et le tout enfermé par une bordure ou trescheur fleuronnée aussi d'argent, entouré en dehors de ces mots : *Virgo mater natum ora ut nos juvet omni horâ.*

Le tourteau de gueules en champ d'argent est l'écu des armes des Guillaumes, anciens Seigneurs de Montpellier. — On trouve dans les livres plus modernes l'écu des armoiries de la ville, accolé de deux palmes de sinople, unies par leurs tiges d'un lien d'azur.

Lorsqu'en 1790 la France fut divisée en départements, Montpellier fut désigné pour être le chef-lieu de celui de l'Hérault.

Cette ville, peuplée de 50000 âmes, est aujourd'hui chef-lieu de Division militaire (10e), de Cour impériale, de Préfecture, d'Évêché, d'Académie. Elle est le siége de Tribunaux de première instance et de commerce, d'une Chambre et d'une Bourse de commerce ; elle possède des Facultés de Médecine, des Sciences et des Lettres ; une École spéciale de Pharmacie ; des Sociétés

---

[1] Plus anciennement, d'un A surmonté d'un T et d'un M, c'est-à-dire MARIA A TABELLIS, vocable de l'église Notre-Dame-des-Tables, ou des Miracles, de Montpellier. (*Voy. la note page 12.*)

d'Agriculture et d'Archéologie ; une Académie des Sciences et des Lettres ; deux Ingénieurs en chef des Ponts et Chaussées; des directions du Télégraphe, des Postes, de l'Enregistrement et des Domaines, des Contributions directes et indirectes, des Douanes; une Inspection des Forêts; un Séminaire, un Lycée impérial; une École normale primaire de garçons et une École normale primaire de jeunes filles; des Écoles supérieures et élémentaires; des Écoles de Commerce, de Dessin, de Géométrie, d'Architecture, de Musique, d'Équitation, etc.

CHAPITRE II.

Météorologie.

Si la célébrité de l'École de médecine de Montpellier a valu à cette ville le nom de *moderne Épidaure,* on peut ajouter que l'affluence des étrangers qui l'habitent constamment est encore due à la pureté de son ciel presque toujours sans nuages, à sa douce température, à la salubrité de l'air qu'on y respire. Selon le Professeur Fouquet, dans ses *Recherches sur le climat de Montpellier*, au nombre des causes de la bonté de cet air, il faudrait placer la pente considérable de la plupart de ses rues, qui ne permet ni aux eaux des pluies, ni à celle des égouts d'y croupir. En effet, comme le remarque M. de Belleval, des aqueducs souterrains, pratiqués dans toute la ville, reçoivent, par des conduites particulières, les immondices de chaque maison, et les entraînent rapidement dans deux ruisseaux situés l'un au nord, l'autre au midi de la cité. La pente des rues de Montpellier dérive naturellement de la situation de cette ville sur une colline. Les rues sont étroites et mal percées, comme on peut le remarquer en général dans toutes les villes du midi, à l'exception des quartiers nouvellement bâtis [1]. — Quoi qu'il en soit, Montpellier est une des plus saines. On n'y voit plus ces affections épidémiques qui s'y manifestaient autrefois, lorsqu'elle était resserrée par des murs élevés.

Nous ne prétendons cependant rien dissimuler. Souvent ce beau climat, sec et chaud, passe, d'une manière brusque et irrégulière, au froid, à l'humide, et réciproquement. Aussi les étrangers ne doivent pas se dévêtir trop vite, même lorsqu'ils y sont invités par la douceur de la saison.

Le printemps est court : à peine s'aperçoit-on ordinairement de la transition de l'hiver (lequel est très-souvent un véritable printemps) aux chaleurs qui succèdent aux froids avec spontanéité. L'automne est la plus belle comme la plus riche saison de la contrée. A la fin de Septembre, on rentre dans les serres les plantes les plus délicates : la rentrée est générale à la fin d'Octobre. L'observation a constamment établi, entre la végétation de Paris et celle de Montpellier, une différence de quinze jours en faveur de cette dernière ville. Cette différence n'existe plus à quelques myriamètres vers les montagnes.

---

[1] Remercions notre Administration municipale qui ne laisse échapper aucune occasion d'assainir, d'embellir, de régulariser la cité.

On peut reconnaître pour causes principales de ces variations climatériques la nature même de la ceinture départementale, les élévations de son extrémité nord, leurs sommets couverts de neige durant l'hiver, et la Méditerranée qui envoie le vent lourd et inélastique du sud. Aussi les environs de la ville éprouvent-ils parfois des effets fâcheux de quelques-uns des vents qui y règnent habituellement.

Quatorze rumbs de vents divisent la rose de la boussole de Montpellier ; leurs dénominations vulgaires sont, en général, prises des localités dont ils paraissent affluer. Ce sont :

Nord......................	*Tramontâna.*
Nord-nord-est..............	*Tramontâna bâssa.* / *Aguiélas.*
Nord-est...................	*Grec.*
Est........................	*Levant.* / *Aoura roûssa.*
Sud-est-quart-est, sud-est ; Sud-est-quart-sud ; sud-quart-sud-est ; sud..............	*Marin.*
Sud-sud-est................	*Marin blanc.*
Sud-sud-ouest..............	*Garbin.*
Sud-ouest..................	*Labech.*
Ouest-sud-ouest............	*Narbounés.*
Nord-ouest.................	*Magistrâou.*

Le nord-ouest est le vent le plus fréquent de l'année ; le sud-sud-ouest est le plus rare. Dans l'ordre des saisons, le sud-est et l'ouest-nord-ouest dominent durant le printemps : l'été amène le sud, et surtout le nord-ouest, auxquels succèdent, dans l'automne, le sud-est, l'ouest-nord-ouest, le nord-ouest et le nord-est ; enfin le nord-ouest, l'ouest-nord-ouest et le nord-est règnent principalement pendant l'hiver.

Le nord passe sur les montagnes de la Haute-Loire, de la Lozère et des Cévennes. Il prend le nom de *Bise* en hiver, et produit un froid très-piquant lorsque ces montagnes sont blanchies par la neige. Entre le printemps et l'été, il est sec et brûlant, et nuit aux blés : il est alors connu sous le nom de *Tramontâna* [1].

Le nord-nord-est tient beaucoup de la nature du précédent. Le nord-est, dans la direction des principales montagnes de l'Isère et de l'Ardèche, est ordinairement très-pluvieux. L'est rase le golfe du Lion [2], traverse, vers les embouchures du Rhône, la Camargue et les marais d'Aigues-Mortes. Moins pluvieux que le nord-est, lorsqu'il souffle en automne avec violence, il transporte une grande quantité d'insectes très-incommodes. Les vents du sud, qui passent sur la mer, et prennent le nom générique de *vents marins*, amènent souvent les fortes pluies, surtout le sud-est. En hiver, ils produisent de la chaleur; mais, en général, leur humidité relâche les fibres, et leurs vapeurs alourdissent et obscurcissent l'air. En été, on pourrait les croire quelquefois des enfants du *Sirocco* africain.

L'ouest-nord-ouest est le *Circius* des anciens, vent fameux par son impétuosité. Né dans la vallée qui sé-

---

[1] Essai sur le climat de Montpellier, par Jacques Poitevin ; 1803, in-4°, p. 61.

[2] Au lieu de Lyon, qui forme un non-sens. *Sinus, Mare-Leonis quod semper est fluctuosum et crudele.* Guillaume de Nangis, *in Gest. S. Lud.*

pare les Pyrénées de la chaîne de Castres et de St-Pons, modéré dans le Haut-Languedoc, il augmente progressivement en s'avançant dans le Bas-Languedoc. Il est d'une violence extrême à Narbonne, à Béziers et à Agde, où il va se perdre dans la mer; mais cette violence ne s'étend guère jusqu'à Montpellier et Nimes [1].

Le nord-ouest, comme nous l'avons dit, est le vent dominant : c'est à lui que l'atmosphère doit sa pureté, sa transparence, sa légèreté. Il prend sur les sommets des montagnes de l'Aveyron cette fraîcheur agréable qui lui a fait donner, ainsi qu'à son collatéral l'ouest, le nom de *Zéphyr* de Montpellier.

Le peuple appelle *Vaccaïrious* les vents qui soufflent assez régulièrement vers le temps des équinoxes. Ceux qu'il nomme *Cavaliers*, et qui règnent vers les 23 et 25 Avril, les 3 et 6 Mai, sont des coups de vents froids et, à cette époque, funestes à la végétation, surtout aux fruits.

On voit que le nord-est et les vents qui participent du sud, notamment le sud-est, sont ceux qui amènent le plus souvent les pluies; — que le nord-est est alternativement le plus froid ou le plus chaud, suivant la saison où il souffle; — que l'ouest-nord-ouest est le plus impétueux; — que le sud-sud-ouest est le plus rare, et le nord-ouest le plus fréquent, le plus agréable, le plus salutaire.

Des observations faites à Montpellier pendant douze années consécutives, depuis 1806 jusqu'à 1817 inclusive-

---

[1] Mémoires pour l'histoire naturelle du Languedoc, par Astruc; in-4º, 1740.

ment, montrent que la plus grande quantité de pluie reconnue annuellement est de 42 pouces 1 ligne 5/16mes (1 mètre 139 millim.); la moins grande, de 16 pouces 10 lignes 6 p. (0 m. 457 millim.); mais la quantité moyenne annuelle de pluie, d'après toutes les observations faites pendant ces douze années, est de 25 pouces 3 l. 6 p. (0 m. 685 millim.) [1].

La plus grande quantité annuelle de jours pluvieux a été de 83 jours, et la moins grande de 55. En prenant un terme moyen entre toutes les observations faites pendant les mêmes années, on trouve que la quantité moyenne annuelle de jours pluvieux est de 67 14/24. — Il résulte encore de ces observations que le mois de Septembre présente le minimum de la quantité de pluie; que le mois d'Août en offre le maximum; — que le plus grand nombre de jours pluvieux est affecté au mois d'Octobre, et le plus petit nombre au mois de Février; enfin que le terme moyen annuel de la pluie observée dans chaque saison donne les quantités suivantes : en hiver, 1 p. 8 l. 7 p. (0 m. 046 millim.); au printemps, 1 p. 10 l. 2 p. (0 m. 050 millim.); en été, 1 p. 4 l. 1 p. (0 m. 036 millim.); en automne, 3 p. 6 l. 6 p. (0 m. 096 millim.).

Si des expériences antérieures durant trente-deux années complètes sont exactes [2], la quantité moyenne annuelle de pluie à Montpellier était de 28 pouces 3 l. (765 millim.); elle serait de 28 p. 6 l. (771 millim.)

---

[1] Peut-être 0 m. 689 millim. d'après M. Poitevin. V. Considérations sur le climat de Montpellier, par M. Marié-Davy. Montp., 1851; in-4°, p. 15.

[2] Poitevin, déjà cité.

suivant la géographie de Malte-Brun. Nous avons déjà dit qu'elle ne serait, d'après les observations de 1806 à 1817, que de 25 p. 3 l. 6 p. (685 millim.); et il faut avouer que cette différence sensible tend à s'accroître graduellement. En effet, la moyenne de 1835 à 1850, suivant M. J. Castelnau [1], n'est plus que de 644,1; et, sans parler des années exceptionnelles 1853 et 1855-56, les sommes de pluie de 1852 et 1854 sont : 0^{m}666 et 0^{m}453 [2]. La cause en a été signalée depuis long-temps, mais le mal sera aussi long-temps sans remède. Supposé que cette cause soit purement locale, et qu'elle ne soit pas dominée par une cause plus générale, elle doit être attribuée à l'abus des défrichements et des déboisements sur les montagnes, à la destruction des arbres qui appellent la fraîcheur et les eaux pluviales sur le sol dont ils sont les hôtes bienfaisants.

Les brouillards n'apparaissent que très-rarement à Montpellier, encore ne les voit-on ordinairement que dans les quartiers bas de la ville. — La gelée blanche, que le peuple nomme *Barbâsta*, nuit quelquefois aux arbres et aux plantes. — Il n'est pas ordinaire d'y voir la neige deux hivers de suite : elle se fond d'ailleurs presque toujours peu d'heures après qu'elle a blanchi la terre. — La grêle qui, dit-on, ne s'observe dans le pays, pour ses ravages, que tous les huit ans à peu près, tombe le plus souvent accompagnée de pluies violentes qui protégent les fruits de la terre contre ses

---

[1] Considérations sur le climat de Montpellier, par M. Marié-Davy, p. 16.

[2] M. Martins, dans les Mém. de l'Acad. des sc. et let. de Montp., sect. des sc., t. III, p. 224.

funestes atteintes. — Les tempêtes et les orages, mêlés de tonnerres, n'ont pas même lieu huit fois dans l'année depuis Mai jusqu'en Octobre : il tonne rarement en hiver ; plus rarement encore on a à déplorer les effets de la foudre qui, suivant les observations, serait presque toujours ascendante.

Après avoir exposé les principales causes ordinaires et accidentelles qui influent sur le climat de Montpellier, on se formera une idée plus précise et plus exacte de la température de cette ville.

En remontant au milieu du dernier siècle, de 1757 à 1771, la température moyenne de l'année a éprouvé des variations peu considérables, et ses oscillations sont toujours restées comprises entre les limites de 11° à 12° Réaumur. La moyenne de toute cette période est de 11°,7 R. A partir de ce moment, une cause perturbatrice paraît avoir exercé une influence profonde sur la température de notre ville, qui est montée brusquement à 13°, 13°,5 R., en 1772 et 1773, et qui, après s'être rapprochée de son type normal précédent, s'élève de nouveau, quoique à un degré moindre, de 1778 à 1784. La température de cette seconde période qui embrasse quatorze années, qui, après s'être brusquement accrue, va en diminuant graduellement au travers d'oscillations fortement accusées, est de 12°,1 R., c'est-à-dire de 0,4 plus élevée que dans la précédente [1].

La plus grande chaleur observée à Montpellier, de 1806 à 1817, est de 28° 5' R. (35,10 centigr.). La plus

[1] Considérations sur le climat de Montpellier, par M. Marié-Davy, p. 8.

basse température a été de 6°. R. (7,50 centigr.). La moyenne est de 11° R. (13,75 centigr.). Étendue des oscillations, 34° 5" R. (42,60 centigr.).

Cependant on a éprouvé à différentes époques, à Montpellier, des températures qui ont dépassé considérablement ces limites; mais, ainsi qu'on l'a remarqué ailleurs, on peut les regarder comme des exceptions rares et corrélatives à la température générale du reste de la France.

Le mois de Juillet est considéré, à Montpellier, comme le mois le plus chaud, et celui de Janvier comme le mois le plus froid.

Une période de douze années, depuis 1818 jusqu'à 1829 inclusivement, a offert pour résultat des observations barométriques les chiffres suivants. (La cuvette étant élevée de 39 m. 25 c. au-dessus du niveau moyen de la mer, et les hauteurs étant toutes ramenées à la température de la glace fondante, afin de rendre les observations comparables.)

Maximum de l'élévation du

	millim.	p. l. p.	
mercure	778,82	(28 9 3)	Février 1821.
Minimum	721,28	(26 7 8)	Février 1823.
La moyenne entre ces deux extrêmes est de	758,27	(28 0 2)	
Étendue des oscillations	57,54	(2 1 6)[1]	

[1] Observations barométriques, faites par M. Gergonne, aujourd'hui Recteur honoraire de l'Académie de Montpellier. Voyez Annuaires de l'Hérault, 1828 et années suivantes.

Des observations précédemment faites pour la détermination de la pression atmosphérique, depuis 1806 jusqu'à 1817 inclusivement, observations qui s'accordent avec celles dont nous venons de présenter les résultats, font connaître que les plus grandes élévations du mercure dans le baromètre ont lieu dans l'intervalle du mois de Novembre au mois de Mars, et principalement dans ceux de Janvier et Février, et que les plus grandes dépressions se présentent dans l'intervalle du mois d'Octobre au mois d'Avril, et le plus souvent dans ceux de Décembre, Janvier et Avril.

La connaissance de l'humidité de l'air ayant aussi son utilité, nous donnons les résultats des observations faites avec l'hygromètre de Saussure pendant les années 1827, 1828 et 1829. Le maximum a été de 97° 0' (Novembre 1828); le minimum, 42° 5' (Juillet 1827); la moyenne de ces trois années, 75° 5'. Étendue des oscillations, 54° 5'.

A partir du 1er Janvier 1857, des observations météorologiques sont faites journellement à la Faculté des sciences de Montpellier, sous la direction des Professeurs de cette Faculté. Plusieurs personnes possèdent des séries d'observations faites antérieurement et dont quelques-unes sont restées inédites jusqu'à ce jour; telles sont en particulier celles de M. le Professeur Legrand, de la Faculté des sciences; leur publication est vivement désirée.

Nous parlerons ailleurs du climat de Montpellier sous le rapport de la santé et de la longévité de ses habitants : nous finirons cet article par une remarque sur ce climat doux et sain, sur cet air pur qu'on y vient respirer de diverses contrées, en rappelant la réputation dont il jouit au loin.

L'île de Rhodes, dans les États-Unis, charmante habitation dont l'atmosphère bienfaisante appelle les Américains qui cherchent la santé, a reçu le nom de *Montpellier de l'Amérique*. — Le continent des Indes orientales a aussi son Montpellier; et, circonstance remarquable, ce nom a été donné au plateau des *Neelgeries*, lorsque le choléra, étendant ses ravages dans toute l'Asie, semblait épargner ce point de la péninsule et du continent indiens, peut-être le seul qui ait été respecté au milieu de cet océan de douleurs. L'île Poulo-Pinang (du Prince de Galles), dans la Malaisie, offre une température si douce, si calme et si uniforme, surtout une atmosphère si pure, qu'on l'a nommée le *Montpellier des Indes*. Enfin les mêmes causes ont fait attribuer à la Nouvelle-Galles du sud l'appellation de *Montpellier du Monde*.

CHAPITRE III.

Géologie.

Les limites naturelles de la région Montpelliérenne sont : du sud au nord, la mer et le mont St-Loup ; de l'ouest à l'est, les bords de l'Hérault et ceux du Vidourle.

Du haut de la plate-forme du Peyrou, ou de l'extrémité orientale de l'Esplanade, dit d'une manière aussi agréable qu'exacte M. de Rouville [1], l'observateur peut embrasser d'un coup d'œil l'orographie de la contrée. A ses pieds et au premier plan s'étend une plaine de sable, basse, couverte, aux alentours de la ville, de jardins potagers et de vignes, et vers le sud, sur les bords du Lez, de vastes prairies ; au second plan se développe au nord, et de l'est à l'ouest, sur une longueur de 8 kilomètres, un bourrelet saillant d'une hauteur médiocre et à peu près uniforme, chargé d'habitations et boisé d'oliviers et de chênes ; il constitue à l'est la petite chaîne des Mandrous, dont un mamelon, nettement détaché et de couleur roussâtre, domine le village de Castelnau, et sert, sous le nom de Hauteur-de-la-Garde, de signal aux pêcheurs de la côte ; il se prolonge vers l'ouest sous les noms d'Aigue-Longue et de Colombière, et va, s'abaissant insensiblement, se perdre et se confondre dans une série de collines irrégulièrement découpées. Ces collines continuent vers l'ouest et le sud-ouest, entre la ville et la mer, s'interrompent un moment pour reparaître près de Lattes et former au sud et au sud-est le plateau de Montauberou, duquel saillent les hauteurs de Bella-Viste, de Grammont et de Mont-Regret. Plus loin, enfin, au troisième plan, se détachent au nord-ouest la chaîne du mont St-Loup et celle de l'Hortus, dominées par les cimes aiguës des Hautes-Cévennes ; à l'ouest, les vastes plateaux de la Serane aux lignes arrêtées, aux roches

---

[1] Description géologique des environs de Montpellier; 1853, in-4º, avec une carte. La géologie de Montpellier a aussi été étudiée par MM. Marcel de Serres, Émⁿ Dumas, de Christol, Taupenot, Paul Gervais, etc., qui en ont fait le sujet d'intéressantes publications.

abruptes et blanchâtres, et les montagnes plus sinueuses de Loupian, de Murviel, d'Antonègre et de la Gardiole, contrastent, par leur hauteur et leur surface inculte, avec les formes plus douces et la végétation des premiers plans.

Les trois cours d'eau principaux qui arrosent cette région, la Mosson, le Lez et le Salaison, coulent du nord-ouest au sud-est, dans un sens perpendiculaire à la direction générale des chaînes de collines.

Le terrain des environs de Montpellier est exclusivement calcaire. Mais la nature géologique en est peu facile à saisir par suite de l'obscurité du relief et de l'absence à peu près complète de marnes. On nous saura donc gré de reproduire ici l'énumération des diverses sortes de terrains qui composent le sol des environs de cette ville, et de leurs étages respectifs, telle que M. de Rouville l'a donnée.

Terrain jurassique.	Système du Lias...	Lias proprement dit ou calcaire à griphées. Marnes supraliasiques.
	Système de l'Oolite.	Oolite inférieure. Oxfordien. Coralien.
Terrain crétacé.	Étage néocomien.	
Terrain tertiaire.	Première formation lacustre.	
	Première formation marine..	Marnes bleues. Calcaire moellon.
	Deuxième formation marine.	Sables jaunes.
	Deuxième formation lacustre.	
Terrain quaternaire.	Dépôt de travertin. Diluvium alpin. — Remplissage des cavernes et dépôt de fer pisolithique. — Actions dénudatrs.	
Terrain moderne.	Dépôt de travertin, dunes, formation de grès coq. Eaux ou vapeurs thermales. — Alluvions.	
Terr. volcanique.	Roches d'épanchement basaltique.	

Il nous reste à présenter, en peu de mots, l'histoire géologique du sol de notre ville, d'après le même naturaliste. Le sol même de Montpellier fut successivement un fond de mer durant les époques jurassique et crétacée; une surface continentale pendant une partie de l'époque crétacée et de la période tertiaire; un fond de lac en même temps que Paris lui-même; puis, de nouveau un fond de mer qu'un nouvel et dernier exhaussement transforma pendant quelque temps en fond de lac ou d'estuaire, lequel une fois comblé devint un lit de torrent ou de fleuve durant la période quaternaire, après laquelle il fut définitivement changé en terre ferme. La forme qu'il affecte aujourd'hui de monticule isolé au milieu de la plaine sableuse qui l'entoure ne date que d'une époque très-récente, alors que les actions dénudatrices concomitantes des actions sédimentaires ont commencé de s'exercer sur les sédiments déposés.

Plusieurs de nos formations sont riches en fossiles de toutes sortes, parmi lesquels ceux qui proviennent des animaux mammifères sont surtout remarquables; les sables marins de l'époque pliocène sont abondants en ossements de mastodontes, de rhinocéros, de tapirs, de grandes antilopes, d'hyénarctos, de sirénides du genre haletherium, etc.; et l'on trouve dans les cavernes ainsi que dans les brèches osseuses les restes d'un grand nombre de quadrupèdes propres à la faune diluvienne (ours gigantesques, hyènes de diverses espèces, grands félis, éléphants, rhinocéros, etc., etc.). Les travaux de plusieurs de nos naturalistes ont pour objet la description de ces curieux débris des anciennes faunes. Antoine de Jussieu et Joubert en ont parlé au siècle dernier; Deluc et G. Cuvier en ont visité les gisements à une époque plus rapprochée de nous, et MM. Marcel de Serres, Jeanjean, Dubrueil, de Christol et Paul Gervais en ont fait le sujet de publications estimées.

L'auteur de l'*Histoire naturelle de la province de Languedoc* prétend que Montpellier est bâti sur une montagne qui renferme plusieurs couches d'une terre argileuse, jaunâtre, quelquefois grise, où l'on aperçoit du mercure natif. Il est des quartiers où ces terres seraient assez riches pour en extraire le mercure avec profit, si elles se trouvaient en des endroits moins précieux que ceux qu'elles peuvent occuper. Le mercure, au surplus, ne proviendrait que de quelque filon considérable de mine de ce métal qui se trouverait au-dessous de ces couches. Ce fait, sujet à contestation, ne demande pas ici d'autre examen.

Le territoire de Montpellier, souvent pierreux, offre, en général, des terres légères mais assez nourries et bien cultivées; elles ne sont point, à la vérité, ombragées ni par des bois de haute futaie, ni par des bois taillis; les grands arbres, les dômes verdoyants du nord manquent dans cette contrée couverte de vignobles, d'oliviers et d'arbres fruitiers.

On peut dire des terres de Montpellier qu'elles sont pour l'ordinaire sablonneuses et mêlées d'une petite quantité d'argile. Les meilleures sont situées au sud et au sud-est de la ville : c'est là qu'on trouve la *terre forte* ou *grasse*, *la terre franche*, *l'humus*.

On rencontre ordinairement, vers l'ouest et le nord-ouest, des bancs d'argile : la grise ou commune, la bleue qui l'est aussi : on les emploie à faire des tuiles, des carreaux pour les pavés des maisons, des briques, des cruches, des vases, etc.; on s'en sert encore pour dégraisser et blanchir les toiles et les couvertures de laine ; on les mêle aussi avec d'autres terres pour la fabrication de la faïence qui doit servir sur le feu ; l'argile jaune et blanche ; la jaune, qu'on appelle vulgairement *tap*, qui est graveleuse; et la blanche, qui est très-rare.

On trouve plusieurs espèces de sable pur près de Montpellier, ou bien il est mêlé avec quelques parties de terre calcaire et le plus souvent avec de l'argile : ce sont le sable blanc, très-fin, le jaune clair, qui l'est moins, le jaune foncé, qui est grossier et le plus pur de tous.

Parmi les pierres qu'on rencontre fréquemment dans le territoire de cette ville, la pierre calcaire, vulgairement nommée *peyra frécha*, est la plus commune.

Les environs de Montpellier fournissent, il est vrai, peu de marnes; mais elles sont de bonne qualité. Les communes voisines, St-Geniès, Vendargues, St-Jean-de-Védas, Assas, Castries, Pignan, Lavérune, Juvignac et le lieu de Caunelle, Lunel-Viel, possèdent des carrières de pierres à bâtir en exploitation, qui ont des qualités précieuses pour la construction des bâtiments de la ville. On remarque que ces pierres donnent peu de prise au temps et à la gelée, avantage immense pour la solidité et la conservation des édifices. — Il existe aussi à la Valette, près de Castelnau, commune à une lieue de Montpellier, des carrières de marbre nanquin. Le grain en est beau et agréable à l'œil; mais ces carrières furent mal exploitées vers le milieu du dernier siècle; aussi le goût de ce marbre s'était-il insensiblement perdu. De nos jours, on a fait de nouveaux essais qui ont été suivis d'un plein succès.

CHAPITRE IV.

Productions.

Nous avons dû laisser dans l'article précédent tous les produits de la minéralogie. Occupons-nous ici des deux autres règnes. Nous avons fait pressentir qu'en général les environs de Montpellier sont dépouillés de haute verdure, de grands arbres. Son terroir offre plutôt un asile nourricier à l'olivier, au mûrier, surtout à la vigne et aux plantes aromatiques. Toutefois on y voit le cyprès élever sa pyramide verdoyante, soit droite, comme dans le cyprès ordinaire, soit renversée, comme dans le *cupressus horizontalis*, auquel le nom d'arbre de Montpellier a été donné pour sa spécialité. Cet arbre se plaît sur les routes, sur les chemins vicinaux, dans les jardins, et forme souvent des haies et des rideaux plus élevés autour des habitations champêtres qu'on appelle à Montpellier et dans le pays, *Mas*, à Cette, *Barraquettes*, à Marseille, *Bastides*, et qui sont autant de petites et parfois de belles *villa* qui embellissent et vivifient la campagne du midi de la France. Le laurier, toujours vert comme le cyprès et l'olivier, est aussi fréquemment le compagnon de ces deux arbres ; en y joignant le figuier, les térébinthes, les lentisques, les cistes dont les *garrigues* [1] et les bruyères sont parfumées, les jasmins, les rosiers sauvages, les grenadiers,

---

[1] On appelle de ce nom, dans le pays, des espèces de landes, des terres incultes, utiles à la dépaissance des troupeaux, et couvertes de chênes-verts et d'aromates.

les aubépins qui bordent les allées et les chemins, on n'a pas eu tort de dire, en rapprochant ces circonstances de celles qui se rattachent à la douceur et aux agréments du climat, que l'aspect de cette contrée offre un caractère auguste et poétique, et qu'il rappelle la terre religieuse et sacrée, berceau de notre culte.

Il est encore des sites délicieux dans les environs de Montpellier, soit par la variété des perspectives, l'ombrage, la fraîcheur dont ils nous font jouir, soit par les vastes tapis de verdure qu'ils déroulent sous nos pas. Nous aurons occasion de parler plus loin des habitations charmantes, des curiosités naturelles qu'on voit dans le voisinage de la ville; nous nous bornerons en ce moment à citer les bords du cours du *Lez*. Mollement assis sur un duvet de gazon, l'étranger, le naturaliste, le solitaire, le poëte, respirent, sous de frais berceaux protégés eux-mêmes par des dômes naturels plus élevés, le parfum du romarin et de la lavande, du serpolet, de l'aspic, de la sarriette, du thym, qui croissent modestes sur les rochers environnants et qui se trahissent au loin par leur atmosphère embaumée. Les regards sont tour à tour attirés et distraits par le miroir tranquille de la rivière, et par les hautes parois des collines encaissant son lit sinueux; les différentes espèces de saules qui en ombragent les bords, les salicaires qui ornent le pied de ces arbres, les lysimachies, l'arbousier, la noire yeuse, l'érable de Montpellier, le micocoulier, récréent la vue en étendant leurs rideaux de verdure contre la vive lumière et les ardeurs du soleil du midi.

Sur un point opposé de son cours, au sud et à une

lieue de Montpellier, le Lez traverse les prairies de Lattes, vastes tapis constamment frais et verts, émaillés de narcisses et entretenus par les eaux de la rivière, qu'on fait arriver dans tous les arrosages, au moyen de petites écluses qu'on appelle vulgairement *martélieyras*.

Il serait inutile, après ce rapide aperçu, de s'arrêter trop longuement sur la Flore de Montpellier : les botanistes les plus célèbres, entre autres Linné, ont signalé son immense variété, et ont donné à une foule de plantes et d'arbres particuliers à cette ville des dénominations tirées de son propre nom. Sous le rapport de l'agriculture, on lève des moissons de froment, de seigle, d'orge, d'avoine. On y cultive les prairies naturelles et artificielles, notamment les luzernes, sainfoins et trèfles. De fertiles vignobles, comme nous l'avons indiqué, occupent la plus grande partie de son territoire ; les espèces de raisin bonnes à manger et les plus estimées sont : l'*aspiran*, le *verdal*, le *terret*, parmi les raisins noirs, et le *muscat blanc*, la *clairette*, l'*œillade*, etc., dans les raisins blancs.

Les principaux arbres qu'on peut considérer comme indigènes sont l'olivier, le figuier, l'amandier, le grenadier, le jujubier, le sorbier et particulièrement l'abricotier, qui donnent des fruits abondants. Le châtaignier n'est pas commun : le fruit de cet arbre vient des Cévennes. Le mûrier, dont la feuille nourrit le ver à soie, qui fait une des branches de l'industrie de la campagne, est cultivé avec succès. La cerise, la pêche, la prune, la pomme, la poire et beaucoup d'autres fruits, couvrent tour à tour les vergers du pays.

On recueille dans les champs la pomme de terre, la rave, le navet, la fève, la lentille, etc. ; et dans les jardins potagers, dont les faubourgs de Montpellier abondent, on cultive avec avantage la fraise, la framboise, le chou, la chicorée, la laitue, la betterave, la carotte, le céleri, l'artichaut, le cardon, l'aubergine, le melon, la courge, le concombre, l'asperge, le salsifis, etc.[1].

Outre les plantes aromatiques dont les montagnes et les rochers sont couverts, la campagne de Montpellier produit une infinité de plantes médicinales dont l'usage est très-répandu, et dont les plus communes sont l'absinthe, l'agaric, l'althæa, l'artémise, la camomille, la camphrée, la capillaire, la chicorée sauvage, le chiendent, la citronnelle, la coriandre, la douce-amère, le genièvre, le géranium, le lis, la matricaire, la mauve, la pariétaire, la patience, le pavot, la rue, la sauge qui pourrait remplacer le thé que nous allons chercher si loin; la scabieuse, la scorsonère, la valériane, la verveine, etc. Le voisinage de la mer procure à l'industrie de cette ville quantité de plantes tinctoriales; les plus importantes sont : le salicor, la gaude, la garance, le pastel, le tournesol, le tamaris. — Les bois taillis sont particulièrement composés d'essences de chêne-vert et de chêne-blanc. On fait un commerce considérable de l'écorce de ces arbres pour les fabriques de tannerie.

Nous ajouterons cependant à cet exposé des principales productions de la terre de Montpellier quelques observations sur les époques de la végétation.

---

[1] On se sert dans les jardins potagers, pour l'arrosement, d'une espèce de puits à roue, appelé dans le pays *pouzaranca*, ou *pous à ròda*, dont l'usage remonte à une haute antiquité, supposé qu'il ne nous ait pas été laissé par les Arabes.

On voit fleurir en Janvier l'anémone hépatique, la fleur de la Trinité, le narcisse tout blanc, le laurier-thym, le grand souci jaune, la primevère, le noisetier, le romarin, la grande bruyère à balais, les véroniques, le mouron, etc. — En Février, l'amandier, le safran jaune printanier, le safran tout blanc, le safran violet semé de blanc, le buis, les violettes, le petit iris de Perse, l'iris nain, la perce-neige, etc. Vers le milieu du mois d'Avril, les seigles sont en épi; les fraises et les cerises sont abondantes en Mai; les abricots en Juin; on mange en Juillet des prunes, des amandes et une espèce hâtive de raisin dit *de la Madeleine*; en Août, les melons, le raisin, les pêches, etc. On a encore des raisins frais vers la fin d'Octobre, et même au commencement de Novembre.

Le voyageur qui parcourt pour la première fois la campagne de Montpellier, aux mois de Juillet et d'Août, est assourdi d'un bruit ou plutôt d'un grincement de scie continu, dont on ne peut donner une idée complète aux habitants du nord, à qui ce bruit est inconnu. C'est le chant de la cigale, célébré par les poëtes de Téos et de Mantoue; ou plutôt il faut croire que les chants des cigales d'Athènes et du Latium étaient un peu plus harmonieux que le cri de l'insecte à qui nous donnons ce nom; car il est peu probable que ce cri monotone, aigre et discordant, ait pu faire naître des vers aussi mélodieux que ceux que cette fille de l'air a inspirés aux Anacréon et aux Virgile. Il est certain que la cigale des anciens, au moins celle des Grecs, n'était pas parfaitement le même insecte que notre cigale : elle n'était pas aussi grosse.

Comment les Athéniens auraient-ils placé dans leur chevelure, en forme d'ornement, des cigales d'or énormes, telles que nous les voyons dans nos contrées méridionales, au point que, lorsqu'elles volent, on serait tenté, à la première vue, de les prendre pour de petits oiseaux? — N'oublions pas de dire que, dans ce pays, la cigale est le symbole de l'étourderie, et qu'une *tête de cigale* ne signifie pas autre chose qu'une *jeune tête sans cervelle*.

Un certain insecte, qui mérite une mention particulière, c'est l'*araignée maçonne*, autrement appelée l'*araignée de Montpellier*. On la trouve communément dans le voisinage de la ville; c'est merveille de voir la manière industrieuse dont elle s'abrite et se fortifie contre ses ennemis, sans oublier les dispositions de logement qui peuvent lui être les plus commodes : son talent, à cet égard, va jusqu'à se construire une porte à charnière.

C'est en vain que Montpellier eut son berceau placé sur une montagne jadis habitée, dit-on, par des animaux féroces ou sauvages, *Vallis ferrarum* ou plutôt *Vallis fera* [1]. Les bois taillis, les rochers des environs ne recèlent ni *bêtes fauves*, *ni bêtes noires*. Autrefois le bois de *Valène*, situé en partie dans la commune de Murles, à 4 lieues de Montpellier, et d'une contenance

[1] Un des quartiers de la ville a conservé le nom de *Valfère*. Ne serait-ce pas là une preuve traditionnelle d'une antiquité plus reculée que celle qu'on attribue communément à l'origine de cette cité? M. Germain penche à croire que le mot *Valfère* pourrait avoir le sens de *Vallum de foris*, et représenterait le sol situé hors de l'enceinte, soit de la ville, soit du château des Guillems, placé tout près de là. (Hist. de la Comm. de Montp., t. 1, p. 7.)

d'environ 1800 hectares, était habité par des sangliers qui ont disparu depuis long-temps.

Mais qu'importe que la chasse au sanglier soit inconnue dans le pays? on n'a pas à redouter les ravages de cet animal. — On s'y plaint peu souvent des loups et d'autres animaux malfaisants.

Du reste, le gibier n'y serait pas rare, s'il n'était guerroyé par un si grand nombre de chasseurs ; car, ici, comme partout, la chasse est une véritable fureur. On tire le lièvre, le lapin, l'alouette, le bec-figue, la caille, la grive, la perdrix rouge, le tourtereau, le ramier, l'ortolan, etc. — On nourrit dans les basses-cours le pigeon, la poule, l'oie, le canard, le dindon, le paon, la pintade, le lapin, le cochon d'Inde, etc.

La chasse la plus amusante est celle qui a lieu durant l'hiver sur les étangs de Vic, commune à 3 lieues de Montpellier. Les chasseurs des environs sont avertis plusieurs jours d'avance. Dès le matin de la journée du rendez-vous, une expédition d'un nombre infini de batelets couvre la surface des étangs. Ils environnent les *foulques*, dites à tort *macreuses*, qui se promènent sur les eaux, et qui sont tellement abondantes que, lorsqu'on les force à s'élever dans les airs pour les tirer, elles forment maintes fois une espèce de nuage qui sert largement de point de mire aux chasseurs. Le gibier tombe blessé pêle-mêle dans l'eau ou sur les embarcations. C'est un spectacle animé ; mais il a quelquefois ses inconvénients : il est difficile aux chasseurs de distinguer parmi le gibier mort ce qui appartient au véritable maître, et de faire la part à chacun ; des foulques ont souvent été tuées par plusieurs tireurs à la fois. Le nombre considérable de ces oiseaux qu'on rapporte, et surtout la loyauté des chasseurs, aplanissent ordinairement toutes les difficultés.

Le miel que l'abeille donne au pays est délicat. — Les rivières, les étangs et les côtes de la mer, fournissent d'excellent poisson de table : la **truite**, l'**alose**, la **carpe**, l'**anguille**, le **brochet**, le **muge**, le **rouget**, le **merlan**, la **dorade**, le **maquereau**, la **sardine**, la **sole**, le **thon**, l'**huître**, la **langouste**, le **goujon**, etc. — On trouve aussi dans les marais la **tortue bourbeuse**.

Mais nous ne devons pas passer sous silence une autre production plus remarquable et non moins utile de ces marais, et particulièrement de ceux de Lattes, à 6 kilomètres de Montpellier : nous voulons parler d'une espèce de chevaux sauvages, qu'on appelle, en langage du pays, *Égas*, du latin *Equa* : ils sont gris-blancs et d'une figure ordinairement commune. On suppose que ces animaux proviennent de la race chevaline amenée dans ces parages par les Sarrasins [1]. S'il est vrai, comme on peut l'admettre avec une très-grande probabilité, que ces chevaux ont une origine arabe ou barbe, ils en ont conservé plusieurs qualités précieuses : ils sont très-bons coureurs. On les emploie principalement à battre le blé et autres grains.

CHAPITRE V.

Population.

La ville de Montpellier et sa banlieue comptait, en 1789, 33202 habitants. En 1793, elle en supputait

---

[1] Ils nous ont toujours paru tels à peu près que les chevaux sauvages dépeints par Buffon. — M. Reinaud (*Invasion des Sar-*

32897. Si ce relevé de la population, ou ceux qui ont été dressés quelques années plus tard, sont exacts, cette population a éprouvé pendant un certain temps un décroissement sensible. Les raisons en sont trop faciles à déduire pour demander de plus amples développements. En 1801, la population de cette ville n'était que de 32243 âmes, et, en 1803, de 32505. Depuis, elle s'est accrue progressivement et dans une plus grande proportion. Ainsi elle était, en 1815, de 33692 habitants; en 1825, de 35123; en 1835, de 35825. Néanmoins ce chiffre ne présentant que la population officielle, on peut regarder la population réelle de Montpellier comme étant de 35929 âmes à cette dernière époque. Elle est aujourd'hui, d'après le recensement de 1856, de 49,737 habitants.

La première édition de cet ouvrage, en 1836, a fait connaître le mouvement de la population de Montpellier dans un tableau dressé d'après les résultats officiels qui m'avaient été communiqués pour les dix dernières années, de 1825 à 1834. J'ai cru devoir conserver ce tableau dans ce nouveau travail, convaincu qu'on serait bien aise de comparer ces résultats avec ceux de la période plus récente, 1845-1854, que je place à la suite des anciens chiffres.

---

rasins, p. 299) croit que le renouvellement de la race de ces chevaux eut lieu plus tard, c'est-à-dire à l'époque où la Provence et la Catalogne appartenant au même Prince, il était facile de les faire participer aux avantages l'une de l'autre. Ce qui le prouve, dit-il, c'est que la race actuelle est désignée par les habitants sous le nom d'*Égos* (*chez nous Égas*), mot qui est le même que l'espagnol *yegua*, appliqué à la jument.

ANNÉES	NAISSANCES.				TOTAL des naissances.	Mariages.	DÉCÈS.		TOTAL des décès.	Excédant et différence des naissances.
	Enfants légitimes		Enfants naturels.							
	masculin.	féminin.	masculin.	féminin.			masculin.	féminin.		
1825	532	539	129	101	1301	307	497	497	994	307
1826	519	448	109	114	1190	280	572	605	1177	13
1827	539	565	109	109	1322	294	511	511	1022	300
1828	571	511	120	122	1324	309	449	531	980	344
1829	520	515	106	106	1247	242	756	673	1429	—182
1830	534	497	115	108	1254	261	576	599	1175	79
1831	517	513	116	111	1257	254	708	684	1392	—135
1832	552	507	114	125	1298	291	652	624	1276	22
1833	520	534	129	133	1316	296	613	591	1204	112
1834	540	520	97	109	1266	313	648	633	1281	— 15
	5344	5149	1144	1138	12775	2847	5982	5948	11930	845

Il résulte de ce tableau que le terme moyen annuel des naissances, durant cette période de dix années, est de 1278; celui des enfants légitimes mâles, 534; celui des filles, 515; des enfants naturels, 228; les garçons et les filles, par égales parts; qu'il meurt annuellement 1193 personnes, dont 598 appartiennent au sexe masculin et 595 au sexe féminin; que trois années sur ces dix ont présenté un nombre de décès supérieur à celui des naissances, et que l'excédant moyen annuel des naissances sur le nombre annuel des décès est de 85; enfin, qu'il se contracte 285 mariages par an, et que chacun de ces mariages produit de 3 à 4 enfants.

Il ne sera peut-être pas moins curieux de voir les rapports des naissances, des décès et des mariages, durant les dix années de la même période, rangés selon les divers mois de l'année. Tel est l'objet du tableau ci-dessous.

NAISSANCES.		DÉCÈS.		MARIAGES.	
MOIS.	NOMBRE.	MOIS.	NOMBRE.	MOIS.	NOMBRE.
Janvier...	1229	Août.....	1249	Février...	322
Décembre.	1216	Juillet....	1149	Mai......	290
Novembre	1090	Septembr.	1115	Novembre	280
Mars.....	1083	Janvier...	1109	Juin.....	257
Octobre..	1075	Décembre.	1085	Janvier...	255
Avril.....	1068	Novembre	952	Avril.....	238
Février...	1065	Mars.....	952	Octobre..	233
Septembr.	1042	Octobre..	937	Juillet....	230
Mai......	1005	Février...	901	Septembr.	222
Août.....	997	Juin'.....	871	Août.....	216
Juillet....	989	Avril.....	806	Mars.....	162
Juin.....	916	Mai......	804	Décembre.	142
Totaux..	12775		11930		2847

POPULATION.

Années.	NAISSANCES.				TOTAL des naissances.	Mariages.	DÉCÈS.		TOTAL des décès.	Excédant et différence des naissances.	Nota. Dans les décès ne se trouvent pas compris ceux qui concernent les personnes étrangères à la Commune (comme cela a eu lieu pour la période de 1825 à 1834); ces derniers décès s'élèvent à :		
	Enfants légitimes.		Enfants naturels.										
	masculin	féminin.	masculin	féminin.			masculin	féminin.			masculin	féminin	TOTAL.
1845	569	557	65	75	1266	361	517	581	1098	168	256	93	349
1846	602	595	69	74	1340	384	533	577	1110	230	260	78	338
1847	597	593	73	72	1335	394	663	670	1333	2	248	105	353
1848	621	622	120	122	1485	320	632	680	1312	173	290	73	363
1849	611	606	121	135	1473	358	689	735	1424	49	287	77	364
1850	586	605	121	144	1456	389	551	615	1166	290	163	78	241
1851	594	659	134	130	1517	324	567	641	1208	309	199	81	280
1852	605	559	150	132	1446	358	620	653	1273	173	244	80	324
1853	589	613	107	82	1391	427	540	618	1158	233	219	87	306
1854	582	578	92	109	1361	359	763	918	1681	—320	544	140	684
	5956	5987	1052	1075	14070	3674	6075	6688	12763	1307			3602

Toutes les naissances appartiennent à Montpellier.

NAISSANCES.		DÉCÈS.		MARIAGES.	
MOIS.	NOMBRE.	MOIS.	NOMBRE.	MOIS.	NOMBRE.
Janvier...	1302	Août.....	1928	Février...	396
Mars.....	1261	Juillet....	1759	Mai......	369
Décembre.	1241	Septembr.	1569	Janvier...	346
Novembre	1237	Décembre.	1431	Novembre	326
Février...	1201	Janvier...	1348	Avril.....	306
Juillet....	1160	Octobre..	1319	Octobre..	306
Août.....	1138	Mars.....	1287	Juin.....	300
Mai......	1124	Février...	1259	Juillet....	292
Octobre..	1124	Novembre	1198	Août.....	266
Septembr.	1117	Avril.....	1139	Mars.....	264
Juin.....	1107	Juin.....	1090	Septembr.	264
Avril.....	1058	Mai......	1038	Décembre.	239
Totaux..	14070		16365		3674

Ces résultats combinés donnent lieu à observer que le plus grand nombre de conceptions a eu lieu en Avril et Mars, et le moindre nombre en Septembre et Octobre. Fait remarquable : les mois d'Août, de Juillet, de Septembre, qui sont les moins favorables à la génération, sont également ceux où il y a eu le plus de décès. Décembre et Mars, deux des mois où il y a eu le plus de naissances, sont les deux mois où l'on compte le moins de mariages; et Mai, un des mois où l'on voit le plus de mariages, donne le moindre nombre de décès. Août et Juillet, qui ont peu de naissances, présentent, au contraire, le plus de décès. Enfin, Juin est un des mois où l'on trouve le moins de naissances et de décès. Ces résultats montrent assez d'analogie avec ceux qu'on obtient en opérant sur le chiffre de la population générale du département de l'Hérault, pendant les mêmes périodes décennales.

On a trouvé[1] que la durée de la vie moyenne des habitants de Montpellier était de 26 ans 3 mois 20 3/7 jours; et, en décomposant ce nombre, on est arrivé à 24 ans 3 mois 15 1/3 jours pour le terme moyen de la vie des hommes; et à 28 ans 3 mois 28 3/4 jours pour celui des femmes. Cette différence de 4 ans, ou 1/6 en sus en faveur des femmes, d'ailleurs très-singulière et très-remarquable, puisque les résultats sont puisés au même lieu et dans les mêmes registres, s'explique par les divers accidents auxquels les hommes sont particulièrement exposés.

Au surplus, il est évident qu'ici, comme ailleurs, l'air de la campagne doit offrir encore plus de chances de salubrité que la ville même. Une atmosphère plus pure, une vie plus sobre et plus tranquille, constatent et assurent cette vérité générale. Les maladies sporadiques, dépendantes surtout des travaux, des passions, du tempérament, s'observent notamment dans les grandes villes. Montpellier est sans doute une des plus saines : cependant elle a ses maladies et ses affections particulières. On a remarqué que la phthisie inflammatoire était plus commune dans les parties de la cité les plus immédiatement soumises à l'action des vents du nord et du nord-ouest. — Leroy a observé que le nord-ouest, qui amène ordinairement le beau temps à Montpellier, est le plus salubre pour les personnes bien constituées, et que, lorsqu'il est trop sec,

---

[1] Essai de statistique, par Mourgue; an IX.

il incommode celles qui ont la poitrine délicate. — Les vents du sud produisent des effets opposés. — Fouquet a reconnu qu'en général les habitants des quartiers bas, principalement des faubourgs qui tiennent à ces quartiers, étaient plus sujets aux fièvres intermittentes, aux rémittentes bilieuses, aux érysipèles, aux ophthalmies, que ceux des quartiers hauts, qui, à leur tour, sont plus disposés aux maladies de la gorge, aux rhumes et aux autres affections de poitrine. — Il paraît, en un mot, que les maladies qui règnent du côté du midi sont plus sérieuses que celles qui existent du côté du nord.

Comme nous n'avons rien dissimulé de l'influence du climat de Montpellier et des divers quartiers de la ville sur sa population, nous devons dire aussi que les habitants jouissent généralement d'une bonne santé, et qu'on y voit beaucoup de vieillards.

Si la longévité, dit M. Poitevin [1], est la mesure de la salubrité de l'air et des autres circonstances dont la réunion doit rendre les habitations plus ou moins saines, la ville de Montpellier peut être considérée, sous ce rapport, comme une de celles de nos départements méridionaux qui ont été le plus favorisées par la nature.

M. Mourgue, que j'ai déjà cité, a encore trouvé qu'il y a une personne sur 7 1/2 qui parvient à la période de 70 à 80 ans, et une sur 15 1/2 qui parvient à 80 ans ; tandis que le docteur Price, sur l'exactitude duquel on peut compter, a obtenu des rapports incom-

---

[1] Essai sur le climat de Montpellier, p. 41.

parablement moins favorables pour Vienne, Londres, Berlin, Breslau, le Brandebourg, et même le pays de Vaud, en Suisse, qui passe toutefois pour une des contrées les plus salubres de l'Europe.

Concluons, avec ces auteurs, que rien n'autorise et ne justifie mieux le voyage des étrangers de toute nation, qui viennent en foule respirer l'air bienfaisant de Montpellier.

« Si j'étais en état de vivre dans le lieu qui me serait le plus agréable, s'écrie Joseph Scaliger, je choisirais la ville de Montpellier, et j'en ferais le nid de ma vieillesse. Il n'y a point d'endroits où l'on puisse passer plus doucement ses jours, soit qu'on ait égard à la bonté de l'air, soit aux mœurs des habitants et aux commodités de la vie. » Et ce qu'il disait alors de cette ville, n'aurait-il pas eu plus de raison encore de le dire aujourd'hui ?

CHAPITRE VI.

Constitution physique des habitants. Caractère, mœurs.

Nous emprunterons au docteur Murat[1] la peinture physique des citadins du chef-lieu de l'Hérault.

Les Montpellierais ont *ordinairement* le teint brun et les cheveux châtains ou presque noirs, le corps sec et nerveux, la stature variable, mais haute en général; plusieurs jouissent d'une complexion robuste et ont beaucoup d'embonpoint. Les Montpelieraises ont la

---

[1] Topographie médicale de la ville de Montpellier; 1810, p. 69.

taille svelte et plus petite, et quoique *souvent* brunes comme les hommes, elles ont de l'éclat dans la jeunesse, mais plus de grâce que de beauté. Le tempérament des uns et des autres est bilioso-sanguin.

On ne peut s'empêcher, en parcourant cette peinture, de se rappeler le joli vers de La Fontaine :

> Et la grâce, plus belle encor que la beauté.

Les Montpellierais sont les individus les plus impressionnables que je connaisse, continue le même docteur; ils s'abandonnent à toutes les sensations qu'ils éprouvent, et la mobilité qui fait la base de leur caractère devient la règle de leur conduite et détermine leurs mœurs. Ces mœurs sont, en effet, pour celui qui les observe, un mélange de rudesse et de douceur, d'attachement et d'inconstance, et le plus grand amour de soi, particulièrement chez le peuple. Dans la classe opposée, il ne faut qu'une éducation ordinaire pour tirer le plus grand parti de cette mobilité et pour former des hommes de mérite.

Ici, l'auteur doit presque toujours laisser parler les historiens. — Les individus de Montpellier ont un caractère à eux qui les distingue des habitants de la plupart des autres départements. Ils sont en général spirituels, intelligents, gais, vifs, pleins d'imagination, peu appliqués, colères et paresseux. On ne peut pas douter de leur peu d'application, si l'on considère qu'avec tout ce qu'il faut pour réussir dans les arts et dans les sciences, ce pays n'a pas fourni autant de grands hommes ou d'artistes qu'on avait droit de l'attendre de l'heureux génie de ses habitants : si la nature les avait moins favorisés, ils sentiraient sans doute mieux le prix de l'étude ; mais le travail les ennuie bien plus qu'il ne les fatigue. Ils sont ennemis de toute espèce d'assujettissement. Les premiers mouvements de leur colère sont violents, mais ils s'apaisent bientôt ; ils n'ont pas de fiel et conservent rarement le souvenir d'une offense. Leur imagination est très-active et seconde leur gaîté.

Le portrait nous paraît un peu sévère sous certains rapports, et donnerait lieu à plusieurs remarques exceptionnelles ; mais, outre qu'elles nous mèneraient trop loin, nous nous bornerons, comme nous l'avons déjà fait ailleurs, à en recommander l'application aux observateurs.

Les mêmes historiens finissent comme il suit l'esquisse morale de Montpellier :

Les habitants ont des mœurs douces, mais ils sont vifs et inconstants. L'idiome vulgaire annonce même la trempe de leur âme : il est flexible, moins propre à peindre les passions fortes que les légères émotions de l'âme ; il tient le milieu entre l'accent traînant des Marseillais et l'accent dur des habitants de l'Aveyron.

Nous aurons occasion de parler de cet idiome dans un article qui lui sera particulièrement consacré.

On voit que la vivacité est un des caractères distinctifs des habitants de Montpellier et du département dont il est le chef-lieu. Au reste, on la retrouve dans les monuments historiques les plus anciens ; et, s'il faut en croire Astruc, dans ses *Mémoires pour servir à l'histoire naturelle du Languedoc*, et l'Abbé de Guasco, dans son excellente *Dissertation sur les Volces*, ce dernier peuple, les Volces Arécomiques, les anciens habitants connus du sol où s'élève aujourd'hui Montpellier, se distinguaient des autres populations par cet esprit d'inconstance, de vivacité et de hardiesse qu'on reconnaît encore dans leurs descendants; et le nom de *Volces* ou *Volkes* d'origine celtique, qui passa dans la langue grecque, signifiait, dans la première de ces deux langues, *remuants*, *actifs*, *entreprenants*. Il est certain que le langage moderne des Languedociens a conservé un mot qui a une singulière analogie, pour le sens, avec le nom de cet ancien peuple, et que, si ce mot n'a pas un peu déterminé ou du moins influé sur l'interprétation qu'ont donnée les deux savants que nous venons de nommer, leur version est au moins très-ingénieuse. C'est le mot *bouléga*, *boulégayré*, pour signifier *remuer*, *remuant*. Les Grecs et les Romains, suivant l'ancien celtique, firent d'abord *bolgœ*, puis *bolcœ*, comme on le trouve dans Ausone, ensuite *Volcœ*, Οὐλχοὶ.

Nous ne croyons pas nécessaire de réfuter l'assertion de Basville, touchant les qualités des habitants du Bas-Languedoc, quand il a dit : bien que l'intérêt règne dans tout le monde, on peut dire qu'il est, dans ce pays, plus vif que partout ailleurs. — Outre qu'il s'agit ici des habitants du Bas-Languedoc en général, l'autorité de Basville est reconnue aujourd'hui pour être très-suspecte sur bien des points; et ce n'est pas quand il s'agit des mœurs de toute une contrée que cet Intendant jugeait à travers une foule de préjugés ; ce n'est pas du moins de nos jours que sa décision, rendue il y a près de deux siècles, peut être reçue sans appel. Cette inculpation, dit M. de Belleval, me paraît hasardée, du moins par rapport aux citoyens de Montpellier. Voici comme il termine l'article qu'il a consacré aux mœurs des habitants de cette ville. On peut remarquer, dans le peuple de Montpellier, quelque teinte de rudesse et une sorte de fierté prompte à s'irriter de l'idée du plus léger outrage : cette dernière disposition, qui annonce ordinairement de la générosité dans les cœurs, n'est pas un indice trompeur chez les citoyens de Montpellier; et, malgré cette âpreté au gain qu'on leur reproche, et qui ne semblerait propre qu'à dessécher les âmes, ils ont montré, dans plus d'une occasion, que des motifs plus nobles pouvaient les animer.

La vie alimentaire doit influer nécessairement sur le caractère des divers tempéraments. Le département de l'Hérault, dont Montpellier est la principale cité, touche à la ligne méridionale longeant les Pyrénées, les Cévennes et les Alpes, qui sépare les pays à lait et à beurre des pays à huile. La proximité de la mer, le voisinage des rivières, fournissent à cette ville une grande partie de sa nourriture : le poisson y est même assez abondant pour suppléer, en différentes circonstances, aux viandes ordinaires, au mouton et au bœuf : ce dernier, de médiocre qualité, et dont on usait sobrement il y a peu d'années, s'est amélioré ; il est devenu d'un usage plus étendu, grâce aux soins de l'administration, qui a porté sa vigilance sur un aliment aussi utile. Les herbages et les fruits y sont abondants, excellents, et très-nécessaires durant l'été.

L'habitant de l'Hérault, pays riche et fertile, se nourrit bien et sans excès. — Cela ne contredit nullement ce qu'ont avancé certains auteurs touchant la consommation prodigieuse des aliments et des boissons à Montpellier.

Les habitans de cette ville passent, disent-ils, pour grands buveurs et grands mangeurs. En supposant que le fait soit vrai, il en résulterait seulement que les qualités chaudes et sèches de leur tempérament ont besoin, pour leur entretien et leur conservation, des vins de Languedoc, les plus généreux de la France, et d'une certaine quantité d'aliments abondant en sucs nutritifs : besoin que leur permet de satisfaire l'aisance qui règne à peu près dans toutes les familles. Enfin, ne faudrait-il pas encore, d'après Hippocrate même, ce patron scientifique de Montpellier, accorder quelque chose à la coutume, à l'âge, à la saison, au pays ?

L'homme de la campagne mange un pain de seigle frais et de bon goût : sa vie est uniforme; il fait un grand nombre de repas, et consomme beaucoup. La quantité moyenne de grains assignée dans une ferme à chaque individu de cette classe est de 4 9/10 hectolitres, moitié froment et moitié seigle, par année, et de 1 4/5 litre de vin par jour. Cette dernière quantité est réduite à moitié pendant l'hiver, suivant M. Poitevin. Elle est à peine au quart depuis la maladie de la vigne et la cherté du vin. Mais, dit le docteur Murat, ces déterminations, qui servaient, depuis un temps immémorial, à régler des marchés faits avec les ouvriers, sont au-dessous du taux de la consommation réelle et prise en masse, parce que les salaires sont employés en grande partie à des suppléments de nourriture, et principalement en vin, qui est la boisson favorite du peuple.

On estime que l'on boit, année commune, à Montpellier, environ dix mille muids (70,000 hect.) de vin, *intrà muros*, sans compter celui qui se boit hors des murs.

Mais une remarque qui n'échappe à personne, et que nous devons consigner ici, c'est que, malgré cet attrait pour le vin, les habitants, supposé qu'ils boivent beaucoup, s'enivrent peu.

Le tableau suivant présente la quantité annuelle de comestibles consommés dans la ville de Montpellier. La première colonne de chiffres offre, en quintaux métriques, la quantité de la consommation générale de la population ; la seconde colonne indique la consommation de chaque habitant.

	q. m.	k.
Viandes	24,921—77	50— »
Poisson	19,059—38	3—80
Fromages	1,908—60	3—80
Beurre	678—45	1—15
Pain	93,500— »	1,87— »
OEufs	1,978,354	4 par personne.

CHAPITRE VII.

Coutumes, usages, jeux, danses publiques.

On a dû s'apercevoir qu'afin d'éviter le reproche d'être trop indulgent à l'égard de nos concitoyens, nous avons cherché, surtout dans la *partie morale* de ce livre, à nous entourer des opinions et des observations des auteurs le plus souvent étrangers à Montpellier. Nous continuerons encore, pour un ou deux objets, cette méthode dictée par un esprit de justice et d'impartialité.

Voici ce qu'écrivait le docteur Murat, en 1810 : « Le luxe est riche à Montpellier, et brille dans toutes les classes. Le moindre artisan a de l'argenterie. La plupart des femmes d'un état médiocre portent des chaînes et des bracelets d'or ou d'argent. Le costume des jeunes filles est propre et élégant ; celui des personnes d'un rang plus élevé est riche ; on y observe beaucoup de propreté, de simplicité et de décence, même une certaine dignité peu ordinaire dans les autres villes de province. L'humidité de l'air, ou le vent du sud (appelé *le marin*), qui y règne fréquemment, est cause que l'on ne voit presque point de femmes aller nu-tête. »

Nous croyons que le costume des personnes riches ou aisées ne diffère pas sensiblement de celui des personnes de la même classe dans les autres pays. Pour celles-ci, la mode est une divinité à laquelle toute la France sacrifie avec un égal empressement : l'on peut dire que Paris est un miroir où chacun va consulter le goût du jour ; mais le costume de nos cultivateurs, de nos villageoises, et surtout de nos grisettes citadines, offre des singularités piquantes aux yeux du voyageur. Nous ne voulons pas parler des modestes vêtements de l'homme des champs : ceux-là méritent nos respects ; mais qui n'a pas remarqué cet habit de fête, le costume du dimanche, comme disent nos paysans, lequel consiste ordinairement en un pantalon large de velours de coton ou de drap, une veste de la même étoffe, et un gilet le plus souvent blanc ou d'une couleur éclatante? Le col de chemise dépasse considérablement le bout des oreilles; et le chapeau rond et large est parfois enfoncé sur les yeux : rarement le paysan met bas son chapeau; et comme si le caractère de fierté, général dans le pays, était écrit d'une manière indélébile dans l'âme des individus placés parmi les conditions les plus humbles, s'il salue, s'il parle à une personne d'un rang élevé, c'est à peine s'il soulève complètement son feutre; sa main, en le soutenant, repose sur le front; le chapeau n'est qu'incliné sur l'occiput. On voit quelques boucles d'argent aux souliers; il est plus rare aujourd'hui de trouver des campagnards ayant conservé la queue ou le cadogan. — La paysanne, dont le costume ne s'éloigne pas beaucoup de celui des grisettes, lorsqu'elle est en habit de toilette, adopte toutefois des couleurs plus vives et des coupes moins élégantes. — Le costume favorise singulièrement les agréments que la grisette de Montpellier a déjà reçus de la nature : sa taille piquante, svelte, voluptueuse même, sa physionomie vive, agaçante, souvent jolie, presque toujours gracieuse, est couronnée d'un bonnet de tulle brodé ou de mousseline bordée de dentelles; des pendants ornent ses oreilles; des chaînes d'or circulent plusieurs fois antour du cou, ou bien un collier qui l'entoure présente à sa partie antérieure un gros fermoir ou un autre bijou, une croix, un cœur d'or ; la gorge est à demi couverte d'un petit fichu ordinairement de laine, dont les pointes retombent avec grâce en forme d'écharpe sur un tablier de soie; une robe de mousseline peinte, qui s'élève au-dessus du sein, descend à peine sur la partie moyenne inférieure de la jambe, qu'elle laisse apercevoir finement moulée sous un bas blanc qui contraste avec la spirale du ruban de couleur de la chaussure. — On assure que le costume intérieur, encore qu'il soit mystérieux, est aussi décent, aussi soigné, aussi élégant que celui qui est exposé aux regards. Il ne faut pas se dissimuler cependant que le luxe, dont il a été question au commencement de cet article, en s'introduisant par degrés dans toutes les classes, n'ait déjà effacé (ce qu'il ne peut manquer de faire plus sensiblement avec le temps) bien des différences qui existaient dans les costumes : celui des grisettes, entre autres, a souffert de grandes altérations, ou, si l'on veut, des modifications qu'il n'est pas difficile de reconnaître; et la mode, ce tyran universel, fait sentir son pouvoir sur la grisette comme sur la grande dame.

Voulez-vous des objets de comparaison, remontez au XIVe siècle, vous jugerez les progrès du luxe depuis cette époque. Consultez les curieux règlements somptuaires faits par les Consuls de Montpellier, et approuvés par le Pape Urbain V, ce généreux bienfaiteur de la ville, et par les Rois de France.

« Aucune femme n'a le droit de porter des perles ou pierreries, si ce n'est aux bourses et ceintures déjà faites et aux anneaux pour les doigts ; aucune broderie de peau ou drap fin aux habits, ni autour des pieds ; aucuns vêtements, ni capuces de drap d'or ou de soie ou de camelot ; ni sur les capuces ou habits aucune sorte de boutons dorés ou émaillés ou ouvrés, mais seulement des boutons plats et blancs. Pas de manteaux ouverts par côté, parce que les femmes ainsi vêtues semblaient être des hommes, mais des manteaux ouverts par-devant; pas de houppelandes; pas de manches pendantes ayant plus de trois doigts de large. — Défense aux hommes comme aux femmes de mettre au pendant des manches aucune peau ou fourrure d'hermine; de porter des habits plus courts que le dessous du genou; ni aucun habit de soie; ni aux souliers d'été ou bottines les pointes dites *poulaines*. — Ordre à chacun d'aller suivant son état et la condition de sa famille. — Défense à tous pelissiers, sabotiers, *sartres* (tailleurs), juponiers, argentiers et autres, de fabriquer des ornements et objets de luxe pour les habitants de la ville. — L'excommunication punissait les contrevenants à ces règlements [1]. »

Tous les pays ont leurs usages, leurs coutumes, leurs erreurs superstitieuses. Mais il faut distinguer ce qui appartient au peuple de ce qui fait la part des gens éclairés, qui ont aussi leurs superstitions. Celles-ci ne sont pas de notre domaine, car elles sont communes à toutes les localités. — Quant aux autres, quant aux superstitions populaires, le plus grand nombre est, de nos jours, de si peu d'importance pour l'organisation sociale, qu'on ne voit pas vraiment la nécessité de rompre des lances pour les combattre; il faut laisser au temps et aux progrès des lumières le soin de nous en débarrasser. Que nous importe, en effet, que le peuple de Montpellier mange ou ne mange pas des pois-chiches le dimanche des Rameaux, parce qu'on y croit que Jésus a, ce jour-là, traversé un champ

---

[1] *V.* Archives municipales de Montpellier, arm. F, case 5, liasse 5.

semé de ce légume? Qu'importe que quelques bonnes femmes fassent boire de l'eau bénite nouvelle le Samedi-Saint aux enfants, pour les préserver des accès de fièvre durant toute l'année? Qu'importe enfin, car il faut bien mettre un terme à ces croyances populaires, où la foi éclairée ne peut trouver la moindre place, que, dans la même intention, le 16 d'Août, on s'abreuve de l'eau du puits de St Roch, enfant et patron de Montpellier, pourvu qu'on n'en use qu'avec discrétion, et non de manière à se donner la fièvre par excès? — Ces anciennes croyances, qu'on retrouve ailleurs sous d'autres formes, ont beaucoup perdu de leur vigueur, et l'on peut même dire que, sauf quelques familles où les traditions, bonnes et mauvaises, sont scrupuleusement conservées, les superstitions et les abus dont nous venons de parler sont presque partout tombés en désuétude, et sont loin d'être confondus avec la religion, même chez le peuple que le philosophe semble plaindre et mépriser, ce *vulgaire* qu'il croit n'être nourri que d'erreurs et de mensonges.

Chaque village, chaque hameau, a sa fête patronale; c'est-à-dire que, tout en célébrant la fête du Saint du lieu, on passe la plus grande partie du jour chômé et des jours suivants dans les festins, les jeux et les danses. Les villageois, peut-être plus que les citadins, sont dominés par la passion de la danse. Dans la plupart des localités, c'est au son ou plutôt au bruit un peu criard du hautbois champêtre, adouci et renforcé tout à la fois par le tambourin. La fête des jardiniers, à Montpellier, le jour de Ste Madeleine, se célébrait, il y a peu de temps, de cette manière.

Mais, au lieu de fleurs cueillies dans les champs et dans les jardins, on ne voit, contre toute attente, que des chapeaux montés, décorés de vastes panaches de plumes de couleurs variées, de rubans, de paillettes, de galons, de clinquants; une petite veste bleue ou de nankin, un large pantalon blanc, serré par une ceinture à franges d'or, complètent le costume. Je n'oublierai pas cependant leur étendard, où vous remarquiez, en guise de lance, un chou-fleur ou une plante d'artichaut, ou un cep de vigne avec ses grappes, le tout artificiel. — Dans ces fêtes champêtres, on nomme une sorte de président, qui est élu pour un an. Le titre honorifique de cette charge gratuite, ou, pour mieux dire, onéreuse, est, en langue du pays, *Cap dé jouvén*, chef de la jeunesse (*caput juventutis*). — Le violon, plus particulièrement consacré aux jeux de la ville, comme le hautbois à la fête des champs, paraît ambitionner la campagne; et déjà, dans beaucoup de villages, le luxe a introduit les ménétriers.

Les mariages couronnent des amours de cinq, six et quelquefois dix ans. On n'en peut pas dire autant de la ville, bien que Montpellier soit, dit-on, sous le rapport des mœurs, une des cités les plus retenues, les plus réservées de la province. — L'usage est généralement établi d'envoyer, lors de la célébration des noces, des dragées et des confitures aux parents et aux amis des deux familles. — L'aisance et la propreté règnent dans la plupart des habitations villageoises; la cuisine est merveilleusement disposée : c'est la pièce par excellence du paysan; et, soit à l'occasion d'un mariage, soit à celle de la fête patronale du lieu, rien n'est épargné pour traiter ses convives, amis ou étrangers; car on a remarqué, et ceci est peut-être un retour sur lui-même, qu'il met sa gloire ou sa vanité, encore plus que son plaisir et sa joie désintéressée, dans le nombre de ses hôtes et dans l'apparat de son hospitalité. Si nous voulions imiter certaines gens qui, pour rendre plus piquant ou pour égayer un peu plus le tableau, prêtent à nos bons campagnards quelque arrière-pensée et un peu plus de malice que nous ne leur en supposons, quoiqu'ils aient passablement d'esprit, nous répéterions une espèce de proverbe du pays : *lou paysan dôna un yôou per avédré un biôou* (le paysan donne un œuf pour avoir un bœuf); mais nous aimons mieux croire que le fait est le plus souvent controuvé, encore qu'il soit moins possible que vraisemblable, et nous préférons crier à la calomnie que d'accuser généralement et sans restriction.

L'habitant de l'Hérault, mais plus particulièrement celui de Montpellier, naît avec le génie musical, ou plutôt avec d'heureuses dispositions pour le chant : cette ville cultive cet art charmant qui a fait dire à Tacite, en parlant de nos bons aïeux : Ils se consolent de leurs infortunes en chantant; *cantilenis infortunia sua solantur*. Mais on a pu remarquer, par ce que nous avons exposé dans l'article précédent, que les arts en général, même les plus doux, les plus propres à caresser l'imagination sans l'excéder, doivent bien moins plaire à nos populations méridionales que des exercices et des jeux où le corps agité est en quelque sorte en équilibre avec l'état habituel des âmes.—Ainsi, on se passionnera préférablement pour les jeux d'adresse, les courses à cheval, la chasse : celle-ci, avons-nous dit, est une espèce de fureur dans le pays; au lieu que la pêche, amusement trop paisible, et presque soporifique (nous voulons parler de la pêche à la ligne), est abandonnée aux riverains, qui en font leur profession ou leur principal délassement.

L'ancien jeu de *l'Arc*, dit *le Perroquet*, avait à Montpellier ses *archers* ou *chevaliers*, dont le nombre était fort grand. Ils élisaient pour chef un gentilhomme qui portait le nom de capitaine ou gouverneur du noble jeu de l'arc. Ce jeu, dont les statuts furent dressés en 1411, consistait à tirer le papegai, ou perroquet, qui était une figure d'oiseau en bois, peinte en vert, et attachée au haut d'un mât de navire élevé de dix-huit toises, qu'il fallait abattre à coup de flèches : le chevalier vainqueur était proclamé roi du perroquet. Cette société était composée des principaux négociants et bourgeois de la ville. Les artisans avaient d'autres exercices qui leur étaient propres, notamment le jeu de l'*Arbalète*, pour le moins aussi ancien que celui de l'arc.— Ceux-ci s'exerçaient encore à tirer de l'*Arquebuse*, ce qui avait fait tomber le jeu de l'arbalète.

A ces différents jeux succéda celui du *Ballon*, en usage à Montpellier et dans les autres communes du pays. Le ballon est un sphéroïde de cuir très-dur, quoique rempli d'air, que les joueurs poussent avec des espèces de gantelets de bois qu'on appelle *brassards*. On s'exerçait autrefois dans le grand fossé du noble jeu de l'arc, et souvent les joueurs des diocèses voisins venaient porter le défi ou accepter celui que ceux de Montpellier leur avaient envoyé, ce qui attirait sur le parapet du fossé une foule extraordinaire de spectateurs. Aujourd'hui cette ville possède un *jeu de ballon* vaste et commode, à l'extrémité méridionale de l'Esplanade.

Le *jeu de Mail* est plus ancien et plus particulier à la ville de Montpellier que le jeu de ballon, puisqu'on dit en proverbe que les enfants y naissent un mail à la main : il est vrai qu'ils s'y exercent de bonne heure, et qu'ils y acquièrent une adresse toute singulière qui les fait passer pour les plus habiles joueurs de l'Europe. Montpellier a aussi formé les meilleurs ouvriers en fait de mails (*Palemardiers*). Il n'était pas de souverain qui ne s'en fît pourvoir dans cette ville, d'où l'on voyait partir pour toutes les cours des mails virolés d'argent, avec des manches garnis de velours, et d'un petit traînon et d'une frange d'or. Parmi les présents que la ville avait coutume de faire aux Princes, on n'oubliait guère les mails et les boules. C'est aujourd'hui l'exercice qui est le plus pratiqué : les joueurs de mail sont appelés *Chevaliers du bois roulant*.— Quand les blés commencent à s'élever et que les joueurs de mail leur porteraient un préjudice notable par leurs fréquentes excursions dans les champs, ce jeu est défendu par l'autorité : alors on s'amuse, quoique avec moins d'intérêt, au jeu de boules, qu'on appelle dans ce pays *las Bôchas*.

Les danses publiques propres à Montpellier sont les Treilles (*las Tréïas*) et le Chevalet (*lou Chivalet*).

On n'est pas bien fixé sur l'origine de la danse des treilles. C'est un vrai ballet populaire qui, s'il faut en juger par le costume champêtre des danseurs et des danseuses, peut rappeler les Dionysiaques, ou fêtes de Bacchus et des Vendangeurs. On a demandé si cette danse ne serait pas un reste du culte grec ou romain introduit dans la Gaule narbonnaise. Quoi qu'il en soit, les danseurs et les danseuses, conduits par des coryphées, passent et repassent, en cadence, sous des cerceaux et des guirlandes garnis en mousseline gaufrée et ornés de rubans et de fleurs. La danse des treilles, comme celle du chevalet, a été exécutée à Montpellier en plusieurs occasions mémorables, et notamment au passage des Princes : on cite, entre autres occasions, l'entrée à Montpellier de l'Archiduc Philippe, gendre de Ferdinand-le-Catholique, Roi d'Espagne, en 1503; le séjour que fit en cette ville Charles IX, en 1564 [1]. On a vu naguère la danse des treilles et du chevalet, quand l'Empereur Napoléon III a visité notre ville, le 2 Octobre 1852.

Je ne sais si l'origine de la danse du chevalet remonte à une époque et à un fait que les plus graves historiens ont eu soin de rapporter au XIIIme siècle. Il ne s'agirait pas moins que de rappeler par cette danse le rapprochement de Pierre II, Roi d'Aragon et souverain de Montpellier, et de Marie, sa femme, fille de Guillaume, dernier Seigneur de cette ville qu'elle lui avait apportée en dot. Cette Princesse, plus estimable que belle, assure-t-on, n'inspirait pas tout l'amour désirable à son jeune et volage époux. Il est vrai qu'elle ne lui avait pas encore donné de gage de leur union. Elle habitait alors Mireval, à deux lieues de Montpellier. Le Prince

---

[1] V. le détail des fêtes célébrées à cette occasion, dans les *Mémoires historiques sur Montpellier et le département de l'Hérault*, par J.-P. Thomas; 1827.

se rendait souvent à son château de Lattes, ville et port à une lieue de Montpellier et de Mireval, qui ont joui jadis d'une certaine célébrité, et dont il ne reste aujourd'hui que quelques ruines pour en conserver le souvenir. Un jour, dans une partie de chasse, sur les pressantes instances d'un courtisan zélé, moral, mari parfait, il poussa jusqu'à Mireval, et se reposa près de la sensible Marie. On trouve dans la vie de Pierre, Roi d'Aragon, que ce Prince revint à cheval de Mireval à Montpellier avec la Reine en croupe. Le peuple, ravi de leur bonne intelligence, fut à leur rencontre, et donna mille marques de joie autour du palefroi qui les portait tous les deux. Ce que le peuple fit alors, sans autre dessein, il le continua sous le Roi Jacques, leur fils ; car tout le monde était persuadé qu'il devait sa naissance à la nuit qui avait précédé l'entrée du Roi son père dans Montpellier. Les habitants, pour marquer combien ce souvenir leur était cher, remplirent de paille la peau d'un cheval, qu'ils portèrent à Lattes, où était le Roi, et célébrèrent en sa présence, autour de ce cheval, les mêmes divertissements qui avaient eu lieu autrefois sur le chemin de Mireval. Soit que la fête eût égayé le Prince, soit que les citoyens de Montpellier eussent pris goût à ces danses, ils en perpétuèrent l'usage. Depuis ce temps-là, le chevalet, qui n'avait été imaginé, dans le XIIIme siècle, que pour une occasion singulière, a été continué pour le divertissement du peuple : il aime, dans toutes les réjouissances publiques, à voir sortir le chevalet. Un homme agile, élégamment costumé, ayant le corps passé à travers un petit cheval de carton proprement enharnaché, lui fait faire le manége au son des tambourins et des hautbois, au milieu d'un cercle formé par une troupe de danseurs, ordinairement vêtus de blanc, et parés de rubans et de plumets à leurs chapeaux. Un autre danseur, ayant des grelots aux jambes et un tambour de basque à la main, fait semblant de présenter de l'avoine au cheval, qui s'incline d'abord vers le tambour; puis, détourné de son exercice, lance des ruades au donneur d'avoine, lequel les évite en disparaissant avec beaucoup d'adresse sous la croupe de l'animal qui le poursuit pendant que tous les autres danseurs, ordinairement ceux des treilles, forment autour d'eux des pas de danse, et agitent leurs étendards en signe de joie. Tous ces jeux, tous ces mouvements doivent s'exécuter avec grâce et en cadence. Le *chevalet* fut dansé au Louvre, en présence de Louis XV, lors des réjouissances faites pour la convalescence de ce Prince. Dans la première moitié du XIXme siècle, le chevalet, moins aventureux, n'est pas sorti des murs de Montpellier.

CHAPITRE VIII.

Langage.

Le peuple de Languedoc n'a reçu que très-tard l'usage de la langue française. Un mélange de cette langue et de l'ancien idiome *vulgaire*, dont la proportion va toujours en décroissant, forme ce qu'on appelle aujourd'hui le *patois*. Mais ce langage vulgaire ou ce patois a subi diverses modifications dans les différentes époques de son existence.

Vraisemblablement quelques mots languedociens, surtout dans les noms de lieux, nous ont été transmis par les Volces Arécomiques, qui occupaient le pays, et, par conséquent, ces mots auraient une origine celtique ; mais ils sont certainement en très-petit nombre. Après avoir traversé tant de peuples et tant de langages différents, et, comme je le dirai ailleurs, quoiqu'on ne voie aucun rapport, aucune affinité entre ces mots et ceux du vocabulaire des langues qui ont le plus fourni à la composition de l'idiome languedocien, tels que le grec et le latin, l'italien, l'espagnol et ses dialectes, ou, enfin, avec ceux qui furent apportés par les hordes venues du nord et du levant, les Goths, les Vandales, les Sarrasins, ces mots ou plutôt les obstacles qui empêchent de remonter à leur source gauloise ne constituent pas moins des doutes réels.

La langue grecque a laissé dans l'idiome languedocien des traces plus reconnaissables. Cette langue fut apportée chez les Volces, au moyen des communications établies entre ces peuples et les colonies phocéennes, qui fondèrent Marseille et autres villes de la côte narbonnaise, environ six siècles avant l'ère chrétienne. Ainsi, on ne peut douter que les mots *Aïsséta*, petite hâche, *Gôï*, boiteux, *Daïâ*, faucher, *Câou-magnas*, grande chaleur, *Esquinsâ*, déchirer, *Istérigâgna*, araignée, ou toile d'araignée, et tant d'autres, ne viennent des mots grecs qui ont la même signification : Ἀξίνη, Γυιὸς, Δαίω, Καῦμα, Μέγα, Σχίζω, Ἱστὸς, Ἀράχνη, etc. Je ne sais, toutefois, si l'on peut adopter, sans restriction, l'opinion émise à cet égard par M. Théodore Poitevin : « Je pourrais revendiquer, dit-il, pour le languedocien, cette ressemblance qu'on avait trouvée entre le grec et le français, et je ne craindrais pas d'avancer qu'il n'y a presque pas de mot dans cette dernière langue, parmi ceux qu'on fait dériver du grec, qui n'y soit arrivé par l'intermédiaire du latin ou du languedocien [1]. »

Mais c'est la langue latine surtout que le languedocien reconnaît comme sa véritable mère; quoique les Romains, en s'établissant vainqueurs dans la Gaule narbonnaise, et en faisant adopter à nos aïeux non-seulement leurs usages et leurs mœurs, mais encore leur propre langage, aient donné aux Gaulois méridionaux le nom de *Trilingues* ou *Triglottes,* parce qu'ils se servaient de trois idiomes différents, le celtique, le grec et le latin, celui-ci étouffa peu à peu les deux autres. Plus d'un siècle avant J.-C., cette langue était entièrement répandue dans la Narbonnaise; et, vers la fin du cinquième siècle de l'ère chrétienne, on ne parlait plus ni la langue celtique ni la langue hellénique. C'est à l'idiome des Romains que le dialecte de Montpellier doit ses terminaisons favorites en *a*, qui lui donnent à la fois de la grâce, de la douceur et de l'éclat. On voit, en effet, que les mots *Aïga, Béstia, Candéla, Câbra, Galîna, Moustéla, Môla, Mûsa, Rôsa,* etc., ne sont que les substantifs de la première déclinaison latine,

---

[1] Voyez, dans les *Mémoires* de la Société archéologique de Montpellier, tom. I, pag. 89, mon travail sur les origines grecques du roman languedocien. Voyez aussi l'Annuaire du département de l'Hérault des années 1822 et 1845.

avec peu ou point d'altération. On retrouve cette analogie dans les noms des lieux terminés en *an* : ainsi, par exemple, comme on disait autrefois *Corneliani villa, Serviani fundus*, etc., pour désigner des maisons de campagne, des métairies et leurs propriétaires, nous disons aujourd'hui *Corneilhan, Servian*, etc.; de même la terminaison *argues*, de nos communes voisines, *Vérargues, Quintillargues*, etc., ne serait que l'anagramme du latin *ager*, champ : *Veri ager, Quintiliani ager*. Cependant cette dernière analogie est contestée.

L'usage de la langue romane paraît dater du commencement de la monarchie française; mais, comme l'observe M. Raynouard, il est très-vraisemblable que, dans le midi de la France, ce langage était déjà épuré.

On sait que l'idiome dont se servirent les peuples qui habitaient de l'autre côté de la Loire, employant le mot *d'oui* ou *d'oueil*, fut appelé *Langue d'oui, Langue d'oueil* ou française, composée de celtique, de francique, de roman surtout, et qui est devenue depuis la langue générale de l'Europe. Les peuples, au contraire, de deçà la Loire, disaient *oc* au lieu de *oui*, ce qui fit donner à leur idiome, comme à une de leurs provinces, le nom de *Langued'oc*; cette langue, purifiée ou modifiée, comme on voudra, est la même que la langue des Troubadours, la langue provençale, la véritable langue romane. Le séjour de la Cour de France à Paris dut mettre en honneur, dans cette capitale et les pays voisins, la langue dont elle faisait usage, et qui était un mélange de latin, ou plutôt de roman et de tudesque; tandis que les Provençaux chantèrent toujours, dans leur idiome, leurs amours, leurs fabliaux et leurs chansons. On voit par là que la langue qu'on appelait rustique ou vulgaire est non-seulement plus ancienne que la langue française, mais encore que celle-ci lui doit une de ses sources principales.

Je doute qu'une recherche pénible et minutieuse fît découvrir, dans le vocabulaire languedocien, beaucoup de mots dus aux Goths et aux Sarrasins, qui ont successivement habité nos contrées méridionales. Astruc soupçonne qu'il y peut exister quelques termes de médecine qui ont passé des livres des Arabes dans le langage vulgaire.

Quoi qu'il en soit, la langue romane devint celle des pays du sud; et environ vers le XIIe siècle, on la parlait également dans le Roussillon, la Catalogne, l'Aragon, l'Italie; mais il est toujours à croire que les différents peuples qui s'en servirent la divisèrent en autant de dialectes que de pays où on l'avait adoptée, et que les dialectes qu'on parlait en Italie et en Espagne ne formèrent pas parfaitement le même langage que celui dont on usait dans la Septimanie.

L'idiome roman, en usage dans la Septimanie, ou le Languedoc, dut aussi se diviser en différents dialectes, comme autant de branches provenant du même tronc, et c'est ce que nous voyons encore aujourd'hui.

Le *Petit Thalamus* de la ville de Montpellier, que nous citerons souvent, contient une chronique qui embrasse des faits historiques depuis 1088 jusqu'en 1574; elle est écrite en langue vulgaire jusque vers l'an 1446 : une chronique française reprend les annales de la cité en 1502. Quoique ce livre ne paraisse avoir été transcrit, pour la plus ancienne partie, que vers le XIV⁰ siècle[1], il nous donne une idée suffisante de la langue romane, usitée dans les siècles antérieurs.

L'an 1088, los Crestians prezeron Barsalona.

L'an 1189, en Aost foron fatz los miracles de Nostra Dona de Taulas.

L'an 1204, lo Rey d'Aragon pres per molher Madona Maria de Montpllr en Julh.

On lit dans un acte de 1360 :

Nos fem asaber que coma nos per lo minesteri de Dieu nostre Senhor, haian bona patz, concordia et tranquillitat am las universitats, vilas et locs de la Languedoc, etc.

Un cahier de doléances de 1424, présenté aux commissaires du roi Charles VII, pour présider aux États de ce pays, commence ainsi :

A lausor, honor et gloria de Dieu, et honor, et proffiet del Rey nostre sobeyran Senhor, et per demonstrar la veraya amor, reverencia, fidelitat, et subjectio de las Gens dels treys Estatz del present pays de Lengadoch, etc.

On a dû reconnaître dans ce petit nombre d'exemples, pris dans chaque siècle, les variations sensibles, les altérations, les mélanges que cette langue a éprouvés. L'analogie avec les autres idiomes du midi de l'Europe, entés sur le même tronc, n'est pas moins reconnaissable. Mais les altérations sont encore plus marquées dès que la langue française pénètre dans le pays. De sorte qu'on trouve des pièces écrites en langue vulgaire

---

[1] D'après mes recherches, il aurait été commencé en 1333.

V. introduction du Petit Thalamus, publié par la Soc. arch. de Montpellier, p. XLVI.

vers le commencement du XVe siècle, et même dans le XIVe, comme on vient de le voir, dans lesquelles on rencontre des mots purement français. Ce qui est arrivé par degrés dans les siècles précédents, se fait encore plus sentir depuis moins d'un siècle : le patois roman doit à de nouvelles affinités introduites, par les personnes habituées à parler français, dans ses tournures et dans ses façons de s'exprimer, une partie du génie de la langue française. Notre patois se purifie en se modifiant; et ce langage, qui nous paraît aujourd'hui beaucoup plus doux que celui d'autrefois, et qui, par ce mélange de français, sonne mieux à nos oreilles accoutumées à entendre parler la langue nationale, n'est guère plus en usage que parmi le peuple [1]. Les termes même les plus ordinaires, tels que ceux de *pèra*, *mèra*, *frèra*, *sûr*, *chrétiens*, *bèou-frèra*, etc., qui sont presque devenus français, à la terminaison près, diffèrent essentiellement des noms originaires dont se sert encore le vulgaire et l'habitant des campagnes : *païré*, *maïré*, *fraïré*, *sôré*, *crestians*, *cougnat* (*cognatus*), etc., qui portent encore, pour ainsi dire, les empreintes du moule latin.

Aussi, on peut prédire qu'il se formera, quoique tard, par suite de cette alliance du languedocien et du fran-

---

[1] Au dire de J.-J. Rousseau, les dames de Montpellier, il y a cent ans, n'entendaient pas le français, et ne faisaient usage que du patois. Mais c'est encore là une de ces exagérations dont abusait si facilement le philosophe Génevois : témoin sa lettre écrite de Montpellier le 4 Novembre 1737. V. *J.-J. Rousseau à Montpellier*; par M. Grasset aîné, dans les *Mémoires* de l'Académie des sciences et lettres de cette ville, tom. 1er, pp. 553 et 581.

çais, un patois à peu près semblable à ceux dont le peuple fait usage dans les autres provinces de l'Empire.

En effet, si l'on réfléchit sur les progrès que la langue française a faits récemment dans nos campagnes, surtout depuis la création d'une école primaire dans chaque commune, on se convaincra facilement qu'il n'est pas probable que la génération agricole qui nous suivra, même en conservant long-temps encore son idiome séculaire, ne sache s'exprimer couramment en français.

Telle est en abrégé l'histoire du patois languedocien depuis ses origines les plus reculées jusqu'à son passage à travers la langue française. Il nous reste à l'examiner dans sa composition plus intime, et à rendre raison de ses variations successives, pour mieux le saisir dans son état actuel. C'est ce que je ferai ici, en reproduisant, avec quelques modifications, les observations que je présentais, en 1843, à la Société archéologique de Montpellier.

Quelque altéré que soit l'idiome roman-languedocien, il n'offre pas moins une chaîne continue que le paysan, comme le citoyen, saisirait encore sans peine, depuis le dernier chaînon qu'il tient aujourd'hui jusqu'au premier anneau fixé au IXme siècle. Le théâtre de Fontainebleau applaudissait, en 1754, un opéra languedocien[1] que nos Méridionaux goûteraient peut-être de nos jours. Dans le XVIIme siècle, Molière faisait parler une Languedocienne comme elles parlent toutes à peu près au

---

[1] *Daphnis et Alcimadure*, pastorale qui n'est pas, comme on le dit dans la correspondance de Grimm, t. I, p. 248, l'*Opéra de Frontignan*, lequel est plus ancien et dont j'ai un exemplaire sous les yeux.

XIXme. Les actes en langue vulgaire, du XVIme au XVIIme siècle, déposés dans nos archives, sont entendus presque à l'égal de l'idiome vivant par les Languedociens, qui arrivent ainsi sans peine, pour peu qu'ils soient aidés du latin, à la langue romane du serment de Louis-le-Germanique, de 842, laquelle en est, sinon immédiatement, du moins directement sortie.

On doit donc espérer de trouver dans le languedocien et le provençal, idiomes romans qui se sont développés le plus tôt, un plus grand nombre d'éléments de leurs origines, je veux dire des langues latine et grecque; et cela doit être dans ces contrées qui devinrent de si bonne heure grecques et romaines, et dont la langue reçut si peu d'éléments étrangers.

Le génie des langues grecque et latine est tellement inné dans l'idiome languedocien, que l'identité de ces trois langues, quelle qu'en soit la source, n'en saurait être contestée; et c'est ce qui assure une vie durable à cet idiome, même à côté de la simultanéité de la langue française, et indépendamment des efforts de celle-ci pour immoler sa sœur aînée : car, s'il est vrai que la prononciation, la prosodie, la grammaire, le génie enfin des deux langues sont le plus souvent contraires entre eux, puisque l'une est restée fidèle aux traditions maternelles, et que l'autre s'en est écartée plus qu'aucune autre langue néo-latine, il n'est pas moins vrai qu'elles sont sorties du même sein et formées des mêmes éléments.

Nous avons vu leurs rapprochements et leur intimité, suivons leur divergence.

Une attention tant soit peu sérieuse révèle d'abord

entre le génie des langues du Nord et le génie des langues du Midi, une différence caractéristique, que l'on sent de reste, et qui consiste dans l'emploi et l'usage des voyelles d'une part, et dans ceux des consonnes de l'autre : au Nord, les consonnes, les articulations, l'absence de l'accent, le *monotonos*; au Midi, les voyelles, les sons, l'accent, le chant.

Ainsi, on sait de combien d'embarras, produits par les consonnes et les articulations, sont chargés les idiomes germaniques, pères *ex æquo* de la langue française. L'anglais a tant de consonnes, que le temps lui manque pour les articuler ; ce qui a fait dire plaisamment à Voltaire, que l'*Anglais gagnait deux heures par jour sur nous en mangeant la moitié des mots*. Le français, plus méridional, a moins de consonnes ; mais il en a beaucoup encore, au point qu'il fait comme l'Anglais : il en supprime le plus qu'il peut dans la conversation. De là, les orthographes septentrionales en tout contraires aux lois de la prononciation. Tel est le génie qui a présidé à la formation des langues du Nord.

Les langues du Midi, au contraire, fidèles aux brillantes consonnances, aux modulations suaves et variées des langues d'Athènes et de Rome, prononcent, en les adoucissant, toutes les consonnes, d'ailleurs peu nombreuses, et en font comme les liaisons harmonieuses de la mélodie des voyelles. Les voyelles graves ou aiguës, les sons moelleux ou éclatants, les voix tendres ou énergiques, flûtées ou retentissantes, car elles n'ont pas toujours le même volume de vocalisation ; ces différents sons combinés, liés et assouplis en systèmes tels que la rauque aspiration et la sourde nasalité n'y soient que très-rarement admises : voilà les éléments qu'employa le génie constitutif des langues méridionales de la France et des péninsules d'Espagne et d'Italie.

Que fait le français de la voyelle latine? Il l'assourdit. Par exemple, la première, la plus brillante, la plus sonore, *a*, s'éclipse dans tous les substantifs latins qu'elle termine : *rosa, rose; lana, laine*, etc. Il en résulte dans la langue de notre patrie, si belle à tant d'autres titres, que tous ces mots ont une consonne de plus et une voyelle de moins [1]. Ailleurs, l'*a* est remplacé par des voyelles moins sonores; ainsi : les finales en *é* ont été substituées aux terminaisons latines en *as* : *pietas, pitié*, etc. Le languedocien, à Montpellier, toute proportion gardée, respecte les voyelles grecques et latines; il dit presque comme on disait à Rome ; *lana, rosa, piétat*.

Telle est la véritable ligne de démarcation placée, par les génies mêmes des deux langages, entre la langue française et la langue romane. *La langue française est née le jour où l'*e *muet a été produit*. Peut-être qu'avec plus d'attention à cette démarcation si prononcée, nous n'eussions pas confondu, et nous ne confondrions pas encore journellement la langue et la littérature romanes

---

[1] Dans le mot *rose* de *rosa*, l'e muet qui remplace l'*a* ne se prononce point; en sorte que, de deux consonnes et autant de voyelles dans le latin et le languedocien, il ne reste au français qu'une voyelle pour deux consonnes. Les verbes fournissent encore une nombreuse série de ces modifications au préjudice des voyelles : ainsi, de *venire*, nous avons fait *venir*; c'est-à-dire que chaque consonne qui, en latin, s'appuie sur une voyelle, de même que dans l'infinitif languedocien *veni*, n'a plus cet avantage en français.

avec les informes essais de la poésie française; nous n'eussions pas donné à notre langue et à notre littérature française, depuis le XIIe siècle et même antérieurement, quand ses premiers monuments apparaissent, le nom de romanes, qui ne leur convient pas plus qu'à la langue des Rutebeuf et des Joinville, des Rabelais, des Montaigne et des Amyot, voire aux rimes picardes féminines, rappelées par notre La Fontaine :

> Biaux chires leups, n'écoutez mie
> Mère tenchent chen fieux qui crie [1].

Le génie de la langue d'oc ayant ainsi gardé non-seulement le vocabulaire sonore, mais aussi les formes des langues d'où elle dérive immédiatement, on ne saurait s'étonner si des savants ont cru pouvoir, à l'aide des dialectes néo-romains, arriver à la véritable prononciation du grec et du latin.

Le grec, dans tous nos établissements scientifiques

---

[1] On ne peut qu'applaudir à l'idée qui a créé des chaires de langue romane dans notre Midi. Cette langue, dans ses divers dialectes, est certainement la clé de quantité de découvertes intéressantes de linguistique, de critique grammaticale et littéraire.

Mais ce serait, ce me semble, manquer le but si l'on entendait que la chaire romane, à l'exclusion de la chaire de littérature française, traitât des poëmes des trouvères, par exemple, et des commencements de la langue française, parce qu'on a dit que ces anciens poëmes ont été écrits en langue romane du nord, du centre, etc. Un abus de nom qui constate l'origine commune, sans doute, ne peut pas néanmoins rapprocher des langages de nature contraire : s'il en était autrement, il faudrait également créer des chaires de langue et de littérature romanes dans le Nord, plutôt que des chaires d'anglais et d'allemand !

et littéraires, à l'oubli cette fois de l'énonciation française, emprunte identiquement la prononciation de l'enfant de Languedoc qui commence à bégayer la langue locale. Par exemple, les diphthongues *aï, eï, oï*, ne sont jamais diphthongues doubles en français; car notre langue n'a point de sons pour les rendre. Cette double émission de voix simultanée est étrangère au génie du français, et, dans la prononciation scolastique du grec ancien, il est obligé d'avoir recours à une prononciation qui n'est pas la sienne. Ainsi, quand le Français prononce la première syllabe d'*aïssô* (*hausser*, *isser*), contrairement à ses propres lois, *aï*, le Languedocien conserve à la fois le sens et la prononciation du mot grec, *aïssa*; *aïsios*, *heureux*, *aisé*, en languedocien, *aïsat*; *daïô*, parf. moy. *dedea*, pour *dedaia*, *couper*, *faucher*; langued., *daïa*; *raï*, *facilement*, langued., *raï*. De même *égueïra*, aoriste d'*égueïrô*, *exciter*, *réveiller*, *pousser par des invectives*; en languedocien, *agueïra*; *guios*, *boiteux*; en languedocien, *goï*, etc.

On pourrait certainement pousser cet examen beaucoup plus loin à l'égard du grec et surtout du latin. On verrait, ce que du reste tout le monde sait en général, que le languedocien, ainsi que les autres idiomes méridionaux sortis du même tronc, diffère essentiellement, et pour la prononciation et pour la tournure des phrases, de la prononciation et des constructions de la langue française; et que le génie de ces idiomes présente une très-grande affinité avec la construction latine. Ainsi, tandis que la langue française, en devenant langue savante, en abandonnant les lisières de sa mère, ne prononce plus les mots comme elle, les altère dans leur orthographe, surtout dans leurs désinences, et leur accent tonique et prosodique; de son côté, la langue d'oc, répugnant à ces altérations, reste plus fidèle au sein dont elle est sortie. Trouver la prononciation des langues anciennes d'après les idiomes néo-latins, ne paraît donc pas un problème plus difficile à résoudre que celui des étymologies de ces idiomes.

Ceci m'amène à dire quelques mots de cet accent tonique et prosodique qui sépare si distinctement et si caractéristiquement de la langue française les idiomes néo-romans.

Pour bien parler français, dit l'ancienne maxime rappelée par l'Abbé d'Olivet, *il ne faut point avoir d'accent;* c'est-à-dire qu'il ne faut faire sentir le chant, l'accent tonique d'aucun idiome local, ancien ou moderne. C'est le contraire dans les idiomes méridionaux; l'accent tonique rend la voyelle qui le porte plus ou moins ouverte, plus haute ou plus basse, sans influer d'ailleurs sur la mesure du temps donné à la prononciation, effet qui se retrouve identiquement dans le génie des langues grecque et latine. Ceci ne pourrait être démontré que par la notation musicale; mais d'ailleurs le fait est si évident, si connu, que tous les Français du Nord conviennent que les habitants du Midi chantent en parlant. Or, cette mélodie d'où peut-elle venir, sinon de la variété que répand dans le discours l'accent tonique, variété si grande dans les langues anciennes, qu'au rapport de Denys d'Halicarnasse, il y avait, entre l'accent grave et l'accent aigu, l'intervalle d'une quinte.

La prosodie française pourrait se réduire à ce seul principe : *toutes les syllabes d'un mot sont brèves, excepté la dernière qui est longue.* Il est bien entendu que si le mot est terminé par un *e* muet, la longue tombe sur la pénultième qui est, en effet, la dernière, l'*e* muet ne se prononçant pas. Cette règle ne souffre point d'exception ; car il ne faudrait pas appeler abusivement longues et brèves le petit nombre de nos voyelles plus ou moins hautes, plus ou moins basses.

« L'Abbé d'Olivet, à qui notre prosodie a d'ailleurs tant d'obligations, dit Domergue, s'est conformé, en la marquant, au système prosodique des Latins, et son erreur est devenue commune à tous les prosodistes qui ont écrit après lui. Nous n'avons de susceptibles de brièveté et d'allongement que les sons *i*, *u*, *ou*, et les syllabes où ces sons dominent. Les sons *a*, *e*, *o* s'élèvent ou s'abaissent... Un son qui s'élève n'est plus dans la même ligne que celui qui s'abaisse, au lieu que la même ligne vous présente les sons brefs et les longs. »

Ainsi, pour parler la langue des prosodistes, nous n'avons, en français, dans les polysyllabes, que des iambes, *aimer*, des anapestes, *célébrer*, et autres pieds composés de tel nombre de brèves qu'on voudra, suivies d'une longue ; mais nous n'avons point de mots formés, soit d'un spondée, d'un trochée, d'un dactyle, soit de tel autre pied où la syllabe longue précède les brèves.

Au contraire, dans le languedocien, les spondées, les trochées, les dactyles même s'y rencontrent plus ou moins sensibles, plus ou moins fréquents.

Un savant[1], dans le projet d'un grand travail sur la langue provençale, a fait déjà pressentir le principe que nous énonçons, sans lui donner toutefois la même extension qu'on peut revendiquer pour le roman-languedocien. « Chaque mot composé de plus d'une syllabe, dit-il, porte, dans notre langue, comme dans toutes les autres néo-latines, un accent tonique (*prosodique*) qui se fait sentir sur la dernière ou l'avant-dernière voyelle, et rarement sur l'antépénultième. »

Je prends quelques exemples au hasard : *veni*, infinitif du verbe *venir*, forme un iambe ; *vêni*, 2e personne de l'impératif, est un spondée ; *aïma*, infinitif du verbe *aimer*, est un spondée ; *aïma*, à l'indicatif présent ou à l'impératif, est un trochée. *Célébra*, infinitif de *célébrer*, anapeste ; *célèbra*, à l'indicatif, amphibraque ; dans *célébrava*, la quantité n'est pas autre que la mesure du même mot latin *celebrabat*.

Ce petit nombre d'exemples peut suffire pour justifier l'espoir de ceux qui croient pouvoir, à l'aide des idiomes méridionaux, arriver à la véritable prononciation des langues classiques ; et peut-être aussi, pour encourager les tentatives qu'on voudrait faire en appliquant à la versification romane-languedocienne le rhythme poétique du grec et du latin ; et je ne doute point que les essais, dans ce nouveau genre de poésie, ne fussent plus heureux et mieux accueillis que les mètres baroques de Jodelle, de Pasquier, de Buttet, de Baïf, de Passerat, de Desportes, de Rapin, de Scévole de Sainte-Marthe, etc.

---

[1] M. Honnorat, *Projet d'un dictionn. provençal-français*, p. 44.

Et cela ne se voit-il pas en principe dans les langues des péninsules italienne et espagnole : la première avec ses vers *endecasillabi*, *sdruccioli*, *cadenti* ; la seconde avec ses vers *agudos*, *llanos*, *esdrúxulos* ?

Nouveau lien qui réunit les langues filles du latin, et qui donne à nos méridionaux cette facilité, sinon le désir d'étudier les idiomes et les littératures d'Italie, d'Espagne et de Portugal. Avec la langue latine et sa langue romane, le Languedocien ne trouve, en effet, de nouveau dans l'italien, l'espagnol et le portugais, que quelques désinences et quelques prépositions.

J'ai indiqué un petit nombre de principes qui ont servi à la formation du languedocien ; je me hâte de dire qu'ils découlent tous d'un autre principe naturel aux peuples barbares, en donnant à ce nom le sens que les anciens y attachaient : c'est l'habitude de syncoper et de tronquer les mots. Voltaire le remarquait ; et Denina le disait aussi en ces termes[1] : « Les mots scythiques, en passant chez les Grecs, tant asiatiques qu'européens, de monosyllabes sont devenus polysyllabes ; ces mêmes mots, en repassant du sud au nord, sont très-souvent redevenus monosyllabes ou dissyllabes, les uns par contraction, les autres par suppression ou retranchement. »

Citons seulement deux ou trois exemples : *tabula*, table ; languedocien de Montpellier, *táoula* ; — *vinum*, vin ; languedocien, *vi* ; — *arrichartaï*, grimper en se traînant difficilement ; languedocien, *arri*, exclamation dont les paysans se servent pour faire avancer les bêtes

---

[1] Tom. I, pag. 50.

qui labourent, etc.; — *leluchneucha*, parf. de *luchneuô*, éclairer avec une lampe; languedocien, *aluca*, éclairer, allumer.

Si, à la syncope et à l'apocope, c'est-à-dire à la suppression de lettres ou de syllabes à la fin des mots, on joint surtout la métagramme et la métathèse, ou la mutation et la transposition des lettres dans le corps des mots [1], on aura toutes les lois en vertu desquelles nos dialectes méridionaux se sont formés; et cela peut se vérifier, soit que l'origine soit latine, soit qu'elle soit grecque.

Or, la maternité de la langue latine n'a presque plus besoin d'être explorée pour le languedocien : il ne s'agit que de relier les observations éparses dans les livres. Les formations grecques sont moins communes, moins abondantes.

Le dialecte de Montpellier paraît avoir conservé la *tradition romane* dans un état de pureté plus parfait encore que les autres dialectes du Midi.

On a remarqué également que les mots grecs ou latins, en passant à travers le crible du génie particulier de cet idiome roman, semblent s'y être maintenus dans une sorte d'innocence primitive. Les voyelles surtout, ces richesses natives de la langue, y sont restées fidèles à leur origine. Pendant que Marseille, Nimes, Toulouse et même Béziers, Agde, Pézenas, altéraient les désinences des langues créatrices, alors même que ce dialecte était entouré d'autres dialectes qui modifiaient, par exemple, l'*a* en *o*, le dialecte de Montpellier, constant

---

[1] Rarement l'aphérèse et la prosthèse.

dans son affection pour cette lettre si chère aux langues d'Athènes et de Rome, disait et dit toujours, soit avec les Grecs, soit avec les Latins, *péna*, peine [1], et non *péno*, comme on dit presque partout ailleurs [2].

C'est cet *a* grec et latin qui donne au langage roman de Montpellier une partie de sa grâce, de sa mollesse, de sa *desinvoltura*, de sa brillante affinité avec l'italien,

---

[1] L'Abbé de Sauvages.

[2] L'*a* final, signe caractéristique du féminin dans la langue latine et dans celles qui en sont dérivées directement, à cause des différentes inflexions qu'on donne à sa prononciation dans divers endroits, a été remplacé par les lettres que l'on a cru propres à reproduire cette prononciation. Dans la montagne et dans une grande partie du Languedoc, où la langue s'est mieux conservée, on a maintenu l'*a* roman et latin, et l'on a écrit *musa, ama, cavala*; sur la rive gauche de la Durance, où l'on prononce cet *a* extrêmement ouvert, on l'a remplacé par un *o*, *muso, amo, cavalo*; sur la rive opposée de la même rivière, où il a un son plus obscur, on lui a substitué *ou, musou, amou, cavalou*. Quelques auteurs modernes se sont servis de l'*e* muet français, et ont dit : *muse, âme, cavale*. M. Béronie, dans son *Dictionnaire du Bas-Limousin*, porte cet abus encore plus loin, car il écrit presque toujours le singulier par un *o* et le pluriel par un *a*, *viando, viandas*.... M. de Sauvages, qui a adopté aussi l'*o* final au lieu de l'*a*, condamne lui-même son orthographe en mille endroits, lorsqu'il donne quelque étymologie. Il écrit, par exemple, *peino, la mala peino t'estoufé*, et il fait observer que ce mot vient du grec *peina*, faim ; mais, s'il vient de *peina*, pourquoi écrire *peino* ?

Il est inutile de faire observer que les troubadours n'ont jamais employé l'*o* pour l'*a*, pas plus que les auteurs de tous nos anciens Statuts et Fors des provinces méridionales, et une bonne partie des écrivains modernes, tels que Favre, Rigaud, les deux Aubanel, Tandon, Martin, Charles de Belleval, Peyrottes, etc.

Le premier ouvrage imprimé où l'on ait employé l'*o* pour l'*a* final, est le dénombrement des bailliages, qu'on trouve à la

et qui a disparu de la plupart des dialectes de nos voisins [1].

On ne sera donc pas surpris de voir dans les mots dérivés l'*a* figurer comme le son par excellence, et de le trouver multiplié non-seulement dans la formation des substantifs et dans leurs désinences, mais encore dans la composition et la terminaison d'une infinité de verbes empruntés, soit au latin, soit au grec.

On peut dire que cette voyelle a absorbé l'affection

---

suite du poëme d'Antonius Arena, intitulé *Meygra entreprisa*, etc., 1535 ; le second est le *Don-don infernal* de la Bellaudière, imprimé à Aix en 1538 ; le troisième, les *Obros et rimos* du même auteur, 1595, qui est le premier livre imprimé à Marseille. Depuis cette époque, les auteurs qui ont écrit sur la rive gauche de la Durance ont en général employé l'*o*, et ceux de la rive droite l'*a* ou l'*e*. (M. Honnorat, *loc. cit.*, pag. 47.)

[1] L'étude et la connaissance des nombreux dialectes néo-romans offrent tant de difficultés et veulent tant de documents divers, qu'il faut bien pardonner plusieurs inadvertances à ceux qui ont voulu traiter de ces dialectes, en parlant de celui qui leur était propre et familier. Voici ce que dit l'Abbé de Sauvages à l'égard de l'*o* final dans les substantifs féminins. « Tous les substantifs féminins se terminaient autrefois dans nos provinces en *o* : cet usage a changé *depuis environ un siècle* dans une partie du Bas-Languedoc, où l'on a fait ces mêmes substantifs en *a*. On s'est rapproché en cela de la terminaison que ces noms ont en latin et dans la langue romane ; terminaison qui s'est perpétuée dans l'idiome auvergnat. » Si l'Abbé de Sauvages eût seulement ouvert le Petit Thalamus de Montpellier, manuscrit du commencement du XIVme siècle, ou le cahier de doléances des États de Languedoc de 1424, il aurait vu que tous les substantifs féminins de la première déclinaison latine s'y terminent en *a*, *gleysa*, *messa*, *terra*, et il n'eût pas, à la fin du XVIIIme siècle, laissé exister dans son livre cette erreur de linguistique.

du languedocien, les autres sons n'ayant pas eu, il s'en faut, le même privilége : ainsi, c'est l'*a* plus ou moins renforcé, plus ou moins adouci, qui représente en général l'*e* muet français. Les voyelles *i*, *o*, *u*[1] ne jouissent aucunement de cet avantage, et l'*e* lui-même pourrait en être exclu ; car, si l'on veut y prendre garde, on s'apercevra facilement, alors même que l'usage permet aux poëtes languedociens de faire fonctionner cette lettre à la fin des vers, à la manière de l'*e* muet, qu'il conserve toujours à peu près le son qu'il a partout ailleurs, celui de l'*e* italien ou espagnol. On n'en peut pas dire autant de l'*a*.

Par suite de cet amour pour les sons brillants et doux, le Languedocien a une antipathie prononcée contre certaines consonnances finales, dures ou sourdes, entre autres celles où il entre des *nasales*. Comme ces sons articulés se perdent, pour ainsi dire, dans la concavité du nez, le Languedocien les rejette absolument. Il dit *vi* pour *vinum*, vin ; *savou* pour savon ; de même *clossés*, débris, éclats, par métathèse du grec *clones*.

L'esprit ou l'aspiration grecque, rare même chez les anciens, a été retenu plus rarement encore par le Languedocien. Dans *oura* (queue) le *r* se prononçait chez les Grecs avec une certaine aspiration ; le Languedocien, pour la rendre par un équivalent, dit, avec une transposition fort ordinaire, *couar* (partie de la queue) : c'est ainsi qu'en français de *ochos*, on a fait *coche*.

---

[1] Cela n'empêche pas que ces voyelles finales ne puissent devenir longues ou brèves : ainsi, *i* est bref dans *capitani*, capitaine ; long dans *âouzi*, ouïr.

Indépendamment de la syncope et des autres figures de retranchement, on remarquera, dans les origines grecques du languedocien, comme dans les mots français tirés du grec, et comme dans les mots latins empruntés à la même langue, l'*n* à la place du *d*, du *t*, des dentales; l'*m* à la place de la labiale *b*, etc., à la manière des mutations et des associations des lettres grecques : ainsi, *faïré nenna* (en français, en parlant d'un enfant, *faire dodo*) de *demnion*, petit lit, couchette; *bascainô*, *emmasca*, ensorceler; le *b*, muette labiale, pour le *p*, muette du même ordre; *saperdês*, voc. *saperda*, rusé, *sabrenas*.

Par une conséquence de ce système, le *ch* adouci est représenté par *c*, *z* par *ds* ou *ts*; et cette décomposition doit s'étendre aux autres lettres doubles des Grecs, si l'on veut rendre raison de plusieurs mots languedociens dérivés de cette langue.

De même le *g* est souvent traduit par *z*. Et cela est naturel aux peuples nouveaux autant qu'aux enfants; car les enfants et les personnes qui ont de la difficulté à articuler le *g*, se servent du *z* ou de l'*s* en remplacement. C'est le contraire de la langue latine, du reste bien moins douce que le grec; voilà pourquoi de *luzo* elle a fait *lugeo*.

Les *a*, les *ou*, pour lesquels le Languedocien a aussi une si grande affection, ont amené son génie à un résultat remarquable : c'est que, dans les mots qu'il doit au grec, ce n'est pas toujours le nominatif dont il fait usage. Il se sert souvent aussi des cas obliques : du génitif *coccou*, graine, baie, etc., il a fait *coucou*; du génitif *rigous*, grand froid, rigueur, il a fait *rigous*, plur. de *rigou* : *las rigous d'una bèla*.

Si les cas obliques des Grecs doivent être pris en considération pour expliquer les origines des substantifs languedociens, à plus forte raison, dans les verbes, ces parties par excellence du discours, faut-il s'attendre à ne pas trouver dans l'infinitif grec le véritable mot créateur de l'infinitif languedocien. On a vu la prédilection de cet idiome pour l'*a* : elle est ici prononcée d'une manière si sensible, qu'on ne peut pas même dire que les infinitifs venus du grec soient terminés en *a*, seulement par analogie, comme la plupart de ceux qui viennent des verbes latins en *are*. Les verbes grecs ont l'infinitif en *ein*, c'est-à-dire terminé par une nasale essentiellement antipathique au Languedocien. Que fait le génie de la langue? Il choisit les temps et le mode terminés en *a* sa voyelle favorite. En grec, ce sont, outre le parfait actif, le parfait moyen et l'aoriste premier de l'indicatif actif. Ce dernier temps lui-même, qui correspond au passé défini du français, étant beaucoup plus fréquent dans le discours grec que le parfait actif et le parfait moyen, sert de patron, pour ce motif, à la formation du plus grand nombre de mots de cette catégorie.

D'autre part, le languedocien, pas plus que les autres idiomes modernes, n'altère le commencement des verbes, comme cela a lieu, au contraire, dans le latin, et surtout dans le grec. Les peuples d'origine hellénique plaçaient devant l'aoriste, entre autres temps, un augment soit syllabique, soit temporel; c'est-à-dire que, dans le premier cas, ils ajoutaient devant le radical du verbe la syllabe *e*, et que, dans le second, ils changeaient la voyelle initiale *a* ou *e* du verbe en leur longue *ê*. Il semblerait donc que les mots languedociens, venus immédiatement de la forme de l'aoriste grec, devraient avoir aussi conservé l'indication de l'augment.

Toutefois aucun ne l'a gardée: nous n'en serons pas surpris, si nous combinons les faits historiques avec les éléments grammaticaux.

Les peuples de Phocée nous ont légué le grec vivant dans notre langue vulgaire : ces Asiatiques parlaient le grec d'Ionie. Or, on sait qu'un des caractères du dialecte ionien est de supprimer les augments, soit syllabiques, soit temporels. Les Grecs de la côte méditerranéenne usèrent encore plus facilement de cette faculté dans leur langage familier.

On a dû pressentir, par les citations à l'appui de ces principes, qu'il doit y avoir peu de mots composés dans nos expressions languedociennes venues du grec. Les mots composés appartiennent aux langues savantes et souples ; le latin même n'est pas fort heureux dans ces sortes de composition. Le Languedocien éprouve un embarras plus grand encore quand il veut avoir des expressions composées ou combinées. J'en citerai deux ou trois exemples. Le premier est un mot qui a fait fortune ; notre languedocien n'y est plus revenu : je veux parler de l'expression *pécaïré*, composée de deux mots grecs *pê chaïre*, *aliquatenùs* ou *interdùm miserere*, ayez un peu pitié, ayez quelque pitié ; — *rata pénada*, de *rata*[1], femelle du rat, et du latin *pennata*,

---

[1] *Gothique*, d'après M. Mary-Lafon.

ailée : voilà donc un mot composé, dont la moitié appartient à une langue, et l'autre moitié à une autre. En voici un exemple plus remarquable :

Lorsque les Grecs voulaient nier, ils disaient : *mê panté pantôs*, ou *mê pantapasi* ; les Latins, *nulla res* ; les Gallo-Romains, *pas*, particule explétive venant de *passus*[1]. En composant une négation gréco-néo-latine de tous ces mots tant soit peu altérés, le Languedocien dit encore *pati pata pas rès*, presque rien.

Si, après nous avoir suivi dans ces détails sur les affinités les plus remarquables entre le languedocien, et particulièrement le dialecte de Montpellier et les langues anciennes de Rome et d'Athènes, on était tenté de nous reprocher le regret que nous éprouvons en voyant un idiome toujours menacé d'être déshérité de ses droits, nous nous consolerions avec la pensée que la richesse des voyelles, le nombre des sons doux à la fois et brillants, l'absence de lettres qui n'amolliraient pas assez la prononciation, la rareté des aspirations, le retranchement de l'augment, toutes conditions de l'harmonie du languedocien, n'ont pu sauver le dialecte d'Ionie plus harmonieux encore.

Comparé aux langues méridionales modernes, le patois de Montpellier, avons-nous dit, est doué d'une grâce et d'une expression qui tiennent à la fois de l'énergie de la langue espagnole et de la douceur de la langue italienne. Il n'a pas l'afféterie ni l'accortise de celle-ci, mais il est au moins aussi riche qu'elle ; car il a aussi ses augmentatifs et ses diminutifs. Les

---

[1] Raynouard, tom. 1, pag. 331.

romances languedociennes valent, assure-t-on, les *aria* italiens. Il est vrai que ce langage, extrêmement flexible, se prête avec succès à toutes les formes de la mélodie ; et, s'il a emprunté quelques termes à l'italien et à l'espagnol, il en a une foule qui n'ont d'équivalent ni dans l'espagnol, ni dans l'italien, ni dans le français, ni dans les autres langues. Tels sont les mots suivants, dont je ne devrais pas hasarder la traduction : *alizâ* (lisser, unir, caresser, cajoler); *amaïrit* (qui ne peut quitter le giron de sa mère); *cavalisca* (sorte d'exclamation qui exprime le déplaisir, l'humeur); *s'estourouïâ* (se caliner, s'épanouir au soleil, etc.); *sé souréiâ* (se chauffer au soleil); *bréziïâ* (brésiller); *mouréjâ* (montrer le nez); le célèbre mot *pécaïre !* dont il a déjà été question.

Nous avons plusieurs recueils de poésies écrites en patois de Montpellier. Nous citerons notamment : *las Fouïès d'âou Sâgé dé Mounpéiè*, de David Sage, natif de cette ville. — Les *Noëls* de l'Abbé Plomet. — Les œuvres de l'Abbé Favre, dont une partie a été souvent réimprimée depuis sa mort ; ce sont : *lou Siègé dé Cadaroûssa, lou Sermoun dé Moussu Sistré, lou Trésor dé Substantioun* (vaudeville), *l'Opéra d'Aoubaïs* (autre vaudeville), une traduction burlesque de l'Odyssée et des quatre premiers chants de l'Énéide, quelques poésies fugitives. La plupart des autres manuscrits laissés par ce poëte si gai et si fécond sont déposés à la bibliothèque du Musée-Fabre de Montpellier : ils contiennent des vers inédits[1]. — Les

---

[1] L'Abbé Favre versifiait aussi en français ; on a quelques poëmes de lui, écrits agréablement en cette langue. Nous nous permet-

Fables, Contes et autres pièces en vers patois de Montpellier, d'Auguste Tandon; in-8º. La seconde édition est de 1813. — Les *Fables, Contes et autres poésies patoises* de Martin fils, qui a encore publié, en 1827, *les Loisirs d'un Languedocien.*— *Flurétas*, par Pierquin de Gembloux, in-12, 1844; où l'on trouve, en effet, de jolies fleurs de poésie languedocienne : réimprimées avec des augmentations en 1846. Ces ouvrages, que les habitants de Montpellier, et même les étrangers, relisent avec plaisir, sont les points culminants du génie poétique de notre patois languedocien.

Mais les lecteurs attendent quelques accents nouveaux de cette langue musicale. Laissons un moment reposer les sommités du Parnasse de Montpellier. Un ouvrier chante : écoutons le ferblantier Roch ; il sait manier le marteau et la lyre.

tons de citer une épitaphe du patriarche de Ferney, composée par le poëte languedocien :

>Ci-gît Arouet de Voltaire,
>Des philosophes l'Amadis ;
>Si son âme est en Paradis,
>L'Enfer n'était pas nécessaire.

La meilleure édition des œuvres de l'Abbé Favre est celle qui a été donnée par M. Virenque, libraire, à Montpellier, 1839. — 4 vol. in-18.

LOU PRINTÉN.

Quand chaqua jour l'âouba ploura dé joya,
Qué lou sourel cerca dé pounjéja
Dé sous rayouns l'astré vén razéja
Aquel diaman qu'és pénjat à la fioïa,
Et pioy finis per lou poutounéja.

L'hiver fugis : soun halé fréchouluda
Véndra pa pus m'éngrépézi lou cor;
Acos finit, ay vis d'àou poumpoundor
Qué tout éscas la tij'éra nascuda,
Et sous boutous jâounissién sus lou bor.

Ay vis âoussi dé moulous dé viôoulettas,
Qué soun parfun mé fasién dévista;
Timida flou qué sémblés t'aclata,
Per té culi véndray dé rébalettas,
Pioy sus moun cur té poudray mignota.

Escarcayas vostras alas dâouradas,
Parpaïounés qué fringas sus las flous;
Espandissés vostras richas coulous,
Car lou printén a mirgayat las pradas
Qu'embraygou l'er dé sas milas âoudous.

Passerounés qu'atténdès la bécada
Qu'à tout moumén vous arriva d'àou ciel,
Chantré dâou bos qu'as lou gousié tan bel,
Mésclas lous cants à ma lyr'argéntada
Et pourtén-lous âou pè dé l'Éternel.

TRADUCTION.

Quand, chaque jour, l'aube pleure de joie,
Que le soleil cherche à peine à paraître,
Cet astre vient border de ses rayons
Le diamant qui se pend à la feuille
Et le couvrir enfin de ses baisers.

L'hiver a fui : son haleine glacée
Ne viendra plus me resserrer le cœur ;
Il a fini : j'ai vu du *pompon* d'or
La jeune tige essayant de paraître,
Et les boutons jaunissant sur le bord.

Aussi j'ai vu des faisceaux de violettes
Que leur parfum me faisait deviner,
Timide fleur, qui sembles te cacher,
Pour te cueillir, je viendrai m'inclinant,
Et sur mon cœur je te caresserai.

Étalez vos ailes dorées,
Amoureux papillons qui courtisez les fleurs ;
Déployez vos riches couleurs ;
Car le printemps émaille les prairies
Qui soulent l'air de leurs mille parfums.

Petits oiseaux, attendant la becquée,
A tout moment, vous arrivant du ciel,
Chantre du bois au beau gosier,
Mêlez vos chants à ma lyre argentée
Et portons-les aux pieds de l'Éternel.

CHAPITRE IX.

Topographie.

Montpellier (Lat. 43° 36′ 16″ N. Long. 1° 32′ 30″ E.) repose sur une colline d'où l'œil découvre, d'un côté, la Méditerranée, les Alpes et le *Canigou*, qui est une des Pyrénées ; de l'autre, le mont *Ventous* et les montagnes des Cévennes. Il plane à l'entour sur de riants coteaux, sur de jolies habitations de campagne, sur des sites et des perspectives d'un effet charmant. La ville s'élève en amphithéâtre : le point culminant, vers la place du Peyrou, est à 51 mètres au-dessus du niveau de la mer, distante d'une lieue; la base en est à 17 mètres. Il suit de là que la hauteur de Montpellier, au-dessus de la plaine, est de 34 mètres. La crête est un peu resserrée; les pentes sont en général douces. La ville se dirige vers l'est et l'ouest, où elle se termine brusquement : là, par la Citadelle; ici, par la place du Peyrou. Elle s'étend surtout en descendant vers la Grand'Rue, c'est-à-dire du côté de la mer. Nous avons déjà fait remarquer, d'après Fouquet, que la position et l'inclinaison de la plupart de ses rues influent, peut-être autant que son beau climat, sur la santé et la longévité des habitants.

La ville est maintenant dépouillée de ses anciennes murailles. Nous avons vu encore, il y a peu de temps, du côté du nord-est, empreints sur les débris de ses remparts, les stigmates des boulets que lançait Louis XIII, en 1622. On remarque trois portes de ville : celles de *la Blanquerie* et des *Carmes*, au nord, et celle du *Peyrou*, au couchant, toutes les trois du dernier siècle; mais celle-ci est un véritable arc de triomphe dont nous aurons occasion de parler avec plus de détails; enfin la *Tour des Pins*, beaucoup plus ancienne, placée entre les deux dernières portes que nous venons de nommer, seul reste des fortifications de la place; car la tour de l'*Observatoire*, vers le côté opposé, a presque disparu sous les constructioms que nécessita l'établissement de l'ancien télégraphe à grands bras.

En général, la ville présente des aspects piquants : outre que les avenues en sont ornées d'allées d'arbres, au milieu desquelles la colline, qui sert de base aux édifices, paraît avec ses échelons couronnés, ses différentes coupes pyramidales offrent des points de vue très-pittoresques, et exposent sans cesse à l'œil le spectacle d'un panorama à diverses faces.

La ville est très-anciennement divisée en six parties, appelées *sixains*; et chaque sixain est formé d'un certain nombre de subdivisions, qui ont reçu le nom d'*îles*, lesquelles sont composées d'une réunion de maisons environnées de tout côté par des rues. Gariel prétend que la division des *sixains* est due à la vieille Marseille, et on croit que la subdivision des *îles* est un reste des établissements de la domination romaine : il est certain que le mot *insula*, île, a, dans la langue latine, la même acception que celle qu'on lui donne à Montpellier.

Toutes les rues de cette ville, comme on l'a vu précédemment, ont des aqueducs souterrains pour recevoir, au moyen de canaux particuliers, les ordures des maisons, et les porter dans deux ruisseaux voisins, situés, l'un, le *Merdanson*[1], au nord; l'autre, les *Aïgarelles*, au midi. Montpellier possède de belles rues; mais beaucoup, nécessairement ascendantes ou descendantes, sont étroites et anguleuses; car les anciens

---

[1] Malgré le respect qu'on doit aux oreilles de ses hôtes, nous sommes cette fois obligé de sacrifier l'euphonie à l'exactitude. Quelques-uns, il est vrai, et nous-même nous avons écrit quelquefois différemment. Mais comment résister aux plus anciennes chartes de nos archives qui s'obstinent à écrire par un *m* un nom que nous avons, par euphémisme, dénaturé en *Verdanson*! Il est vrai qu'on lit *Ribanson*, même *Riou-Danson*, dans certains titres plus anciens. L'usage est encore là pour nous défendre de nous servir de ces derniers noms.

habitants cherchaient apparemment plutôt un abri contre les rayons ardents du soleil, que la régularité et la beauté des veines et des artères de la ville. Elles sont, du reste, constamment tenues dans un état de propreté satisfaisant, et le pavé a singulièrement gagné à l'avantage des piétons, depuis plusieurs années. On y voit un nombre considérable d'édifices et de monuments remarquables, de maisons élégantes, souvent bâties à fausse équerre par le défaut d'alignement des rues, mais toutes solidement construites en excellentes pierres de taille des environs, et auxquelles il ne manque en général, pour figurer dignement, que d'être démasquées et dégagées d'anciennes constructions où préside un goût plus que douteux, et d'être entièrement mises à découvert. On reconnaît souvent que le génie de d'Aviler a passé par là. Enfin nombre de places, de fontaines, d'édifices moins importants ne sont pas sans droits à l'estime des connaisseurs. Quelques vieilles habitations encore existantes à Montpellier rappellent l'art de construire de nos aïeux et la mode des siècles passés. On peut consulter à cet égard l'intéressante Notice de M. Jules Renouvier, membre de la Société archéologique de cette ville[1]. Cependant les nouvelles constructions méritent une mention particulière. On peut dire que, soit anciennes, soit nouvelles, les maisons de Montpellier se placent en général parmi les monuments de la cité les plus remarquables. On a couronné la statue de Nimes des riches antiquités de la ville : on pourrait, avec autant de raison, couronner la statue de Montpellier de

---

[1] Voy. le tome Ier des Mémoires publiés par cette Société, p. 37.

belles maisons. Il serait difficile de les signaler toutes ; d'ailleurs nous les reverrons dans nos excursions. Contentons-nous ici de rappeler les principales dans la *Grand'Rue* et les rues voisines ; dans celles des *Étuves*, du *Gouvernement*, du *Cardinal* et du *Consulat* ; dans la rue et sur la place du *Palais*, de la *Canourgue* ; dans les rues de la *Coquille, Dauphine, St-Guillem, Trésorier-de-la-Bourse, Trésoriers-de-France, Ste-Foi*, du *Collége*, de la *Salle-l'Évêque*; sur les places *Jacques-Cœur* et *Louis XVI ;* dans les rues *Embouque-d'Or, Collot*, de la *Carbonnerie*, du *Cannau*, de *St-Ruf*, etc.

Mais c'est notamment sur les boulevards du sud-ouest au sud-est de la ville, par le sud, du Peyrou à l'Esplanade, et dans les quartiers neufs, aux avenues des chemins de fer de Nimes et de Cette, qu'on remarque les plus élégantes constructions. Les boulevards de *St-Guillem*, du *Jeu-de-Paume*, de la *Comédie*, la rue du *Faubourg de Lattes*, présentent continuellement un front de maisons de l'architecture la plus remarquable. La *Cité Industrielle*, au faubourg de la Saunerie, offre le spectacle d'une ville nouvellement bâtie et en pleine activité. Un peu plus loin, on se trouve dans le voisinage des embarcadères des lignes ferrées, au milieu d'un labyrinthe d'habitations dont le dessin et la sculpture appartiennent au meilleur goût.

Parcourons maintenant la cité et ses faubourgs. Nous en décrirons ensuite les monuments et les curiosités les plus intéressantes.

L'étranger qui veut se faire une idée de la ville de Montpellier peut facilement suivre la division cantonale, c'est-à-dire les trois sections du territoire de la commune. Ainsi, pour se promener dans la première section, il entrera par la porte de la *Saunerie*, qui doit son nom aux greniers à sel qu'on trouvait dans ce quartier, dépositaire des produits des salines de Pérols et de Maguelone, plutôt qu'à la grande *sonnerie* des cloches du faubourg. Démolie, reconstruite en 1725, et n'apparaissant aujourd'hui que par son nom, la porte de la *Saunerie* ouvre la Grand'Rue. Il ne manque ici qu'un peu plus de régularité pour faire une belle rue. Notre voyageur ne se détournera vers la gauche que pour visiter l'édifice de la *Bourse*, en partie sur la place *St-Côme* et en partie sur la Grand'Rue. Du côté droit, il remarquera les maisons *Martin-Choisy* et *Moynier*, construites par l'architecte d'Aviler, et l'*Hôtel du Cheval-Blanc*. En remontant par la rue du *Cardinal*, nom qui lui vient du Cardinal de Bonzy, Archevêque de Narbonne, président-né des États Généraux de la Province, lequel, dans le dernier siècle, avait son hôtel dans cette rue (maison *Flaugergues*), il verra auparavant la maison *Boussairolles*, passera devant l'*Hôtel-Nevet*, dont la réputation est devenue européenne, et arrivera bientôt à la *Halle-Neuve*, ou *Couverte*, colonnade élevée, en 1806, par l'architecte Donnat sur l'emplacement de l'ancienne église de Notre-Dame-des-Tables. L'architecte a voulu imiter la colonne du temple de Pœstum. L'imitation aurait pu être plus heureuse. Il distinguera en même temps, sur la *place des États de Languedoc*, la belle maison où s'assemblaient les mandataires de la Province. Sur cette place, on voit la *Fontaine des Licornes*, de marbre, qui est de Jean-Louis Journet (du Vigan). Ce monument fut élevé en l'honneur du Marquis, depuis Maréchal de Castries. Le bas-relief qui se trouve sur cette fontaine représente la bataille de Closter-Camp, que consacre à l'admiration le généreux dévouement du Chevalier d'Assas, et dans laquelle M. de Castries, alors gouverneur de Montpellier, s'était particulièrement distingué à la tête des troupes françaises qu'il commandait. Le monument est surmonté de deux licornes colossales, parce qu'il s'en trouvait en supports dans les armes de la maison de Castries.— Il longera la *Place aux Herbes (Herberie)*, qu'une artère vitale de la cité va bientôt traverser, et se trouvera devant la *Halle au Poisson*, construite en 1745 sur les plans de Giral. C'est un parallélogramme de 20^m de longueur sur 10^m de largeur. Il est orné d'un fronton à chacune de ses extrémités ou entrées.

En montant toujours par une pente douce, il sera conduit dans la rue de la *Barralerie*, nom bruyant qui, par onomatopée, rappellerait une des avenues du *Marché*, si on pouvait l'oublier ou ne pas s'en apercevoir. Barralerie, en languedocien, veut dire *embarras, tapage*; mais il signifie aussi le quartier où étaient les ouvriers en futaille, les barraliers, les tonneliers.

Un usage à peu près général dans nos anciennes villes réunissait les artisans du même métier, les mêmes professions commerciales, dans certains quartiers ou certaines rues. On retrouve le souvenir de cet usage dans la dénomination d'un grand nombre de rues ou de quartiers de Montpellier. Ainsi l'*Argenterie* pour les orfévres ; la *Canabasserie* pour les chanvriers-filassiers, les marchands de toiles ; la *Blanquerie* pour les corroyeurs, qui ont aussi donné leur nom à la *Coyraterie*, si ce ne sont les courtiers; l'île du *Légassieu* pour le quartier de la tannerie. Sans parler des rues des *Teissiers*, des *Tondeurs*, de la *Corraserie*, pour les tisserands, les tondeurs de drap et les fabricants ou marchands de cuirasses, on voit que la *Barralerie* pouvait bien être la demeure des bruyants tonneliers. Le voyageur entrera dans la rue du *Palais*, qui le mènera sur la *place de même nom*. Qu'il ne néglige pas ici une construction de d'Aviler : c'est la maison *René* avec la *trompe sur l'angle*, appelée vulgairement *Coquille de Montpellier*. Il stationnera ensuite au *Palais de Justice*, à la *Porte du Peyrou*.

Si, après avoir visité le Palais, le voyageur consent à faire quelques pas pour descendre dans la *Rue-Basse*, cette rue lui rappellera qu'en l'automne de 1737, Jean-Jacques Rousseau y avait établi son habitation et sa morosité. Aussi a-t-il singulièrement médit de Montpellier, et particulièrement de la plus belle partie de ses habitants. Le génie n'est pas toujours une preuve de justice. Une imagination tendue comme celle de Jean-Jacques s'accommodait mal de la vérité. Pour se faire une idée exacte du séjour de cet illustre malade à Montpellier durant trois mois environ, il faut lire la curieuse notice de M. Grasset, dont nous parlons ailleurs [1]. Nous mentionnerons seulement ici les promenades de Jean-Jacques sur la *place* voisine de la *Canourgue,* où il venait à midi, en attendant le dîner, s'ébattre avec ses commensaux. Là se trouvait jadis la maison du *Vestiaire* du chapitre de Maguelone et l'église de S^{te}-

---

[1] Ci-dessus, pag. 79.

Croix, fondée par un des Guillaumes, Seigneur de Montpellier, et dépendante du prieuré de S*ᵗ*-Firmin, dont le titulaire était pris parmi les chanoines de Maguelone. La dénomination de *canonica* sous laquelle on désignait la maison prieurale de S*ᵗ*-Firmin paraît être l'origine du nom de la place de la *Canourgue*, de même que la rue de l'*Arc-des-Mourgues* doit son origine au mot de *monaca*. Cette place, où s'élève l'*Hôtel de la Mairie,* avait été destinée, par l'Évêque de Montpellier, Pierre de Fenoillet, à servir d'emplacement à une nouvelle cathédrale, dont on voit encore les beaux fondements. Mais les ennemis secrets de l'Évêque le desservirent auprès du Cardinal de Richelieu ; et quand ce prélat Ministre vint à Montpellier, le 18 Juin 1629, après avoir vu les ouvrages de la Canourgue, il déclara qu'il avait voulu une cathédrale et non pas une chapelle, et fit arrêter les travaux. L'Hôtel de la Mairie est d'un aspect agréable ; seulement on désirerait que la principale entrée fût placée au milieu de l'édifice.

Quand on a vu l'Hôtel de la Mairie, on peut se détourner un peu pour visiter la *place* et l'*Hôtel de la Préfecture*. Sur la place s'élève une *fontaine* de marbre, due aussi à Journet, le même dont le ciseau a décoré la cité de la fontaine des Licornes. Celle qui orne la place de la Préfecture est de 1772. Cybèle y paraît couronnée de tours, ou plutôt de ruines de remparts ; car la mère déesse n'a conservé sur sa chevelure qu'un débris de ses principaux attributs. Mais le monument n'en produit pas moins d'effet, bien qu'on lui préfère celui des Licornes.

L'Hôtel de la Préfecture, de l'*Intendance provinciale*

avant 1790, fut bâti par le Cardinal de Bonzi. On a prétendu qu'il le fit construire pour la Comtesse de Ganges, qu'il ne faudrait pas confondre avec l'infortunée Marquise de ce nom, assassinée par ses beaux-frères. L'origine de cet Hôtel donna lieu à bien des épigrammes, à bien des médisances. C'est surtout à une femme bel esprit de cette époque, Mme Du Noyer, et à ses *Lettres galantes*, comme elle les appelait, qu'il faut imputer la fâcheuse célébrité ou l'indiscrète publicité qui a été donnée aux propos plus que malins de la petite cour du Cardinal. Quoi qu'il en soit, l'Hôtel fut acheté des héritiers de la Comtesse de Ganges, en 1718.

Descendons par la rue escarpée de la *Blanquerie* (Blanchisserie, parce qu'elle fut habitée par les corroyeurs, nommés *blanchers*); le Roi Louis XIII gravit cet escarpement lorsqu'il fit son entrée solennelle dans la ville, après le siége de 1622. Nous avons à notre gauche l'*Hôpital militaire St-Éloi* et l'ancien monastère de la *Visitation*; et, à l'extrémité de la rue, la *porte* qui conserve le nom de la *Blanquerie*. Réservons les couvents pour une autre excursion, et reprenons celle que nous avons commencée par les courtes et étroites rues du *Refuge* et du *Berger* qui nous conduisent à celle de l'*Université*. Là, on sera bien aise de visiter l'*École de pharmacie* et l'*Église de St-Matthieu*, puis d'atteindre par la rue *Girone* ou par celle du *Cannau* la *Place Louis XVI*, précédemment du *Marché aux Fleurs*, et auparavant des *Capucins*; car les fils de St-François eurent sur cette place un couvent dont elle aurait pu garder le nom en mémoire du bien qu'ils y avaient fait. On y voit un beau piédestal de marbre, sur lequel avait été érigée, en

1829, la statue pédestre de Louis XVI, aussi de marbre. A côté, dans la rue *Fournarié*, on remarquera l'ancien hôtel du Représentant Bonnier d'Alco, construit par D'Aviler.

Nous n'engagerons pas le voyageur à s'égarer dans les rues tortueuses du sommet de la cité. Mais il pourrait, en passant sous l'*Arc-Darènes* (rue *Roucher*), avoir une idée de ces anciennes arcades au moyen desquelles nos pères, dont il ne faut pas médire, dans leurs rues étroites et infléchies, se défendaient à la fois contre le soleil, la poussière et la pluie, et communiquaient, à l'abri des injures de l'air, d'un îlot de maisons à un autre. Arrivés dans la rue un peu plus régulière de l'*Aiguillerie*, nous pourrons nous détourner vers la place *Jacques-Cœur* que nous trouvons sur notre route, visiter l'ancien *Hôtel des Trésoriers de France*, dans la rue qui porte le nom de ces anciens financiers, sans oublier, dans la rue *Embouque-d'Or*, une autre maison non moins digne d'attention et qu'habitait précédemment la Faculté des sciences. L'une et l'autre, œuvres de D'Aviler, présentent des escaliers très-remarquables. Revenons par la rue *Collot*, où les maisons notables ne manquent pas non plus, et complétons notre première course en traversant la *Place de l'Herberie*, derrière laquelle, dans la rue du *Trésorier de la Bourse des États provinciaux*, on voit la superbe maison *Joubert*. Longeons la rue de la *Draperie-St-Firmin*, où l'on voyait jadis la vénérable *Église de St-Firmin*, longtemps la seule paroisse de la cité; suivons la rue du *Petit-Scel*, et jetons un coup d'œil rapide sur cette modeste place dont le nom nous rappelle une institution de Philippe-le-Bel. Nous saluerons en passant l'*Église* provisoire de *S*^{te}*-Anne*; et, après avoir aussi longé ou traversé les rues de *S*^{te}*-Anne* et de la *Friperie*, et la rue plus notable de *S*^t*-Guillem*, qui conduisait à l'ancien hôpital de ce nom, nous nous agenouillerons dans l'Église non moins provisoire de *S*^t*-Roch*, autrefois des *Trinitaires de S*^t*-Paul.* Nous parlerons ailleurs de St-Roch, de cet illustre enfant de Montpellier. Nous devons ici nous hâter de ramener le voyageur à la porte de la *Saunerie* par le *Plan d'Agde*, la rue *En Gondau* et la *Grand'Rue.* Nous avons cherché, dans cette excursion, à éviter autant que possible les pentes trop roides de plusieurs petites rues qui aboutissent au plateau : telles sont, au nord, les rues débouchant dans celle du *S*^t*-Sacrement*; à l'est, celles qu'on trouve derrière la *Halle au Poisson*; au sud-ouest, toutes les rues qui descendent du côté de la *Valfère.*

Bien que la visite de la seconde section de Montpellier doive nous faire parcourir presque toute la ceinture de la ville, cette promenade aura néanmoins l'avantage de nous laisser à peu près toujours dans la plaine. Mais, si nous la trouvons relativement moins capricieuse que la première pour les accidents du terrain, elle est réellement beaucoup plus importante sous le rapport de l'étendue. Ici nous avons la plus grande partie des faubourgs. Nous gagnerons du temps en marchant plus vite, sauf à nous reposer quelquefois. Suivons donc cette ceinture de la cité.

En partant encore de la place méridionale de la *Saunerie*, et marchant dans la rue des *Étuves*, nom mal sonnant dans nos vieilles chroniques, ligne parallèle à la

Grand'Rue, nous trouvons une charmante *chapelle* offerte, il y a peu d'années, à la mère de Dieu par les *Pénitents-Bleus*. Nous arrivons bientôt sur une place que de resplendissants cafés et de joyeux restaurants environnent ; indépendamment de belles maisons qui se représentent partout à Montpellier, on découvre d'ici une extrémité de l'*Esplanade*, un bastion de la *Citadelle*, la palestre du *Jeu de Ballon*. C'est un des points les plus animés de la ville ; les routes s'y croisent et le mouvement continuel des voitures ajoute une nouvelle vie à la place de la *Comédie*. Cette dénomination annonce que la *Salle des spectacles* se montre heureusement à une autre extrémité de la place. Elle est décorée d'une fontaine de marbre, surmontée des *Trois-Grâces*. C'est l'œuvre d'Antoine, sculpteur de Marseille.

Rentrons dans la ville par l'ancienne *Porte de Lattes*, reconstruite en 1729, démolie depuis, et par la rue courte du *Gouvernement*, où nous remarquons ce bel Hôtel Boussairolles, refait vers le milieu du dernier siècle par le Duc de Richelieu, Gouverneur de la Province [1]. Suivons la rue Ste-*Foy* jusqu'à la *chapelle* dorée des *Pénitents-Blancs*. Nous ne sommes pas loin de celle des *Augustins* dont les *PP. Carmes* ont naguère acquis la jouissance pour 99 ans. Vis-à-vis nous voyons les vastes bâtiments du *Bureau de Bienfaisance*, infiniment mieux nommé dans le pays *la Miséricorde*. Nous nous trouvons sur le seuil du riche *Musée* de la ville, au débouché de la rue *Fabre*, son fondateur. Le Musée est

---

[1] Le Duc de Richelieu, satisfait de l'exécution de cette construction, gratifia l'entrepreneur Bompar d'une pension viagère de 500 livres.

contigu au *Lycée impérial*, qui est attenant lui-même à l'église paroissiale de *Notre-Dame-des-Tables*. Cette jolie chapelle et le Collége furent précédemment l'apanage des Jésuites enseignants. Le Lycée, sans être un édifice vaste, puisqu'il ne suffit plus pour contenir sa jeune population toujours croissante, est surtout commodément et agréablement disposé. Il donne d'un côté sur la promenade de l'Esplanade. En sortant de l'église par la porte latérale, on descend doucement par la rue *Salle-de-l'Évêque*, dénomination qui indique assez l'emplacement primitif du Palais épiscopal. Nous sommes dans la rue du *Pila-S*t*-Gély*; nous abordons à la rue *S*te*-Ursule*, et, sans nous enfoncer dans les ruelles qui la dominent, nous visitons la *Maison centrale de détention*, bâtie sur les fondements de *l'ancien monastère de S*te*-Ursule*. Franchissons la rue de la *Blanquerie* que nous connaissons déjà; voyons le couvent de *S*te*-Marie*, élevé par les soins et aux frais de l'Évêque de Montpellier, Pierre de Fenoillet, pour les religieuses de la Visitation. Le pieux prélat se concerta, à cet effet, avec le frère de St François-de-Sales, leur fondateur. Là, peu de temps après leur établissement (1631-1636), les vénérables filles d'Annecy reçurent leur première supérieure générale, la Mère Françoise-de-Chantal, sainte aïeule de la tendre mère de Mme de Grignan. Là, au pied de l'autel de la chapelle à peine terminée, en 1660, s'agenouillait la Reine-Mère. Enfin, en 1666, le Roi confirmait par ses lettres patentes l'établissement de la *Visitation de S*te*-Marie* à Montpellier. Bientôt nous trouvons l'ancien couvent du *Refuge*, puis la rue de l'*Arc-des-Mourgues* (*moinesses*, filles de Ste-Claire suivant la règle de St Benoît, dont les biens furent réunis, en 1633, à ceux de la *Visitation*), la rue de la *Providence* où se trouve le nouveau monastère de *Ste-Ursule*. Les *Ursulines* et les *Visitandines*, durant le dernier siècle, recueillaient dans leurs paisibles asiles les jeunes filles des premières familles de Montpellier qui fuyaient le monde. Cependant ces retraites ne furent pas toujours à l'abri des disputes du Jansénisme et des troubles qui en furent la suite. Il y eut bien des larmes répandues alors dans ces deux célèbres monastères de notre cité [1]. La rue *St-Charles*, où est un couvent de femmes de ce nom, aboutit à la rue du *St-Sacrement*. De là nous entrerons dans la rue des *Carmes*, où nous aurons à droite le *Palais épiscopal*, et, presque en face, l'ancienne église du cloître *St-Germain et St-Benoît*, aujourd'hui cathédrale et basilique sous le vocable de *St-Pierre*. Son histoire, son architecture, son porche surtout, méritent une station. La station ne sera pas moins longue à l'*École de médecine* qui fut aussi l'*Évêché* et qui comprend une partie de l'ancien cloître *St-Germain*. Ici nous nous reposerons en contemplant les richesses de ce célèbre établissement, car je suppose que le voyageur a déjà visité, dans ses premières excursions, le

---

[1] Malgré le nombre prodigieux des écrits qui ont été publiés sur ces singulières disputes, l'histoire en est peu connue, parce que l'autorité s'efforçait d'en étouffer les faits. Il est évident aujourd'hui, par les pièces inédites surtout, que, grâce à l'Évêque Colbert, Montpellier se trouva pendant près d'un demi-siècle à la tête du Jansénisme. A ce double point de vue de l'intérêt historique et de la nouveauté, nous n'avons pas dû hésiter à nous charger d'un récit qui se lie intimement aux annales de notre pays.

Palais de Justice et l'*Arc de Triomphe*, vulgairement appelé la *Porte du Peyrou*.

Si la seconde section de Montpellier peut être considérée comme une vaste ceinture qui circule autour de la ville, la troisième section doit en être regardée comme le fermoir qui en réunit les deux extrémités. Nous n'avons vu que la lisière intérieure; promenons-nous dans les faubourgs.

Les faubourgs de Montpellier se trouvent joints à la ville, depuis qu'on a comblé les fossés qui les en séparaient, pour former des boulevards à l'instar de ceux de Paris, et qu'on a abattu la plus grande partie des portes de la cité. Le faubourg méridional de la *Saunerie* offre quelques rues remarquables, les embarcadères des chemins de fer de Nimes et de Cette, de très-belles et grandes maisons nouvellement édifiées, et l'église paroissiale de St-Denis. — Le faubourg de *Lattes*, au sud-est, longe le boulevard de la *Comédie*, conduit aux écarts de la commune de Lattes par la rue du *Pont-Juvénal*, où commence le *canal du Lez*, et nous montre le *Temple protestant*, autrefois *Chapelle des Cordeliers*. Revenant au boulevard, nous avons devant nous le *Jeu de Ballon*, sous l'*Esplanade*, et le *Champ de Mars*, séparé de la *Citadelle* par la ligne de fer de Nimes. Un pont jeté sur la voie ferrée, par le corps du Génie, relie au Champ de Mars la Citadelle, construite par ordre de Louis XIII, après le mémorable siége de la ville en 1622. Les quatre bastions de cette petite forteresse sont inscrits au *polygone du Génie*. — Longeons la promenade et le Champ de Mars, nous dominons, à l'extrémité, le *Marché au Bétail*, c'est-à-dire le *faubourg de*

Nimes au nord-est, sur l'ancienne route de Paris. Ce faubourg, qu'on appelle aussi du *Pila-St-Gély*, du nom de la rue qui sert d'entrée à la ville vers ce point, possède une fontaine dont l'excellente eau, plus que le monument, a fait la réputation, encore qu'elle ne doive pas son origine à la source de St-Clément qui abreuve presque toute la population montpelliéraine. Nous n'oublierons pas de visiter le vaste *Abattoir* qu'on voit ici depuis peu d'années.

Laissons à droite le chemin du village pittoresque de *Castelnau* et du *Cimetière St-Lazare*, suivons les boulevards du *Pila-St-Gély*, de la *Blanquerie*, de l'*Hôpital-Général*, et détournons-nous un peu pour atteindre le *Séminaire*, jadis l'asile des *Récollets*, par une rue ou chemin qui conduit encore au Cimetière, car tous les chemins aboutissent au dernier rendez-vous.

Chaque pas de la vie est un pas vers la mort.

Nous nous trouvons bientôt au milieu du faubourg de *Boutonnet*, au nord-ouest, qui nous rappelle les dernières folies du Carnaval. Celui-ci est un des plus considérables; embelli de beaucoup de jardins, on y voit un parc étendu, appelé *Le Clos*, qui présente de nombreux objets d'agrément; et le *Château*, autre parc vaste et bien tenu, qui fut l'habitation des anciens Seigneurs de Boutonnet. Le peuple se rend à Boutonnet pendant les trois derniers jours du Carnaval : il se mêle au concours des masques, et passe une partie de ces jours de fête à savourer un vin blanc passable, dans lequel il trempe une espèce de croquet, passable aussi quand il est bien traité par l'huile douce ; friandise renommée, à Montpellier, sous le nom d'*Oreillettes*, à cause de sa forme. Ici la population afflue, et la religion y est venue planter ses étendards les plus respectables : la charité chrétienne s'est emparée des rues du faubourg. Suivons celles de *St-Vincent-de-Paul* et des *Sourds-Muets*; contemplons ces saintes filles du plus doux, du plus bienfaisant des hommes, donnant une langue et des oreilles à de pauvres enfants qui n'avaient jamais parlé ni entendu, et des mères tendres à ceux qui n'avaient pas connu leurs mères ou qui les pleuraient encore. Non loin de là, dans la rue des *Carmélites*, les filles de *Ste-Thérèse*, comme les filles de *Notre-Dame-de-Refuge* (rue *Nicolas Fournier*), prient dans une austérité isolée au milieu d'une population bruyante; et plus au nord, dans la rue de la *Garenne*, entre la rue des *Sourds-Muets* et celle de *St-Acace*, le couvent du *Sacré-Cœur* donne un enseignement plus élevé aux jeunes personnes appartenant à des familles aisées.

On peut, en revenant du faubourg, voir en passant la *Fontaine*, dont on doit la fondation à *Jacques-Cœur*, ce célèbre argentier de Charles VII. Elle est connue dans le pays sous le nom de *Font Putanelle* (*Font Puteane*, de *puteus*, puits), et ce n'est pas le seul souvenir que cet argentier ait laissé à Montpellier. Nous sommes conduits à l'*Hôpital-Général* et à l'*Asile des Aliénés*, l'un et l'autre, comme l'*Hôpital militaire de St-Éloi* et le *Bureau de Bienfaisance*, confiés aux mains actives et à la patience inaltérable des sœurs de St-Vincent. Il est temps cependant de quitter ces demeures des infirmités humaines, et de reporter nos regards sur des objets plus gracieux.

Voici le *Boulevard Henri IV*, qui nous fait longer

le *Jardin-des-Plantes* et le *Jardin du Roi*, joint par un arceau au *Jardin de la Reine*. Laissons, au sud-ouest, le *faubourg St-Jaumes*, tirant son nom d'un hôpital St-Jacques, qui y fut établi en 1220; faisons encore quelques pas, et nous dominons, de la place du Peyrou et de la terrasse où finit l'*Aqueduc de St-Clément*, un magnifique panorama. La célébrité, autant que la beauté de la place et de la perspective, veulent ordinairement que les étrangers commencent et terminent leurs excursions par cette promenade et par cette vue. Nous sommes loin de chercher à les contrarier; mais, après que le voyageur aura donné toute satisfaction à son admiration et à sa curiosité, nous nous hâterons d'atteindre les rues du *faubourg du Courreau* (ouest), après une courte visite à l'ancienne et belle église des Pères de la Merci ou de la Rédemption des captifs, devenue l'église paroissiale de *Ste-Eulalie*; et, par le *boulevard St-Guillem*, où est placée la *Succursale de la Banque*, et par le boulevard de l'*ancien Jeu de Paume*, après avoir jeté un regard de satisfaction sur les magnifiques habitations *Riben*, *Mourgue* et autres, nous arriverons sur la place et dans le *faubourg de la Saunerie*, d'où nous étions partis pour la seconde fois.

Les longues courses qu'a nécessitées notre dernière pérégrination nous ont obligés à nous reposer avant d'avoir parcouru les deux faubourgs de *St-Dominique* au sud-ouest, et de *Figuerolles* au sud, et le restant de la troisième section de la ville. Toutefois cette dernière excursion nous eût fait dépenser peu de temps et nous eût coûté peu de fatigue si nous n'eussions pas voulu risquer une promenade à travers le faubourg de St-Dominique, pour en atteindre un autre, à demi-lieue de celui-ci. Nous avons en vue *Celleneuve*, dont on a tenté plusieurs fois de former une commune autonome, en le joignant à un hameau voisin; mais les enfants de ce faubourg écarté ont préféré les inconvénients de l'éloignement au malheur d'être séparés de leur métropole. La fête patronale de Celleneuve, le 14 Septembre, attire un grand concours des habitants de Montpellier. Le voyageur sera plutôt attiré dans cette bourgade par une église Carlovingienne, fondée par St-Benoît d'Aniane, et dont l'architecture mérite, sous tous les rapports, d'être remarquée. En quittant la *Place de l'Observatoire*, en nous dirigeant vers l'église paroissiale de *St-Denis*, œuvre de l'architecte D'Aviler, placée sur la limite commune de la 2e et de la 3e sections, nous nous trouverons sur un second boulevard : c'est le *Cours des Casernes*. Les *Casernes* sont, en effet, à gauche, vers le milieu du Cours. Restaurées ou reconstruites sous le premier Empire, elles sont divisées en plusieurs quartiers, et peuvent contenir 2000 hommes; à l'autre extrémité, comme pendant de l'église, se présente le *Couvent des Sœurs-Noires*. Mais au lieu de s'engager dans les rues de *Figuerolles* et dans je ne sais quelles autres rues mal gardées derrière les Casernes, je conseille à l'étranger de continuer sa route par la rue du *faubourg du Courreau* ou par la rue de quelque général originaire de Montpellier[1], par celle du *faubourg de la Saunerie*,

---

[1] Nous avons donné, à huit rues qui aboutissent au Cours des Casernes, les noms de généraux originaires de Montpellier: *Campredon*, *Claparède*, *Lepic*, *Matthieu Dumas*, *Maureillan*, *Maurin*, *René*, *Vincent*.

la *route de Toulouse*, et de finir ses excursions par une station dans l'intéressante *église des Dames de la Providence*, où prièrent dans les derniers siècles les *Carmes déchaussés*.

Cependant nous ne devons pas oublier, de l'autre côté de l'église de St-Denis, la rue du *Grand-St-Jean*, souvenir d'un antique monument, d'une église possédée par les Templiers, ensuite par les Chevaliers de St-Jean-de-Jérusalem. Plus anciennement ils avaient dans l'intérieur de la ville un autre lieu qui fut désigné, comme la rue actuelle où il se trouvait, sous le nom de *Petit-St-Jean*.

Notre course est finie : nous avons donné une idée de la topographie de Montpellier ; nous en avons parcouru rapidement les principales rues, les places, les faubourgs ; pour acquérir une connaissance plus complète de cette ville, nous devons examiner en particulier ses monuments, et nous arrêter devant ce qu'elle offre de plus intéressant et de plus curieux.

CHAPITRE X.

Place du Peyrou.

Le *Peyrou*, c'est-à-dire, en languedocien, lieu pierreux, servait, au milieu du XIIme siècle, à une foire ou à un marché. Durant le siége de Montpellier, par Louis XIII, en 1622, les assiégés y établirent une batterie. En 1689, lorsqu'il n'existait encore aucune promenade publique dans cette ville, le Peyrou était une aire à battre le blé. Cette promenade est aujourd'hui une des plus belles places de l'Europe et le plus magnifique ornement de Montpellier.

On en doit la première idée au Marquis de La Trousse, commandant en Languedoc, et à M. de Basville, Intendant de cette province. M. de Broglie, successeur de M. de La Trousse, suivit l'exécution du projet de son prédécesseur. Les travaux commencèrent le 23 Mai 1689 : la direction en fut confiée à l'architecte *D'Aviler*, et il est juste de rappeler que c'est lui qui fit construire la vaste terrasse d'où l'on jouit d'une vue si admirable et si étendue, et qui avait 130 toises de longueur sur 42 toises de largeur.

Les États de la Province avaient délibéré, à l'unanimité, le 31 Octobre 1685, de faire ériger la statue équestre de Louis XIV, à Montpellier. Ils décidèrent, par délibération du 10 Février 1716, qu'elle serait placée au Peyrou. La statue y fut, en effet, posée le 10 Février 1718.

Dès lors, la place parut peu digne d'un monument dont tous les artistes, comme tous les voyageurs, reconnaissaient, d'un commun accord, la perfection. — On délibéra définitivement, en 1766, sur l'agrandissement et l'ornement de la place du Peyrou : les ouvrages ayant été adjugés, la première pierre fut posée avec solennité, en présence des États, le 29 Décembre 1766, par M. Dillon, Archevêque de Narbonne, président des États, et le Prince de Beauveau, gouverneur de la Province. — Les travaux furent exécutés d'après les plans et devis de Giral et de Donnat, son élève [1]. Ces travaux, auxquels furent rattachés ceux de l'aque-

---

[1] *Mémoires sur la place du Peyrou*, dans les *Mémoires sur Montpellier*, par J.-P. Thomas; 1827.

duc de St-Clément, dont nous aurons occasion de parler, durèrent plus de huit ans, et coûtèrent 1,172,667 liv. 1 s. 3 d.; savoir : pour acquisition de terrains et indemnités, 182,988 liv. 7 s. 2 d.; et pour embellissements, 989,678 liv. 14 s. 1 d.

On peut consulter les Mémoires que nous venons de citer pour connaître à fond l'histoire de cette place : nous en dépouillerons les traits et les détails principaux; car nous ne pourrions tout dire sans dépasser les bornes que nous devons nous prescrire dans cet ouvrage; d'ailleurs nous ne voulons rien retrancher du plaisir et de l'admiration du voyageur qui voit cette place imposante pour la première fois.

Le Peyrou, qu'on appelait la Place-Royale, a la forme d'un rectangle à pans coupés, ayant 175 mètres de longueur, dans œuvre, sur 125 mètres de largeur. Elle est enceinte, de trois côtés, par un mur de terrasse, couronné d'une balustrade en pierre, interrompue par dix piédestaux. Autour de la place, intérieurement, est un trottoir de 10 mètres de largeur, où l'on arrive par trois marches, interceptées de distance en distance par huit parties de murs, servant de tablette ou de banc. D'autres bancs sont adossés au bas de chaque piédestal, et, entre ceux-ci, le long du balcon. Au quatrième côté, à l'ouest, de niveau au trottoir, on monte sur une terrasse dite des eaux, dont nous avons déjà parlé, par cinq marches de même dimension que celles du trottoir. Elle a 102 mètres de longueur sur 47 mètres de largeur. Aux deux côtés, et au fond de la terrasse, sont quatre plates-formes renfoncées, avec des escaliers à droite et à gauche, pour descendre aux promenades basses. Sur cette terrasse, devant le château d'eau, est un bassin ou pièce d'eau de 43 mètres de longueur sur une largeur inégale, recevant trois chutes d'eau qui sortent du château. — Le château d'eau est un hexaèdre régulier dont les six faces sont ouvertes par des portiques couronnés d'un entablement faisant le pourtour extérieur de tout l'édifice, et en ressaut sur trois côtés de l'hexagone; l'entablement est supporté par des colonnes isolées et accouplées de chaque côté du portique qu'elles décorent. Un attique termine l'édifice à l'extérieur. L'intérieur du château est orné de colonnes placées dans le milieu de chaque trumeau des portiques. Elles supportent un entablement circulaire faisant le pourtour de l'intérieur. Une voûte de forme sphérique couronne ce bâtiment. Les colonnes intérieures et extérieures sont cannelées et d'ordre corinthien. Les clefs des archivoltes, leurs tympans, ainsi que les champs au-dessus de l'astragale qui règne autour de l'édifice sont ornés de sculptures dans le goût du dernier siècle. Le château d'eau renferme un réservoir circulaire de 9 mètres de diamètre, avec une grille de fer. Le soubassement du château est élevé par deux socles de 4 mètres 22 centimètres de hauteur, depuis le sol de la terrasse des eaux jusqu'au niveau d'une plate-forme ou esplanade circulaire établie derrière le château. Par un temps serein, on découvre, de cette esplanade, les Alpes, le mont Canigou, les Pyrénées, le mont Ventous, du côté de la Savoie, un arc immense de la Méditerranée, au milieu duquel surgit l'île vénérable de Maguelone, enfin un horizon qui n'est borné que par la ville, au levant. Un escalier, décoré de balustrades de fer et de balcons en pierre, conduit de chaque côté de la plate-forme sur la terrasse des eaux. Des réservoirs d'eau vierge sont établis sous cette esplanade. Une grille de fer, au milieu de la banquette de la plate-forme, sert de porte pour aller au-dessus des trois dernières arcades du grand aqueduc, qui séparent les deux promenades basses. — Au nord et au sud de cette place sont ces promenades basses, plantées d'arbres, ayant chacune 16 mètres de largeur, du pied du talus du mur de terrasse à la banquette qui couronne le mur de soutènement de ces promenades. Cette largeur devient plus considérable après les pans coupés, en allant vers l'ouest : c'est là que sont placés les trottoirs et les escaliers qui aboutissent aux plates-formes de la terrasse des eaux. Au-dessous de ces plates-formes sont des bâtiments servant d'orangerie et de cafés. Vers ces mêmes aspects, les promenades basses sont décorées de jardins, de bassins, de jets d'eau. A l'extrémité opposée, du côté de la ville, elles sont terminées par de très-belles grilles de fer, avec des portes surmontées de trophées. Les murs de soutènement de la promenade haute portent des ornements en sculpture. — L'entrée de la place du Peyrou a une ouverture de 29 mètres; on y monte par trois marches, au-dessus desquelles est une grille de fer ayant, sur sa longueur, trois portes et huit pilastres à double remplissage. Cette entrée est vis-à-vis la porte de la ville, ou arc de triomphe, appelé *Porte du Peyrou*. La distance qu'il y a de cet arc aux marches de l'entrée est de 47 mètres. En sortant de cette porte, on passe sur un pont d'une seule arche, de 28 mètres de largeur, y compris les trottoirs de 5 mètres. Les deux autres chemins d'avenue de la place du Peyrou arrivent ascendants et parallèlement aux entrées des promenades basses et de l'entrée de la place où elles viennent toutes trois aboutir. Elles ont été établies, en grande partie, sur les fossés de la ville, qui existaient de ce côté.

Telle est, en abrégé, la description de cette place que Montpellier montre avec orgueil aux étrangers, et qui excite leur admiration et l'envie des autres villes de l'Europe. Il manquait à son lustre des embellissements et des décorations que le vandalisme et les révolutions avaient fait disparaître, ou qu'ils avaient fait oublier de rétablir. Les administrations départementale et municipale ont voulu, de nos jours, réparer ce que la hache dévastatrice des barbares avait détruit ; elles ont même été plus loin : elles ont tâché, par de nouveaux ornements, d'ajouter à la magnificence d'un si beau monument. Déjà des balustres en fer ceignent de riants gazons ; des vases de fleurs, des lauriers, des orangers, embaument l'atmosphère, et, par le mélange de leur riante verdure, de leurs vives et riches couleurs, de leurs fruits dorés, protégés par les dômes des allées circulaires qui embrassent l'étendue de la place, produisent un effet délicieux à l'œil, et rappellent le jardin des Tuileries. Des groupes, des urnes, des statues, des candelabres, viennent ajouter à ce spectacle enchanteur de la nature et de l'art réunis.

L'ancienne statue équestre de Louis XIV, en bronze, occupait le milieu de la place du Peyrou. Le monarque avait la face tournée à trois quarts du côté de la ville, le bras droit presque horizontalement tendu vers la mer, la main gauche tenant les rênes. Une légère couronne de laurier ceignait sa tête, et l'arrangement symétrique de la chevelure lui donnait l'aspect de celle de l'Apollon du Vatican. Un manteau, bordé de broderies, à demi pendant, s'agrafait sur l'échancrure de la cuirasse. Une lame droite, à l'antique, était suspendue à un ceinturon. Aux pieds étaient des bottines aussi à l'imitation des brodequins anciens. Le cheval allait avec ardeur et grâce le grand pas relevé ; il était recouvert d'une peau de panthère, avec les griffes de devant nouées sur le poitrail. La hauteur entière de la statue était de 15 pieds 5 pouces. La distance de la bouche du cheval à la queue, de 15 pieds. Les noms des sculpteurs méritent d'être connus : ce sont Pierre Mazeline et Simon Hurtrelle, tous deux de l'Académie royale de peinture et de sculpture. Quant au nom du fondeur, on lisait sur un des pieds du cheval : *Simoneau fecit*; toutefois l'almanach de Montpellier pour 1759, dit qu'elle fut fondue par *Balthasar Keller*. Le total de la dépense, y compris les frais du piédestal, s'éleva à la somme de 250,733 l. 18 s. 7 d.

La statue fut posée sur un piédestal incrusté de marbre, sur lequel fut gravée une inscription composée par M. de Mandajors, d'Alais ; cette inscription, qui ne fut point l'expression de la flatterie (Louis XIV n'était plus), et que Voltaire admirait si justement, doit être rapportée ici :

LUDOVICO MAGNO
COMITIA OCCITANIÆ
INCOLUMI VOVERE
EX OCULIS SUBLATO
POSUERE
ANNO MDCCXVIII.

On pourrait la traduire en peu de mots : *à Louis-le-Grand, après sa mort.*

La statue fut renversée le 2 Octobre 1792, soixante-quatorze ans après son érection.

Quarante-six ans plus tard, la statue de Louis XIV était relevée sur la place du Peyrou.

Dès 1817, le Conseil général du département de l'Hérault en votait le rétablissement. C'était un siècle depuis la mort du grand Roi. En conséquence, on proposa cette inscription pour la nouvelle statue :

A LOUIS XIV
CENT ANS APRÈS SA MORT,
LE CONSEIL GÉNÉRAL
DU DÉPARTEMENT DE L'HÉRAULT.

Le philosophe de Ferney eût trouvé cette inscription digne de la première. Mais elle ne fut point placée.

Le marché pour le monument de Louis XIV, passé au nom du Conseil général avec MM. Debay, sculpteur, et Carbonneaux, fondeur à Paris, le 30 Septembre 1825, fut approuvé par le Ministre de l'intérieur, le 31 Mai 1827. Le sculpteur s'engageait à confectionner, dans l'espace de huit à dix mois, le grand modèle en plâtre de la statue équestre, destiné à être exécuté en bronze, au prix de 50,000 fr. Ce grand modèle devait avoir 15 pieds 5 pouces de haut depuis le dessus du sabot du cheval jusqu'au sommet de la tête du cavalier. — Le modèle livré au fondeur, celui-ci, de son côté, s'engageait à couler en bronze et à ciseler ce modèle dans les dimensions énoncées, à le faire transporter à Montpellier et à l'y poser sur le piédestal qui lui était destiné, à ses frais, périls et risques, dans l'espace de quinze mois, à compter de la livraison du modèle, et six mois de plus, s'il survenait quelque accident, moyennant la somme de 150,000 fr. Vint l'an 1830, et les parties contractantes n'avaient pu prévoir ni ne pouvaient considérer la révolution comme un accident.

D'ailleurs les fondations du piédestal étaient allivrées à Montpellier pour un peu plus de 5,000 fr., et le Gouvernement promettait de beaux marbres blancs pour le décorer.

Tous les budgets départementaux, depuis 1824, furent donc chargés d'une partie de ces dépenses ; la ville de Montpellier voulut y contribuer pour 30,000 fr.

En outre, le graveur Barre fut chargé de projeter une médaille pour l'inauguration du monument. Un premier modèle représentait la statue, et, sur son piédestal, deux bas-reliefs montraient l'un l'histoire, l'autre Paul Riquet soumettant à Louis XIV le plan du canal de Languedoc. Dans un second modèle, les bas-reliefs furent supprimés, et l'on convint, avec le graveur, du prix de 3,500 fr.

La statue fondue et près d'être transportée et placée à Montpellier, le bronze de la médaille déjà sous le balancier, tout, en un mot, prêt pour l'érection et l'inauguration du monument, moins les marbres que le Gouvernement ne pouvait plus donner, la révolution de 1830 éclata : tout change pour Louis XIV comme au jour de sa mort. Les révolutions ont le triste privilége de compromettre les monuments des arts, comme les hommes qu'ils figurent. Celle de 1830 ne voulut plus de Louis XIV. Elle ne consentit pas même à solder le prix de son dextrier au fondeur ; car le fondeur réclamait, outre un solde de 10,000 fr. pour compléter les 150,000 fr. convenus, 25,000 fr. d'indemnité, attendu que le monument avait 2 pieds 1 pouce de plus de hauteur que le modèle. D'ailleurs il avait hébergé ce gigantesque cheval, depuis le premier moment de la discussion. Peu s'en fallut qu'on ne le donnât à l'artiste en paiement du loyer. Réflexion faite, on crut tout concilier en faisant couper la tête de Louis XIV et en y substituant celle de Paul Riquet. Le chef de Paul Riquet sur les épaules du Roi drapé comme l'Apollon-du-Belvédère, ce n'était pas très-artistique. MM. Debay et Carbonneaux durent frémir à cette idée. Celui-ci réfugia le cheval et le cavalier dans le jardin de sa maison. Le Ministre ne les crut pas assez en sûreté : il offrit de leur faire donner à l'un et à l'autre une place à l'Hôtel-des-Invalides. La ville de Montpellier se montra plus jalouse de la mémoire d'un grand Prince qu'elle avait reçu enfant dans ses murs. Elle voulut lui ouvrir ses portes pour la troisième fois en achetant sa statue. Le Gouvernement sanctionna ce noble dessein le 16 Août 1836 ; la ville se chargea du monument moyennant 30,000 fr. et les sommes qui pouvaient être encore dues au fondeur.

Telle est, en peu de mots, l'histoire de la nouvelle statue équestre qui décore la place du Peyrou depuis 1838.

Qu'il nous soit permis, à cette occasion, d'émettre le vœu de voir bientôt reprendre, compléter et réaliser sur cette place le projet des États provinciaux du dernier siècle !

Les États de Languedoc avaient adopté le projet dont

M. le baron de Faugères avait donné la première idée, et qui était de réunir autour de Louis XIV les grands hommes en tout genre qui avaient illustré son règne. Des groupes qui devaient orner les piédestaux dont nous avons parlé auraient représenté *Condé* et *Turenne*, *Colbert* et *Duquesne*, *Lamoignon* et *d'Aguesseau*, *Fénélon* et *Bossuet*. On sait que l'Empereur Joseph II, passant par Montpellier, en 1777, frappé de la beauté de cette place, qu'il jugea digne d'une capitale, dit ironiquement : *mais où est donc la ville ?* Qu'aurait-il dit s'il eût vu la place entièrement terminée !

En applaudissant aux heureux efforts de nos administrations pour rendre à la place du Peyrou cette magnificence et ce lustre qui lui étaient promis dès sa fondation, qu'il nous soit encore permis de répéter les belles paroles de Voltaire au baron de Faugères: « Puissent tous les génies qui ont décoré le siècle de Louis XIV reparaître dans la place de Montpellier, autour de la statue de ce Roi, et inspirer aux siècles à venir une émulation éternelle ! »

CHAPITRE XI.

Arc de triomphe, ou porte du Peyrou.

Cet arc de triomphe fut construit par la ville de Montpellier, en l'honneur de Louis XIV. Le dessin est de Dorbay ; la construction en fut confiée, en 1691, à D'Aviler, architecte du Roi : le monument fut entièrement achevé l'année suivante[1]. Il coûta à la ville 11,850 liv.;

---

[1] Le dessin de l'élévation, avec le chiffre de chaque dimension, signé de D'Aviler, et exécuté en 1691, est déposé aux archives de la Préfecture de l'Hérault.

savoir : 9,200 liv. la maçonnerie, 1,000 liv. la fermeture en bois, et 1,650 liv. toute la ferrure.

Cette porte, placée, comme nous l'avons dit, à 47 mètres de l'entrée de la place du Peyrou, est d'ordre dorique mutulaire, sans colonnes ni pilastres ; elle est percée d'un seul arc à plein cintre. Un grand entablement, d'une proportion admirable, en fait le couronnement ; elle est ornée de quatre bas-reliefs en forme de médaillons, établis sous l'archivolte ou voussoirs des arcs feints de chaque côté du grand arc sur les deux faces ; au-dessus de ces médaillons, dans des renfoncements pratiqués dans le revêtement du mur, sont des trophées ; au-dessous de ces médaillons on voit des cartouches où l'on avait incrusté des tables de marbre sur lesquelles étaient des inscriptions. Tous les pieds-droits et l'archivolte ou voussoirs sont en bossage par assise relevée et ornée d'un pointillé rustique ; la voûte de l'arc est décorée de caissons et rosaces d'une très-belle exécution ; des fleurs de lys, des casques, des boucliers ornaient les métopes. Les armes du Roi étaient sculptées au-dessus de l'arc. L'édifice est terminé, dans sa partie supérieure, par un attique.

La hauteur totale est de $15^m\ 11$; sa largeur totale de 18^m. Le portique a $4^m\ 70$ d'ouverture, et $6^m\ 99$ de hauteur. L'attique seul a $4^m\ 11$.

Les deux bas-reliefs des médaillons qui sont sur la face du côté de la ville représentent, l'un, le triomphe de la religion, avec cette inscription : *Extinctâ hæresi*; l'autre, la jonction des deux mers par le canal de Languedoc, avec cette légende : *Junctis Oceano et Mediterraneo mari.*

Sur la face du côté du Peyrou, un des bas-reliefs montre Hercule qui terrasse un lion et épouvante un aigle avec ces mots : *Fusis terrâ marique conjuratis gentibus.* On voit, au second, des villes, des provinces qui se soumettent, et au-dessous : *Sub oculis hostium Belgii arcibus expugnatis.*

Les sculptures, qui sont très-bien exécutées, sont de Bertrand[1], artiste de Montpellier, dont on voit plusieurs statues remarquables qui ornent les monuments de Paris.

Sur chaque face de l'attique, on fit graver, après la paix générale, en gros caractères, l'inscription suivante :

LUDOVICO MAGNO LXXII ANNOS REGNANTE
DISSOCIATIS, REPRESSIS, CONCILIATIS GENTIBUS
QUATUOR-DECENNALI BELLO CONJURATIS
PAX TERRA MARIQUE PARTA. 1715.

La porte du Peyrou est dans le goût de la **porte St-Denis** de Paris : on l'a dégagée dernièrement des fontaines très-médiocres qui y étaient adossées du côté de la ville. Le monument, déjà trop voisin du nouveau Palais de Justice, mériterait d'être *tout-à-fait* détaché des maisons voisines qui le gênent et qui nuisent à l'effet général.

[1] Le médaillon où est Hercule fut exécuté le dernier; on critiqua la stature du héros qui paraissait petite, et on appliqua au sculpteur l'épigramme faite pour Campistron après la chute de son opéra d'*Alcide* ou du *Triomphe d'Hercule* :

A force de forger on devient forgeron,
Il n'en est pas ainsi du pauvre Bertrandon,
Au lieu d'avancer il recule,
Voyez Hercule.

CHAPITRE XII.

Aqueduc de Montpellier.

Dès l'année 1272, on avait songé à faire arriver à Montpellier les eaux de la source de St-Clément, située à deux lieues de cette ville ; mais ce ne fut que cinq siècles plus tard que ce projet fut complètement exécuté. Ce magnifique ouvrage, où l'architecte Henri Pitot, natif d'Aramon, et célèbre mécanicien, a lutté, sans désavantage, avec les architectes romains de l'aqueduc du Gard, fut commencé en 1753, et coûta treize ans de travail.

Le réservoir d'origine, établi à la hauteur de la petite source de St-Clément, qui est la plus basse, et dans lequel se réunissent les eaux de la grande source, est à 9^m 36 au-dessus du seuil de la porte du Peyrou.

Pitot prescrivit d'établir des lignes parfaitement de niveau de 94^m en 94^m, en mettant le niveau à chaque station, et baissant de 27 mil. à chacune.

Il fixa la pente de l'aqueduc à 289 mil. par 1000 mètres, ce qui donne une pente totale de 4^m 02 sur 13904^m de longueur ; et la hauteur de distribution étant de 2^m 60 au-dessus du seuil de la porte du Peyrou, la pente totale du réservoir d'origine à celui de distribution est fixée à 6^m 76, avec une économie de 2^m 74, qui fut abandonnée aux besoins de l'entrepreneur.

Depuis la source, à St-Clément, jusqu'au Peyrou, l'aqueduc parcourt donc un espace de 13904 mètres ;

10384 mètres sont bâtis en moellons, et 3520 en pierre de taille. Dans la même étendue, la rigole suit 8772^m au-dessous du niveau du sol, et 4252^m au-dessus de ce niveau; une partie est soutenue par des arceaux de diverses hauteurs, selon la profondeur des ravins et des torrents que l'aqueduc doit traverser. 880^m, depuis le réservoir dit des *Arcades* jusqu'au Peyrou, sont supportés par deux rangées d'arcades placées l'une au-dessus de l'autre : dans cet espace se trouvent 53 grands arceaux et 183 petits; chacun des grands arceaux en supporte trois petits. Toutefois, 24 de ces derniers, du côté du réservoir des arcades, reposent sur le sol. Ces arcades sont construites en pierre de St-Jean-de-Védas[1] jusqu'au niveau de la rigole; la partie supérieure, en pierre de St-Geniès[2]. Les grands arceaux ont 8^m d'ouverture; l'épaisseur des piles est de 4^m; les soubassements varient de hauteur, à cause de l'inégalité du terrain; les petits arceaux ont 2^m 78 d'ouverture; l'épaisseur des piles est de 1^m 36. La hauteur moyenne de l'aqueduc, en arrivant au Peyrou, est de 21^m 68. On peut suivre l'aqueduc, au-dessus des grandes arcades, à travers de petits arceaux ménagés dans l'épaisseur du rang supérieur de celles-là.

Comme nous l'avons dit à l'article du Peyrou, l'aqueduc est supporté, dans l'intérieur de cette place, par trois grands arceaux; l'ouverture de celui du milieu est de 19^m 50; celle des deux autres est de 10 mètres.

La base extérieure de la rigole a 3^m de largeur; à l'intérieur, l'eau coule dans un espace de 0^m 30^c carrés.

---

[1] Commune et carrière à 6 kilomètres de Montpellier.
[2] Commune et carrière à 17 kilomètres de Montpellier.

Pour prévenir les filtrations que les gelées rendaient désastreuses pour la conservation de l'aqueduc, l'Administration a fait revêtir de plomb la partie de la rigole soutenue par les arceaux.

La dépense totale de l'aqueduc peut être fixée, par approximation, à 950,000 livres.

Quoique la ville possède d'autres sources qui alimentent quelques fontaines, il faut convenir qu'aucune de celles-ci n'est comparable, pour la quantité et peut-être pour la qualité de l'eau, à la source de St-Clément.

On a évalué, à différentes époques, la quantité de pouces hydrauliques fournis par cette source : on estime qu'outre la déperdition naturelle dans le trajet, les basses eaux arrivées au Peyrou produisent un médium de 70 à 80 pouces. — A l'égard des eaux du Lez, réunies dernièrement à celles de St-Clément, elles peuvent fournir 108 pouces.

CHAPITRE XIII.

Esplanade.

Cette belle et vaste promenade, qu'on dirait une partie détachée des Champs-Élysées de Paris, fut commencée vers l'année 1724, par les soins du Duc de Roquelaure, alors commandant de la province de Languedoc, et même, pendant long-temps, elle fut appelée la *Roquelaure*.

L'Esplanade a près de 520^m de longueur; elle se compose de deux allées de 18^m de largeur, et d'une troisième de 21^m, placée au milieu des autres : d'où il résulte que l'Esplanade a une largeur de 57^m, et qu'elle occupe une surface carrée de 29,640^m

Dans la grande allée se trouvent deux vastes bassins octogones avec des jets d'eau; on voyait, avant 1814, au milieu de cette allée, une colonne surmontée de la statue de la *Liberté*, laquelle avait été élevée en 1791.

Le Champ de Mars borde cette promenade du côté de l'est-sud-est; sa largeur moyenne étant de 108^m et sa longueur de 375^m, il occupe une surface carrée de 40500 mètres. La *Citadelle* longe l'autre côté du Champ de Mars, entre lesquels s'étend la ligne ferrée de Nimes. Du côté opposé, l'Esplanade est bordée par le chemin de Montpellier à Nimes, et par des terrasses à façades uniformes.

L'Esplanade et le Champ de Mars forment ensemble une surface carrée de 94500 mètres environ, en y comprenant l'espace occupé par le chemin de fer.

De beaux marronniers et de jeunes platanes séparés par des bancs de distance en distance, forment les allées de cette promenade, aux deux extrémités de laquelle l'œil jouit d'agréables points de vue.

Deux foires annuelles attirent les populations voisines sur cette place : la première s'ouvre le lundi de Quasimodo et dure huit jours ; la seconde commence le 2 Novembre, et en dure six. La durée de ces foires est un temps de fêtes pour les habitants de la ville.

CHAPITRE XIV.

Citadelle.

C'est une espèce de fort de 3me classe, composé de quatre bastions. Il fut construit en 1624, par le Sieur de Meun, capitaine au régiment des Gardes, et habile ingénieur. En ordonnant cette construction sous le prétexte mal déguisé de décharger les habitants du logement des troupes, Louis XIII eut moins en vue de prendre les intérêts de la ville et de la défendre contre les ennemis, que de tenir en bride la cité qu'il avait prise après un siége de trois mois, en 1622. Aussi a-t-on remarqué que le front qui fait face à la ville fut perfectionné et couvert d'une demi-lune avec chemin couvert, et que les parties attenantes des deux fronts collatéraux furent également mises en bon état; tandis que si la Citadelle avait été regardée comme une véritable place de guerre et pour arrêter les ennemis du dehors, on se serait appliqué de préférence à compléter et à fortifier le front qui est en face de la hauteur de Perpinçon (Puech-Pinçon) S.-E., et surtout le bastion de ce côté, qui est le véritable point d'attaque.

Les travaux ont été faits et dirigés en sens contraire. Les gens de l'art ont observé, en effet, que ces parties de la fortification ont été les plus négligées dans le temps de la construction de la Citadelle, et elles n'ont aujourd'hui, comme à cette époque, qu'un simple revêtement. Leurs remparts ne sont pas terrassés, et ces points sont encore les plus faibles et par leurs positions, et par l'imperfection de leurs ouvrages, quoique le front de la ville ait été réduit, depuis la première révolution, à sa simple escarpe, que ses fossés aient été comblés et ses dehors effacés.

Cinq-Mars, ce favori de Louis XIII, et dont Richelieu eut pourtant la tête; le célèbre prédicant Brousson, et d'autres prisonniers non moins remarquables, y furent renfermés. — La Citadelle sert aujourd'hui de dépôt militaire et de caserne pour les troupes du Génie. Elle contient, en outre, la prison militaire.

CHAPITRE XV.

Jardins publics.

JARDIN DES PLANTES.

Pour être juste envers la science, il faudrait faire précéder l'histoire du Jardin des Plantes de Montpellier des noms de ces hommes chers à l'étude de la botanique, qui, par leur enseignement, préparèrent leurs élèves, aussi célèbres qu'eux-mêmes, à la création d'un si bel établissement. En effet, dès les premiers temps de l'École de médecine de Montpellier, on voit apparaître des illustrations dans la science des plantes, soit comme maîtres, soit comme élèves. Arnaud-de-Villeneuve, Rondelet, le savant Évêque Guillaume Pellicier, Léonard Fuchsius, Jacques Dalechamp, Charles de l'Écluse, Mathias de Lobel, les frères Bauhin, et tant d'autres noms qu'on pourrait citer, viennent pour ainsi dire s'inscrire au fronton de l'édifice consacré à cette étude.

Si la création du jardin botanique de Montpellier est postérieure de quelques années à celle des jardins des plantes de Padoue, de Pise, de Bologne, de Leyde, celui de Montpellier doit être considéré non-seulement comme le plus ancien de la France, mais encore comme un des plus considérables sous le rapport du nombre et du classement des végétaux. On le doit à Henri IV, qui, par son édit rendu à Vernon en Décembre 1593, à la sollicitation d'André Laurens, Chancelier de la Faculté de médecine de Montpellier, et médecin du Roi, dotait cette ville d'un jardin botanique, plus de vingt-cinq ans avant la fondation de celui de Strasbourg, et plus de quarante ans avant celle du Jardin des Plantes de Paris. Mais le vrai créateur de ce superbe établissement, le fondateur réel, dont l'histoire aime à rappeler le nom, est Pierre Richer de Belleval, qui consacra aux études des sciences naturelles son temps, ses voyages, sa fortune. C'est lui qui, le premier, professa la botanique dans le Jardin; c'est lui qui en fit la première disposition, et qui prépara les diverses expositions des terrains propres à recevoir les plantes exotiques qu'il avait recueillies dans ses nombreuses courses scientifiques, et notamment les plantes alpestres et les végétaux des Cévennes et des Pyrénées. On sera curieux de voir et de comparer ces premières dispositions, décrites par Belleval lui-même, avec les dispositions actuelles.

« Le Jardin du Roi était coupé en deux parties : l'une appelée le Jardin médical, l'autre la Pépinière; la première était destinée aux démonstrations des plantes et consacrée à l'Université; l'autre était remplie de plantes étrangères qui, pour la plupart, étaient montagneuses, destinées plutôt à la curiosité qu'à la nécessité, afin que ceux qui accouraient des provinces et des nations étrangères y reconnussent leurs richesses. A cet usage était consacré un terrain en pente, au-dessus duquel était construit un grand portique orné d'animaux desséchés les plus rares, et de dépouilles de monstres terrestres et marins, ainsi que divers objets merveilleux d'histoire naturelle, qui, piquant la curiosité des voyageurs, ajoutaient encore à l'opinion qu'ils avaient conçue du Jardin du Roi[1]. »

Michel Chicoyneau succéda (1664), comme Chancelier et comme Intendant du Jardin, à Martin Richer de Belleval son oncle, de même que celui-ci, neveu de Pierre Richer, lui avait succédé dans sa charge en 1623. La chaire de botanique et la direction du Jardin des Plantes est confiée à Pierre Magnol en 1694. Puis apparaissent les noms d'Aymé-François Chicoyneau (1723), de Boissier de Sauvages (1740), de Jean-François Chicoyneau (1758), d'Imbert (1760), de ses suppléants Claude Chaptal, père du célèbre chimiste ; de Pierre Cusson, d'Antoine Gouan (1771), le correspondant et l'ami de J.-J. Rousseau, auquel il faudrait s'arrêter dans le XVIIIme siècle, si le nom de Barthez (1773) ne devait pas être aussi inscrit à côté de celui d'Imbert.

Les noms de Broussonnet (1802), de De Candolle (1808), de Dunal (1816), de Raffeneau-Delile (1819), ouvrent le XIXme siècle ; et, sans rappeler tout ce que ceux qui les portent ont fait pour la science, disons seulement qu'ils ont tout fait pour le Jardin des Plantes de Montpellier, ou tout rapporté à son utilité et à son embellissement. Par les soins de Broussonnet, et grâce à la générosité du Ministre de l'intérieur Chaptal, l'orangerie est élevée sur les plans du célèbre Lagardette. Elle est percée de treize grandes ouvertures ; elle a 49m de long, 5m 36 de haut, et 5m 44 de profondeur dans

---

[1] Dorthes, éloge de Richer de Belleval, p. 104.

l'intérieur. Vers 1760, Sauvages y avait fait bâtir une serre. Le nouveau directeur, Auguste Broussonnet, en 1802, fit construire la première serre tempérée; l'École de botanique fut plantée, agrandie, un canal fut creusé pour recevoir les plantes aquatiques; un nombre considérable de végétaux vint chaque année accroître les richesses de l'établissement; un herbier public fut organisé [1]. — Les plantes étaient restées sans étiquettes; l'illustre De Candolle les fit composer et méthodiquement disposer par milliers; il débarrassa le jardin de constructions encombrantes : ici il plaça, contre la poussière et le vent, des rideaux de cyprès; là il décora ce désert d'une terrasse et d'acacias; plus loin il creusa un nouveau bassin pour distribuer partout la nourriture des plantes, et fit édifier sur la première serre de Broussonnet une nouvelle serre tempérée dont la longueur est de 49^m, la profondeur de 5^m, et la hauteur de 5^{m}50.

Par suite de l'acquisition du jardin Itier (1810), De Candolle, en réformant habilement les dispositions du Jardin des Plantes, consacra la partie orientale du terrain acquis à l'École forestière; la partie occidentale fut affectée à la vigne. Enfin il établit un Conservatoire pour les collections, et y attacha un peintre habile dont les beaux dessins rivalisent avec ceux de Redouté [2].

L'élève de De Candolle, Dunal, resta trop peu de temps chargé par intérim de la direction du Jardin

---

[1] Le Jardin des Plantes de Montpellier, par le Professeur Ch. Martins (aujourd'hui Directeur de ce jardin); Montpellier, 1854, in-4°, p. 47.

[2] Ch. Martins, dans l'ouvrage cité, p. 50.

(1816), pour qu'il pût s'y occuper d'améliorations matérielles. Mais on peut, après les grands travaux de création exécutés par Broussonnet et De Candolle, rappeler que Delile ne se contenta pas d'avoir enrichi le Jardin de tant de plantes exotiques; il fit aussi creuser les trois bassins qui se trouvent au sud, à l'est et à l'ouest du grand bassin central de l'École de botanique, et que, sous sa direction, deux Doyens de la Faculté, Caizergues et Bérard, ouvrirent les portes méridionale et orientale du Jardin, et l'embellirent par des terrasses et des escaliers [1].

Pour compléter cette esquisse des améliorations successives de notre Jardin des Plantes, nous devrions signaler celles que nous voyons si heureusement entreprises par le directeur actuel. L'achèvement des étiquettes, l'École des plantes officinales, alimentaires, industrielles, vénéneuses, les abris de grands arbres, la révision de l'École botanique, le choix d'habiles horticulteurs, sont déjà des titres à la reconnaissance du public.

Le Jardin des Plantes, d'une superficie totale de 44400 mètres carrés, se divise naturellement en trois parties : la partie méridionale, ou l'École de botanique, qui contient 13530 mètres carrés; la partie médiane, ou montagne, qui en offre 10934; et la partie septentrionale, ou École d'application, réunie au Jardin en 1810, dont la surface est de 19936 mètres carrés.

Remarquez dans la partie méridionale un micocoulier

---

[1] Ch. Martins. Ouv. cit., p. 58.

gigantesque (*Celtis Australis*, L.), dont la circonférence, à 1 mètre au-dessus du sol, est de 3 mètres 48 ; près de ce micocoulier, un cèdre du Liban de 1 mètre 20 de circonférence à la même hauteur, et, un peu plus bas, un beau *Paulownia Imperialis*.

L'École botanique se compose de 60 banquettes pouvant contenir environ 2800 plantes, rangées suivant la méthode naturelle, avec les divisions que De Candolle y a introduites [1]. Arrêtez-vous devant les acacias de Constantinople plantés par ce naturaliste, devant le cyprès de Montpellier à branches horizontales, le *Magnolia grandiflora*, l'*Azimina triloba*, les *Lagerstrœmia indica*, les *Camelia*, le *Cerasus lusitanica*, et, sur la terrasse au nord du canal, un *Cereus peruvianus*, un oranger, un camphrier, un dattier, un *Menispermum laurifolium*, végétant tous en plein air, et, dans le voisinage, un magnifique *Gingko biloba* de forme pyramidale. Voyez auprès de ce Gingko un *Cupressus pendula*, un *Sterculia platanifolia*, et un peu plus loin un *Araucaria brasiliana*, et un *Acacia longifolia* qui se couvre de fleurs en plein hiver.

Dans le canal et dans les bassins vous remarquerez avec intérêt les *Thalia dealbata*, *Trapa natans*, *Nuphar luteum*, *advena*, *Villarsia Nymphoides*, *Limnocharis Humboldtii*, *Jussiœa grandiflora*, *Saururus cernuus*, *Taxodium distichum*, *Aponogeton dystachium*, et les riches Nélumbo de l'Inde et de Pékin.

Enfin les traits de tous les botanistes dont s'honore notre Faculté revivent ici dans les bustes de Rondelet,

---

Ch. Martins. Ouv. cit., p. 72.

G. Pellicier, P. Richer de Belleval, Magnol, Sauvages, Cusson, Nissole, A. Broussonnet, Gouan, Draparnaud, De Candolle.

Les plantes les plus remarquables de l'orangerie sont les *Oxalis* envoyés à De Candolle par Jacquin, les *Camélia*, les *Casuarina equisetifolia*, *C. torulosa*, *C. lateriflora*; les *Acacia pubescens*, *A. undulata*, *A. cultriformis*, *A. Cuninghami*; les *Tristania laurina*, *Juniperus funebris*, *Callistris australis*, *Phillocladus trichomanodies*, *Dacrydium cupressinum*; l'*Elœodendron argan*, *Canarina campanula*.

La serre tempérée, élevée en 1813 par De Candolle, comme nous l'avons dit, est construite dans le système hollandais. J'emprunte au savant Professeur Martins, ainsi que je l'ai déjà fait pour d'autres indications, la nomenclature des individus de la serre, remarquables par leurs belles dimensions ou une floraison fréquente [1]. *Poinsettia pulcherrima*, *Bougainvillœa fastuosa*, *Pimenta aromatica*, *Bauhinia racemosa*, *B. forficata*, *Plumeria alba*, *Terminalia Benzoin*, *Achras sapota*, *Clusia rosea*, *Convolvulus macranthus*, *Annona cherimolia*, *Cadia rosea*, *Solandra macrantha*, *Budleia madagascariensis*, *Dais cotinifolia*, *Cycas revoluta*, *C. circinalis*, *Zamia furfuracea*, *Z. horrida*, *Pandanus utilis*, *Areca alba*, *Dasylirion gracile*, *Agave fœtida*.

Nous ne sortirons pas de cette partie du Jardin sans gravir la terrasse qui domine le canal. Là nous déposerons une fleur sur les restes de Charles-Louis Dumas, Professeur de physiologie et Doyen de la Fa-

---

[1] Le Jardin des Plantes de Montpellier, p. 80.

culté de médecine, dont les sciences et Montpellier déploreront long-temps la perte prématurée. Là s'élevaient de grands micocouliers, de hauts cyprès et de vers lauriers, dit M. le Professeur Martins avec autant de vérité que de poésie : c'est l'endroit le plus pittoresque du jardin. De longs rosiers-Banks, de vieux *Bignonia* se sont élancés au plus haut des cyprès, ou égarés dans les cimes des micocouliers. Au printemps, quand ils se couvrent de milliers de fleurs jaunes et blanches qui se mêlent au feuillage des arbres, on croit voir les lianes ou les orchidées fleuries des régions tropicales. En hiver, la clématite des Baléares épanouit ses vertes clochettes ; des *Arum*, amis de l'ombre, des iris, des chélidoines couvrent le sol de leurs larges feuilles protégées par la verdure éternelle des lauriers-francs et des lauriers-tins [1]. C'est là qu'au pied du monticule où le triste cyprès nous a conduits, sous une modeste voûte couronnée d'arbres sauvages, une poétique tradition fait dormir depuis un siècle la tendre fille d'Young, Narcissa, tant pleurée par la douleur paternelle. Mais la tradition et la poésie ne sauraient-elles pardonner à l'histoire et à la vérité d'ouvrir cette tombe trop sacrée ? Nos adversaires, qui sont aussi nos amis, ne voudront-ils voir que notre indiscrétion, sans tenir compte de notre franchise ? Quelques-uns de nos contradicteurs sont présents : ils sont devant ce marbre funéraire, prêts à le défendre ; à eux la poésie. Amis de la poésie, nous défendons avant tout la vérité. Que le voyageur, que

---

[1] Ouvr. cit., p. 70.

l'étranger impartial, que le fils d'Albion se repose un moment sous ce feuillage morne, à l'ombre du souvenir de la fille adoptive d'Young, et qu'il s'établisse juge du procès. Voici les pièces.

NARCISSA.

Durant l'automne de 1736, voyageait en France un Anglais qui a, depuis, illustré le nom d'Young. Une jeune fille, j'allais dire la sienne, était avec lui : il voyageait pour la santé de cette enfant [1]. En épousant, en 1731, milady Betty, fille du Comte de Lichtfield, veuve du colonel Lee, Young s'était donné un fils et une fille, issus du premier mariage de sa femme, mais devenus ses propres enfants, si l'on en juge par la douleur qu'il éprouva en les perdant. Déjà ce mal que les Anglais nomment d'abord *spleen*, et qui finit par la *consomption*, lui avait ravi depuis peu de temps l'aîné, pleuré de son second père sous le nom de Philandre. La tendresse de ses parents se reporta sur sa sœur Éliza. Belle, enjouée, âme créée pour aimer et pour inspirer l'amour, selon le langage de son père, la nature n'avait refusé à Éliza que des jours plus longs que ceux de son frère. Sa famille en jugeait autrement : Dieu ne pouvait briser son plus parfait ouvrage; ou si des alarmes

---

[1] The works of SAMUEL JOHNSON, in twelve volumes; *London*, 1801. (The lives of the english poets; YOUNG, by sir Herbert Croft, tom. XI, p. 315.) C'est l'édition dont je me sers. La première édition, en 10 vol. in-12, est de Londres, 1779-1781. La dernière édition de la Vie des poëtes anglais est en deux vol. imp. à Londres, 1820. V. t. II., p. 448.

dans ces cœurs déjà frappés venaient quelquefois altérer leur bonheur, ils interprétaient ces craintes par l'excès même d'une tendre affection pour leur Éliza. Cette tendresse et cette interprétation sont faciles à comprendre : Éliza avait 18 ans, et leur sollicitude, empressée de donner un nouveau soutien à sa jeunesse, s'était décidée, non sans inquiétude, à l'établir. Elle fut fiancée à sir Henry Temple [1]. Les fêtes allaient commencer, l'heure nuptiale allait sonner ; c'est le père qui nous l'apprend : au moment où la fortune venait lui sourire avec son amant, que son âme, ouverte aux saintes voluptés, se préparait à sentir le bonheur d'être, et que ses parents et ses amies allaient la nommer la plus heureuse des femmes, la fille d'Young, car c'est le nom dont il l'a toujours appelée [2], éprouva, au milieu des joies de la fiancée, quelques-uns de ces tristes symptômes qui font pleurer une seconde fois une mère, en lui rappelant les derniers jours de son fils.

> Snatch'd ere thy prime! and in thy bridal hour!
> And when kind fortune, with thy lover, smil'd!
> And when high-flavour'd thy fresh-op'ning joys!
> And when blind Man pronounc'd thy bliss complete [3] !

La nécessité et l'*humour* sont d'accord pour faire voyager les Anglais malades. Ce fut un devoir pour Young d'enlever sa fille à la brume humide et froide

---

[1] M. VILLEMAIN. (*Biog. univ.*, t. LI, p. 498.)

[2] Les Anglais ne disent pas *belle-fille*, comme nous, mais *fille selon la loi, daughter-in-law.*

[3] YOUNG. *The Complaint ;* Nigth III, lin. 150-153.

de son pays : il en eût préservé son fils, si la rapidité du mal le lui avait permis. Sa première douleur fut donc un nouveau motif de précipiter son départ. « Dès que je vis ses yeux perdre la beauté de leur éclat, et ne plus jeter que des regards de langueur sur les objets de la vie, une pâleur mortelle effacer les roses de ses joues, et de tristes pressentiments s'emparer de l'âme de tous ceux qui la regardaient, avec quelle précipitation j'arrachai cette fleur de son climat natal, où le noir Borée soufflait le froid du trépas ! »

> I flew, I snatch'd her from the rigid North,
> Her native bed, on wich bleak Boreas blew,
> And bore her nearer to the sun [1].

Les Anglais avaient coutume, dans ces occasions, de se diriger vers le midi de la France ou vers la frontière d'Italie, vers Hyères, Nice, en un mot, vers *des lieux plus aimés du soleil*. Young s'éloigna donc avec la faible Éliza que sir Henry ne put se résoudre à quitter, avec une mère qui ne pouvait non plus se séparer de cette fille, bien qu'elle dût aussi des soins de toutes les heures et de tous les moments à son dernier né, enfant de 3 ans, filleul du Prince de Galles, mélange unique du sang de Mrs. Betty et du sang d'Young [2], et que celui-ci n'avait consenti qu'avec peine à exposer à toutes les éventualités d'une traversée et d'une longue course sur le continent. L'événement ne confirma que

---

[1] Young, *ibid.*, lin. 117-119.
[2] Sir Herbert Croft, in Samuel Johnson, p. 320. — Le Tourneur, dans la vie d'Young qui précède la traduction des *Nuits*. Paris, 1770, p. 11, et les autres biographes d'Young.

★

trop les funestes pressentiments du second père d'Éliza : soit les émotions diverses qu'éprouva cette débile nature au moment de son mariage et de son éloignement d'Angleterre, soit les fatigues de la mer et les suites du voyage, le mal lui fit parcourir, avec la même rapidité qu'à son frère, les degrés de dépérissement qui avaient précipité celui-ci au tombeau : les voyageurs croyaient atteindre Nice; ils furent obligés de s'arrêter à Lyon[1].

Ils ne firent pas même un long séjour dans cette ville. Éliza y arriva mourante : l'art fut impuissant ; la jeune fiancée s'éteignit le 8 Octobre, sans donner à la maladie ni à la mort le temps d'effacer sa beauté. Nous ne traduirons point le désespoir de son père ; il fut injuste comme toutes les grandes douleurs, qui ont leur excuse dans leur exagération. La douleur d'Young aurait pu même se passer d'excuse, s'il n'eût été que père ; mais il fut aussi poëte, et la poésie, qui lui fit dépasser les bornes du désespoir extrême, le rend encore plus excusable. Alors régnait en France et dans l'Europe catholique une sévérité dans les opinions qui ne permettait pas aux dissidents et à une jeune fille anglicane d'aller prendre un dernier repos accompagnée des solennités de la mort, à la clarté du jour, sous une terre commune. L'Angleterre même ne disait alors, pas plus qu'aujourd'hui, les adieux publics de la religion romaine à nos pères morts chez elle! Mais ce n'était point à nos pères qu'il fallait s'en prendre, car ils n'avaient

---

[1] V. The works of JOHNSON, p. 315. — Night-Thoughts, *London*, 1798, in-8°, p. 12, etc.

jamais dénié l'hospitalité aux morts d'aucune nation : c'était à la loi, plus forte que les hommes; c'était au temps, plus fort que la loi; et l'on ne pouvait pas faire avancer le temps, comme on fait marcher l'aiguille d'une horloge en retard. Soins pénibles, déchirants! il fallut qu'Young s'occupât de la recherche d'un tombeau pour sa fille! Mais il ne le déroba point, comme s'écrie le poëte dans son désespoir paternel :

With pious sacrilege a grave I.stole [1] ;

On ne le lui refusa point, comme il le dit encore ; il l'acheta et le paya cher, très-cher [2].

Il existait, au centre de l'Hôtel-Dieu de Lyon, une petite cour réservée à la sépulture des protestants suisses, ordinairement nombreux dans cette ville. Ce fut là que le Prévôt des marchands ordonna l'inhumation de la jeune Anglaise, sur un tarif que la destination du lieu tenait élevé à proportion de son exiguïté. Ce fut là qu'Young et sir Henry accompagnèrent les restes de la pauvre fille, le 10 Octobre, sur les 11 heures de la nuit, et qu'ils la déposèrent dans cette tombe arrosée de leurs larmes, et que plus tard deux villes méridionales devaient se disputer. Une petite table de marbre noir, sur laquelle sir Henry exprimait la perte qu'il venait de faire, domina la place qu'occupait sa nouvelle épouse. Ces tristes et pieux devoirs accomplis, les voyageurs ne s'arrêtèrent à Lyon qu'autant que le voulurent les fatigues et les devoirs de la douleur : les rigueurs de

---

[1] Night III, lin. 172.
[2] On sait, depuis quelques années, que cette tombe coûta 729 liv. 12 sols.

l'hiver les poussèrent sous le climat de Nice, que réclamait surtout la santé de Mrs. Lee [1]. Puis ils reprirent la route d'Angleterre où cette mère ne ramenait point sa fille. Une mère ne cesse de pleurer ses deux enfants morts qu'en partageant leur dernière couche : Mrs. Lee pleura cinq ans encore sa fille et son fils, et les suivit dans la tombe. Le jeune époux qu'elle destinait à sa fille ne tarda pas à les rejoindre [2]. Young hérita de toutes les douleurs. Sa douleur, dit un habile écrivain, fit son génie [3] : il ne pouvait plus célébrer que des tombeaux.

Immédiatement après cette dernière séparation parurent les premières *Nuits*; la troisième, où il déplore si amèrement la mort d'Éliza sous le nom de *Narcissa*, fut publiée à la fin de 1742 [4]. Six ans de déchirements, trois blessures profondes, presque simultanées, toujours ouvertes, toujours entretenues par une disposition de nature, un veuvage de deux enfants et de leur mère, une jeune famille ravie à de vieux jours et dispersée dans la mort, c'en était trop, même pour le poëte des tombeaux.

---

[1] Herbert Croft, in Samuel Johnson, *loc. cit.* — *Dictionnaire biographique* de Chalmers.

[2] M. Villemain, *Biog. univ.*, tom. LI, pag. 498. Le biographe anglais (*in* Samuel Johnson, pag. 313) assure que le fils de lord Palmerston, M. Temple, conclut néanmoins un second mariage peu de temps avant sa mort : *though he was married a second time, to a daughter of sir John Barnard's.* Cette perte du titre de fils *in-law* d'Young explique pourquoi le poëte des Nuits n'a pas parlé de la mort de ce jeune homme dans sa 3me *complainte*.

[3] M. Villemain, *loc. cit.*

[4] *In* Samuel Johnson, t. XI, p. 320. Lettre de M. A. Panizzi, conservateur du Muséum britannique, du 24 Août 1850, dans le *Tombeau de Narcissa*, par M. de Terrebasse. *Lyon*, 1850, pag. 37.

Il ne pouvait vivre que de la vie de ceux qu'il pleurait : sa poésie sombre et sa douleur désespérée s'identifièrent tellement ensemble qu'elles ne se quittèrent plus ; et quand le temps sembla dessécher la source de ses larmes, ses vers ne rendirent plus d'échos ; il cessa de célébrer ses douleurs, quand ses douleurs semblèrent l'abandonner avec son génie. Enfin la mort, qu'il avait si souvent invoquée et qui l'avait si souvent frappé au cœur, se souvint une dernière fois de son poëte en 1765. Elle n'eut pas de peine à le détacher de la terre, isolé qu'il était : elle le mit à côté de sa femme, dans son église de Wellwin, sous l'autel encore revêtu d'ornements travaillés de la main de sa compagne [1].

Vers le milieu du dernier siècle, on s'occupait encore fort peu en France de la langue et de la littérature anglaises. Quand Young publia ses *Méditations de la nuit*, on ne s'y préoccupait guère de ses invectives nées de ses malheurs, et l'on ne se doutait pas même, à Lyon, que, depuis quelques années, la belle-fille de ce nouveau poëte y dormait du dernier sommeil, couchée dans un de ses hospices. A la mort d'Young, on ignorait encore sur le continent à quelle ville le chantre funèbre d'Albion adressait sa poétique colère : même la traduction des *Nuits* de Le Tourneur, dont la première édition parut quatre ans après, en 1769, à cause de son succès, dispensa le goût français de lire de longtemps les *Nigth-Thoughts*. Les lettres anglaises, dont l'étude était provoquée par Voltaire, en même temps

---

[1] V. les biographes déjà cités, entre autres *Le Tourneur*, p. 10.

qu'il ridiculisait les auteurs anglais, ne furent guère cultivées qu'après lui. Mais Le Tourneur, un des nombreux martyrs littéraires du vieillard de Ferney, en donnant à Young un costume français, ne se contenta pas de modifier l'économie du poëme anglais. Sa touche, aussi vigoureuse que sublime, reforma son modèle, polit la rudesse de la muse anglaise, assimila ses chants au goût de notre nation, ajouta, retrancha, embellit l'œuvre de son auteur, et, grâce à cette trop rare infidélité, la copie de ce lugubre et énergique tableau fut préférée à l'original. Toutefois Le Tourneur ne fut pas aussi heureux dans ses appréciations historiques que dans le reste de son travail. Modeste et habile interprète de l'Angleterre, il avait toujours vécu dans le silence du cabinet ; il ignorait alors les détails de la vie d'Young [1], mort depuis trop peu de temps, et depuis trop peu de temps en possession de la célébrité que lui valaient ses chants et ses infortunes, pour que les confidences biographiques fussent déjà parvenues sur le continent, et déjà arrivées à Le Tourneur au fond de sa retraite. L'événement le prouva. Young disait que *ses bras paternels portèrent sa fille plus près du soleil :* *And bore her nearer to the sun.* Où put-il la porter ? se demanda Le Tourneur. L'antique et vénérable réputation de l'École de santé de Montpellier, l'ancienne et non moins respectable réputation du ciel de cette ville, le concours des étrangers, des Anglais notamment, qui venaient y interroger les oracles de Cos autant qu'y savourer le soleil vivifiant d'automne, étaient des

---

[1] C'est ce que déclare Le Tourneur lui-même en 1769. V. l'édition in-12, tom. I, pag. LXXXVI.

motifs plus que suffisants auprès d'un traducteur qui créait en quelque sorte les *Nuits* d'Young en France, pour amener le poëte et sa famille à Montpellier. Ainsi le Français ne changea pas seulement la disposition du poëme anglais, il ne se permit pas seulement de toucher à l'ordre des veilles du poëte, et de placer dans la quatrième *Nuit,* par exemple, de sa traduction, l'épisode de *Narcissa,* qu'on lit dans la troisième de l'original ; il laissa encore tomber de sa plume, au bas de ce célèbre épisode, une note, une notule, un seul mot, *Montpellier,* bien éloigné de penser que ce mot serait l'origine d'un débat séculaire[1]. Mais hâtons-nous d'être équitable envers cet excellent traducteur : si cette note a été la cause de ce débat, et elle l'a été effectivement, il faut convenir que son auteur n'y a pris aucune part, et qu'il est mort sans y assister.

Quand Le Tourneur cesse de vivre, en 1788, on voit apparaître de nouveaux acteurs sur la nouvelle scène de Montpellier. Héritiers de la note de Le Tourneur, bien que venus un demi-siècle après le fait qu'elle suppose, ce sont eux qui se chargent de commencer une tradition dont il est juste de leur laisser tout le mérite responsable. Nous devons connaître leurs noms et leurs âges avant de les entendre.

On lit, dans nos Archives départementales, une Notice[2]

---

[1] Le traducteur italien, l'abbé Alberti, répéta la note de Le Tourneur; la raison en est qu'Alberti a, comme il le déclare d'ailleurs, traduit littéralement les *Nuits* sur la traduction française.

[2] Le dépôt aux Archives de cette Notice, aujourd'hui rare, est un hommage de l'ancien conseiller municipal, M. Dupin, dont

extraite du *Journal des Arts*, vers le commencement du siècle, et due à la plume élégante de M. Artaud, naturaliste distingué d'Avignon, et depuis conservateur du Musée de Lyon. Une gravure sans prétention accompagne le texte du *Tombeau de Narcissa*, et ce texte, M. Artaud dit le tenir de son contemporain Banal, jardinier en chef du Jardin des plantes de Montpellier, qui disait à son tour tenir le tout d'un vieillard nommé Mercier, garçon jardinier d'un autre Banal, père du narrateur, et en avoir fait le récit à M. de Ballainvilliers, Intendant de la province de Languedoc.

M. de Ballainvilliers avait succédé, en 1786, à M. de Saint-Priest dans l'intendance de cette province ; il aimait la culture des fleurs, et se plaisait à faire des recherches en botanique : il fréquentait le Jardin des Plantes, et s'entretenait familièrement avec Banal, que nos anciens ont vu faire des cours pratiques dans le Jardin fondé à Montpellier par Henri IV.

La botanique était innée dans l'estimable et nombreuse famille des Banal[1]. Le père, dont nous avons déjà parlé, avait trouvé le premier le phénomène de

---

les notes et les précieux souvenirs ont été pour moi d'un puissant secours. Elle a pour titre : *Le Tombeau de Narcissa*, et fut aussi publiée dans le *Journal des Arts*, vers les premières années de notre siècle. C'est cette Notice qui a été communiquée à M. de Terrebasse. M. Dupin la tenait de M. Bouché-Doumenq, ami de M. Artaud, qui l'avait adressée à ce dernier et, par allusion, à *un père malheureux*, M. Bouché ayant perdu, comme Young, plusieurs enfants en bas âge.

[1] Cette famille a été long-temps attachée à la Faculté de médecine de Montpellier et au Jardin des Plantes, soit comme jardiniers en chef, concierges, porte-masses, etc.

l'irritabilité des étamines du vinetier ou épine-vinette, *berberis vulgaris*. En considération de ses heureuses études, il avait obtenu près du Jardin la jouissance d'un petit enclos qu'il avait consacré à la culture de plantes choisies. Après sa mort, son fils, à la suite d'un entretien avec M. de Ballainvilliers, se trouvant au pied d'une terrasse ombragée de cyprès : « Monseigneur, lui disait-il, la grotte que nous avons devant nous me rappelle une anecdote qui peut piquer votre curiosité. Je n'en suis pas le témoin, il est vrai, pas plus que mon père; mais le témoin était un vieux garçon jardinier à son service. Voici ce qu'il me racontait :

« Il y a plusieurs années qu'une jeune Anglaise, d'une santé chancelante, fut amenée ici par son père, pour consulter des médecins ; mais l'air pur de ces climats et les secours des gens de l'art ne purent la guérir ; elle mourut après quelques mois de langueur. Cette fille était de la religion protestante ; on lui refusa la sépulture. Son père, inconsolable, obtint avec peine, et par faveur, un coin dans cet enclos; encore fallut-il user de précautions : ce fut pendant la nuit que nous l'introduisîmes dans le Jardin ; cette grotte lui parut convenable pour recevoir cette triste dépouille, et je creusai la fosse. Vous peindrai-je les angoisses de ce père infortuné, tenant sa fille sur ses genoux et dirigeant sur son visage livide les rayons d'une lanterne sourde, ses sanglots étouffés, cet objet inanimé qu'il pressait contre son cœur, l'horreur avec laquelle il portait ses regards sur la fosse prête à engloutir cet objet, et...... le malheureux s'adressait à moi; il implorait ma pitié et sollicitait mes consolations par des accents plaintifs. La lune était dans son déclin, et brillait de temps en temps parmi les nuages. La nature entière, dans ces courts intervalles de silence et d'obscurité, semblait finir pour nous. Je reçus enfin la jeune personne dans mes bras, et le malheureux père, en proie à sa douleur, ne vit pas l'instant où la fosse fut recouverte par mes mains. »

Voilà comment parlait l'éloquent et poétique vieillard au service de Banal père : — Elle est là, me disait ce brave homme, en frappant du pied ; des larmes sillonnaient ses joues, il n'en put dire davantage. Banal fils trouvait qu'il n'en avait pas dit assez.

On est encore à savoir si Banal, si M. de Ballainvilliers, si M. Artaud, dans la ferveur de cette nouveauté, estimèrent qu'il s'agissait d'un fait âgé de plus de cinquante ans ; que le bon Mercier et le père de Banal n'étaient plus là pour en répondre, et que, lors même qu'ils eussent été encore là, il y aurait eu quelque chose de plus urgent que de s'assurer par les souvenirs d'un vieillard d'une anecdote aussi ancienne : qu'il importait d'abord de faire constater la présence du corps d'une jeune fille de 17 ou 18 ans dans ce réduit abrité. D'après le récit de M. Artaud, et s'il faut en croire les réminiscences de Banal, on n'en aurait pas jugé tout-à-fait ainsi. M. de Ballainvilliers eut la bonté d'aller sur-le-champ chercher une très-belle édition française des *Nuits* d'Young [1], ornée

---

[1] Sans doute les *Nuits et œuvres diverses d'Young*, traduites de l'anglais par Le Tourneur; Paris, 1769, 4 vol. in-8º ou in-12 ; ou l'édition que j'ai sous les yeux, Paris, 1770, 3 vol. in-12.

d'un frontispice représentant des tombeaux, et de revenir prendre Banal pour arbitre dans l'appréciation de la conformité de ce frontispice avec l'excavation ou niche en arcade du Jardin des Plantes et avec ce que Banal venait de lui raconter. Et M. l'Intendant de s'écrier : on n'en peut douter, c'est la tombe de Narcissa ! Ainsi Le Tourneur devenait une seconde fois le père de cette tradition.[1] !

[1] Nous lisons dans la *Statistique* de l'Hérault, pag. 355, une autre tradition, où l'on dit que M. Aribert, négociant notable de Montpellier, avec qui le docteur anglais aurait contracté les liaisons les plus intimes, aurait été le témoin de la maladie et de la mort de Narcissa, du désespoir du malheureux père, des derniers adieux qu'il fit à sa fille; qu'il aurait vu Young précipiter lui-même le cercueil de son enfant dans la tombe qui lui avait été préparée, et que ces faits auraient été racontés, il y a plusieurs années, par feu M. Tesses à feu M. le Marquis de Saint-Maurice. Mais, sans insister sur ce cercueil qui figure si singulièrement dans cette tradition, et qui disparaît dans celle de Banal et dans celle de W. Taylor en 1786, remarquons que la tradition Aribert ajoute que *ce ne fut point au Jardin du Roi que fut enterrée Narcissa*, mais en un champ peu éloigné de la ville, qu'on trouve à une petite distance du grand chemin allant à Toulouse, près de la *Croix du Capitaine*, à gauche d'un chemin creux conduisant à St-Martin-de-Prunet, c'est-à-dire au point de la ville diamétralement opposé au Jardin des Plantes. Au reste, M. Tesses fils nous a assuré que son père lui a souvent répété que Narcissa n'avait jamais été inhumée au Jardin des Plantes de Montpellier. On verra plus tard qu'en désespoir de cause, et pour concilier les deux opinions contradictoires, on a pris le parti d'accepter les deux traditions, de faire en conséquence enterrer Narcissa près de la Croix du Capitaine, au midi ; puis de la faire exhumer et de la faire porter au Jardin des Plantes, au nord, en une place que la seule connaissance des anciennes localités aurait dû au moins faire regarder comme une circonstance fabuleuse.

« Vivre à une époque rapprochée d'un fait, n'est pas toujours une raison pour en être mieux instruit; au contraire, le premier instinct de notre esprit est d'admettre les faits tels qu'on nous les présente. Plus le fait est merveilleux, incroyable, plus l'imagination s'en empare avec amour, elle l'adopte, en fait son bien propre; alors c'est presque un sacrilége que d'y toucher et d'élever contre lui le plus léger doute. Ce n'est que plus tard qu'il est permis de l'examiner avec toutes les circonstances qui l'accompagnent et le modifient, pour l'apprécier à sa juste valeur. Cette espèce de critique est toujours la dernière; on commence d'abord par raisonner long-temps sur le fait tel qu'il est admis, son existence convenue est mise en dehors de la discussion, et ce n'est qu'après bien des disputes qu'on finit par où l'on aurait dû débuter; on cherche enfin à éclairer la question à sa base, on veut se rendre compte du fait lui-même, savoir s'il est réellement au fond ce qu'il paraît être, et d'ordinaire ce dernier examen prouve que les raisonnements antérieurs sont tous partis d'une fausse donnée : c'est presque toujours l'histoire de la dent d'or [1]. »

Simple narrateur jusqu'ici, nous ne demandions naïvement que la lumière pour éclairer la fin de notre récit, et voilà que, soit le vieux Mercier, soit le jardinier Banal, soit le naturaliste Artaud, il serait difficile de dire lequel, chacun et tous nous ont conduit dans une sorte de chaos. Cependant de ce chaos il se fit quelque chose. Le bruit de cette découverte, car on

---

[1] Histoire des poésies homériques, par Dugas-Montbel, p. 83.

lui donna ce nom, se répandit bientôt, et l'on accourut, surtout dans la *primeur,* vers la tombe de Narcissa. Les produits de cette nature ne sont pas communs ; ils sont, au contraire, particulièrement recherchés d'une nation voisine, plus empressée que la nôtre pour tout ce qui rappelle la patrie absente. Les fréquents voyages des Anglais à Montpellier ne contribuèrent pas peu à fortifier la croyance commune, et les employés du Jardin étaient trop intéressés à la protéger et à l'entretenir, pour qu'il s'élevât le moindre doute entre eux et les touristes d'outre-Manche. Que de dents, que de ruines de filles plus ou moins jeunes furent balancées et échangées contre des pièces d'or ! Toujours existantes, toujours offertes, toujours emportées, que de fois le Jardin conservateur s'est égayé au récit de la vente de ces reliques anglaises ! La tourmente révolutionnaire n'en fit pas même cesser l'idolâtrie.

A Dieu ne plaise que nous rappelions les traditions desquelles il résulte que les jardiniers obtenaient ces débris des élèves en médecine qui venaient s'exercer au Jardin des Plantes. Un savant et ancien Professeur de l'École médicale l'a positivement déclaré à plusieurs de nos anciens amis. Mais il se peut que, les fouilles n'ayant pas produit ce qu'on en attendait, on n'ait pas voulu, entre les divers ossements placés, disait-on, à fleur de terre et appartenant à divers sujets, s'avouer les restes d'un pauvre animal, autrefois fidèle gardien du Jardin. La vérité est que W. Taylor et sa sœur, mistriss Mouncher, en 1786, et plus tard milord et milady Kamelfort, étaient venus déposer sur cette tombe le tribut de leur respect et de leur sensibilité.

Ce n'étaient pourtant pas eux qui avaient obtenu la permission accordée, dit-on encore, à un gentilhomme anglais d'y faire pratiquer une excavation d'où l'on retira des ossements, que le savant chirurgien Vigarous jugea être ceux d'une fille de 15 à 16 ans [1] : restes précieux qui furent, assure-t-on, renfermés dans une urne, et placés là même par les soins de ces respectables Anglais [2]. Malheureusement cette urne et ce qu'elle contenait n'ont jamais existé : pas un habitant de Montpellier, soit ancien, soit de notre âge, ne les a vus, à moins que l'on ne veuille admettre qu'aucun d'eux n'a pu connaître ce qui aurait existé si longtemps sous les yeux de tous !

M. Artaud, qui nous a transmis le dire de Banal, convient qu'à l'époque où il le transcrivait, rien n'indiquait le tombeau de Narcissa; que, pour diminuer, autant qu'il lui était possible, ses regrets, et pour faire cesser cet abandon de la fille d'un grand poëte, il grava ces mots sur une pierre de la grotte, pour lui servir d'épitaphe :

INTER FLORES
NARCISSA RELVCET.

Malheureusement encore, personne, alors pas plus que de nos jours, n'a vu cette épitaphe. Le temps

---

[1] W. Taylor dit plus naïvement que le résultat des fouilles faites fut *quelques ossements* qui, examinés par un chirurgien, *furent reconnus comme ayant fait partie d'un corps humain.* (V. Evan. Magaz. for 1797, p. 444, and Young's life, Works; Lond., 1802, 3 vol. in-8º.)

[2] Notice de M. Artaud, *in fine*.

s'est toujours montré bien sévère pour la tombe de cette enfant !

Mais, d'ailleurs, pourquoi dissimulérions-nous les hommages qu'elle a reçus de ses compatriotes, et, avant 1831, de notre France? Le grand tragédien que nous avons vu et admiré si souvent depuis, Talma, accompagné de sa femme, en sa première visite à Montpellier, n'avait pas été le premier et ne fut pas le dernier à s'associer à la douleur du poëte, devant cette tombe qu'il ne savait pas vide. Il proposa même d'élever un monument modeste à cette pauvre enfant : son zèle n'eut point d'imitateurs. Le célèbre De Candolle aimait le souvenir d'une jeune fille qui mettait de la poésie dans son jardin et donnait du sentiment à toutes ses fleurs. L'ingénieux Prunelle voulut aussi poétiser la mort de cette fille chérie, et, pour en éterniser la mémoire, il fit pour cette grotte une inscription dont la brièveté, d'assez bon goût, n'avait que le malheur de recouvrir une fiction d'une fiction païenne :

PLACANDIS NARCISSÆ MANIBUS !

Bien jeune encore, nous avons vu la pierre nue sur la tombe de Narcissa : nous nous rappelons également l'apparition d'une tablette de marbre blanc, bientôt enlevée par on ne sait quelle main, si ce n'est la main du temps, toujours ennemi de la jeune fille dont nous avons esquissé l'histoire. Un peu plus tard, c'était vers 1819, un personnage notable des trois Royaumes, le Duc de Gloucester, devait traverser Montpellier : eût-il oublié de saluer en passant le tombeau de la fille d'Young? Il fallut décorer cette place du marbre qu'elle avait perdu. Où le trouver? Après bien des recherches, on parvint à le découvrir dans un atelier de marbrerie où il gisait ignoré. M. Dunal, alors directeur du Jardin par intérim, se hâta de le recouvrer et de le faire appliquer plus qu'humblement sous la voûte où nous le voyons encore.

Enfin, nous ne voulons pas évoquer ici tous les cœurs sensibles qui ont frôlé en passant les fleurs solitaires dont les couronnes mènent à ce rendez-vous du silence et de la discrétion. Quel jeune élève de Jussieu et de De Candolle n'y a pas porté ses pas, désireux d'une nature inculte qu'on ne trouve pas au milieu des étiquettes alignées du Jardin? Et nous-même, aux matinées du printemps, n'y pénétrons-nous pas à travers ces étroits sentiers que bordent le lierre, les chélidoines et les iris, non pour interroger une tombe sans voix, mais pour recueillir de son silence l'absolu témoignage d'un *alibi!*

Pour prouver cet *alibi*, il ne faut que reprendre les faits et les comparer aux textes de Sir Herbert Croft, dans *Samuel Johnson*, et des autres biographes anglais et français. Nous nous étions contenté, il y a quelques années, de les analyser : nous ne croyions pas devoir ajouter à ce qui précède. Il nous semblait d'ailleurs peu probable que nous eussions à intervenir jamais dans le conflit entre deux grandes villes, à l'occasion d'un simple tombeau, dont nous pouvions bien être l'historien peu passionné, mais dont nous n'étions certainement pas non plus le défenseur. Une circonstance indépendante de notre volonté nous mit dans le cas d'étudier plus sérieusement la question : il nous fallut prendre part aux débats et revenir sur les pièces du procès. En outre, les découvertes réelles faites à Lyon, et exposées avec tant de lucidité et de bonne logique dans l'œuvre de M. de Terrebasse, publiée en 1850, vinrent achever de mettre la vérité dans tout son jour, confirmer les appréciations historiques que nous venons d'exposer, et montrer jusqu'à l'évidence que Montpellier a toujours dû être hors de cause. Ce fut donc un devoir, ce semble, quand les controverses avaient été et paraissaient encore devoir être si animées, d'en présenter les résultats évidents à nos concitoyens, afin qu'ils reconnussent qu'il était plus que temps de faire justice et d'effacer de leurs annales des faits que repousse la vérité.

En 1831, M. Ozanam, savant médecin de Lyon, découvrit, à l'Hôtel-Dieu de cette ville, l'épitaphe suivante, que M. Péricaud l'aîné, Bréghot Du Lut et Alfred de Terrebasse, littérateurs distingués, s'empressèrent de relever soigneusement sur la pierre même[1]. L'inscription gravée sur cette table de marbre noir, dont il a été déjà question ci-dessus, et qui devait mettre fin à toute discussion, loin d'en soulever de nouvelles, la voici.

[1] *Archives historiques et statistiques du département du Rhône*, t. XII, p. 130 et 356. — *Nouveaux Mélanges sur Lyon;* par M. Bréghot Du Lut, p. 363. — *Le Tombeau de Narcissa;* par M. Alfred De Terrebasse ; Lyon, 1850, p. 10. — Les découvertes faites à Lyon en 1831 avaient déjà été publiées par M. de Terrebasse, en 1832, dans la *Revue de Paris*, t. XXXVII, p. 176.

HIC JACET
ELIZ. TEMPLE EX PARTE PATRIS
FRANCISCI LEE REGIÆ LEGIONIS
TRIBUNI NEC NON EX PARTE
MATRIS ELIZ. LEE
NOBILISSIMORUM COMITUM
DE LICHTFIELD CONSANGUINEA
AVUM HABUIT EDUARDUM LEE
COMITEM DE LICHTFIELD
PROAVUM CAROLUM II
MAGNÆ BRITANNIÆ
REGEM IN MEMORIAM
CONJUGIS CARISSIMÆ
PEREGRINIS IN ORIS (ITA
SORS ACERBA VOLUIT) HUNC
LAPIDEM MŒRENS POSUIT
HENRICUS TEMPLE FILIUS
NATU MAXIMUS HENRICI
VICECOMITIS DE
PALMERSTON. OBIIT
DIE 8 OCT. A. D. 1736.
ÆTATIS 18.

« Ci git Élisabeth Temple, de la maison des nobles
» Comtes de Lichtfield, tant par son père le colonel Lee,
» que par sa mère Élisabeth Lee. Elle eut pour aïeul
» Édouard Lee, Comte de Lichtfield, et pour bisaïeul
» Charles II, Roi de la Grande-Bretagne. Henry Temple,
» fils aîné de Henry, Vicomte de Palmerston, a consacré
» sur une terre étrangère (ainsi l'a voulu le sort cruel)

» cette pierre à la mémoire d'une épouse chérie. Elle
» mourut le 8 Octobre 1736, âgée de 18 ans. »

Le poëte se reprocha depuis de n'avoir pas ici mêlé son nom aux noms de sa fille adoptive et de sa femme, mère d'Éliza :

« Nor writ her name, whose tomb shou'd pierce the skies. »

(Night III, lin. 180.)

On découvrit vers le même temps, aux archives de l'Hôtel-de-Ville de Lyon, un registre du culte protestant contenant les décès de 1719 à 1774, dans lequel se trouve, à la page 49, l'acte suivant :

« Mme Élisabeth Lee, fille du colonel Lee, âgée d'en-
» viron 18 ans, épouse de M. le Chevalier Temple,
» Anglais de naissance, a été inhumée à l'Hôtel-Dieu
» de Lyon, dans le cimetière de messieurs de la religion
» prétendue réformée de la nation suisse, le sixième
» Octobre 1736, sur les onze heures du soir, par ordre
» de M. le Prévôt des marchands.

» Reçu 729 livres 12 sols.

» *Signé :* PARA, prêtre, économe. »

La *Statistique* de l'Hérault de 1824, à laquelle nous avons eu l'avantage de coopérer, ne pouvait prévoir les découvertes faites sept ans plus tard ; cependant elle présentait déjà la double tradition de Montpellier sous des formes douteuses. Nous-même nous exprimions nos propres doutes en 1836[1], sans entrer

---

[1] *Essai sur Montpellier*, p. 98.

dans la discussion des détails si heureusement développés depuis par M. de Terrebasse.

Le procès paraissait amorti, et l'arrêt rendu et oublié à Lyon, quand un de nos anciens amis [1] voulut reprendre les débats plus vifs que jamais, en 1850 et 1851. Nous ne les reproduirons pas en entier, obligé que nous sommes de les presser dans un cadre étroit, et d'épargner au lecteur l'ennui d'une polémique étrangère à une simple question d'histoire locale.

Pour la première fois nous vîmes donc, en 1850, que le docteur Young n'aurait pas eu seulement un beau-fils et une belle-fille, *son-in-law and daughter-in-law*, morts tous les deux de consomption à l'entrée de leur jeunesse; mais qu'indépendamment d'un fils, nommé Frédéric, et regardé comme unique par tous les biographes anglais et français, il aurait eu aussi de sa femme une fille appelée Narcissa, morte à 17 ou 18 ans, de phthisie, comme sa belle-fille; avec cette différence cependant que sa belle-fille aurait fini à Lyon en 1736, tandis que sa propre fille aurait cessé de vivre à Montpellier en 1749. L'auteur disait : « Le paradoxe soutient, par la plume de sir Herbert Croft, que la veuve Lee n'avait eu que deux enfants de son premier mariage, c'est-à-dire qu'un

---

[1] M. Pierquin, de Gembloux. — Les opuscules qu'il a publiés sur *Narcissa* ont pour titres : *Placandis Narcissæ Manibus*. Montpellier, 1850, 20 pages in-8º, et dans la *Gazette Médicale* de Montpellier, du 15 Avril de la même année. — *La fille d'Young enterrée à Montpellier*, 30 pag. in-8º, du 31 Décembre 1850, à Bourges. — *Recherches historiques et bibliographiques sur le tombeau de Narcissa;* Montpellier 1851, 94 pag. in-12.

garçon et une fille. » Il était déjà évident que cet auteur avait mal lu le biographe d'Young, car sir Herbert Croft ne dit pas cela. Il ajoutait que le même biographe « déclare positivement que cette fille était Narcissa, et, de plus, qu'elle ne fut point enterrée à Montpellier [1]. » Or, le chevalier Croft ne parle ni du garçon, ni de Montpellier, deux faits qu'on ne trouve pour la première fois réunis que dans Le Tourneur. L'auteur anglais dit seulement que lady Élisabeth perdit, après son mariage avec Young, sa fille qui mourut de consomption à Lyon. *Lady Elisabeth had lost, after her marriage with Young, an amiable daughter..... died of a consumption at Lyons* [2]. Ensuite il reconnaît comme une chose avérée que toutes les circonstances de l'épisode de Narcissa ne peuvent être appliquées qu'à cette fille : *All the circumstances relating to Narcissa have been constantly applicable to Young's daughter-in-law.* Lorsque sir Croft écrivait ainsi en 1780, il ne se doutait certes pas que son assertion, vérifiée en 1831, serait traitée de paradoxe en 1850. Notre ami ajoutait même alors « que l'éditeur de la magnifique édition anglaise des *Nuits* (in-8º, *London*, 1798) n'adopte *nullement* l'opinion paradoxale de son aventureux compatriote; et, ce qui n'est pas moins singulier, c'est que cet éditeur, dont nous avons le volume sous les yeux, après avoir dit qu'Young accompagna sa belle-fille à Montpellier, comme le croyait Le Tourneur en 1769, se reprend pour se ranger au sentiment du

---

[1] *Placandis Narcissæ Manibus*, pag. 1.
[2] *The works of* Samuel Johnson, p. 313-315.

chevalier Croft, qui la fait mourir à Lyon bientôt après son arrivée : *he accompanied her to Montpellier, or, as Mr. Croft says, to Lyons, at which place she died soon after her arrival* (p. 12). Enfin, préoccupé, si nous pouvons le dire, de son opinion, le même ami imprima [1] que « sir Herbert Croft n'avait pas même recherché si le second mariage d'Young fut infécond ou non, » tandis que ce biographe affirme qu'il y a eu un enfant de ce second mariage, et qu'il donne des détails sur la naissance du fils unique d'Young, en 1733 [2].

C'était déjà bien compromettre l'inhumation de Narcissa à Montpellier ; car les choses en étaient à ce point, qu'il fallait nécessairement admettre une fille d'Young pour prouver cette inhumation, ou supposer l'inhumation de Narcissa à Montpellier, pour soutenir l'existence de cette fille. Or, la belle-fille d'Young ayant été enterrée à Lyon, comme le démontraient les découvertes de 1831, notre ami était obligé, en 1850, d'avancer, pour défendre l'inhumation à Montpellier, qu'Young eut aussi une fille. Mais il avouait en même temps qu'on ne retrouvait ni son acte de baptême, ni son acte de décès. Si bien que cette jeune fille avait quitté ce monde comme elle y était entrée, sans que personne en Angleterre l'eût jamais vue ou en eût entendu parler, sans que les biographes de la célébrité de son père, qui ont vu les deux enfants de sa femme et son propre fils Frédéric, eussent eu le moindre soupçon de l'existence de cette fille, que l'auteur de la supposition, en 1850, fait

---

[1] *Placandis Narcissæ Manibus*, pag. 2.
[2] *The works of* Samuel Johnson, tom. XI, pag. 320.

pourtant mourir à l'âge de 17 ou de 18 ans. A cela il répondait qu'on ne prouverait pas que lady Betty n'eût pas eu de fille de son second mariage. Le contraire était assez prouvé. D'ailleurs, en bonne logique, celui qui avance une proposition ou un fait doit prouver ce fait ou cette proposition, car personne ne pourrait les nier, si l'un ou l'autre était prouvé, et il restait à prouver, ou plutôt il était impossible de prouver qu'Young eût eu cette fille.

Faute de moyens, la preuve directe de l'existence de cette enfant fut abandonnée, et l'on se résolut à regarder la tradition qui faisait mourir et enterrer Narcissa à Montpellier, comme la preuve la plus décisive; c'est-à-dire que, par une pétition de principe, la tradition fut donnée comme preuve de la tradition. En conséquence, à tous les auteurs déjà cités de France et d'Angleterre, on opposa Le Tourneur, le premier auteur de cette tradition. « Supposerait-on qu'il eût complètement ignoré ce qui s'était passé dans sa patrie, aux portes mêmes de la ville qu'il habitait pendant sa vie, et dix-neuf ans seulement avant qu'il écrivît cette même note (*Montpellier*), en termes si complètement absolus[1]? »

« Le savant et consciencieux traducteur des *Nuits* place sans nulle hésitation, mais avec la certitude et le laconisme de la plus complète conviction, le lieu de la sépulture de Narcissa à Montpellier, sans prendre la peine de donner aucun renseignement, une explication, tant il était sûr du fait, qu'il regardait comme indubitable et incontestable! Lorsque Le Tourneur, prosa-

---

[1] Même *Notice* de 1850, pag. 11.

teur érudit et consciencieux, indiqua, sans aucun intérêt quelconque, Montpellier comme étant le lieu de cette sépulture, c'était pour lui un fait incontestable et certain, arrivé seulement *vingt ans*[1] auparavant, et dont le souvenir tout récent n'était nullement contesté, et qui, par conséquent, ne lui paraissait avoir besoin ni de preuves ni d'autorités. Pourquoi le savant et consciencieux Le Tourneur, qui savait un peu mieux l'anglais que Deodati[2], n'aurait-il pas connu la biographie d'Young un peu mieux que Croft, lui qui vulgarisa en France la littérature anglaise[3] ? »

Nous avons cru devoir faire une exception à la règle que nous nous étions imposée d'abréger les citations en faveur de Le Tourneur, sur lequel repose tout l'échafaudage de la tradition dont il s'agit, et à l'égard duquel nous sommes heureux de penser absolument comme l'auteur d'où nous avons tiré celles-ci. Notre réponse sera courte : nous n'avons qu'à citer, de notre côté, quelques passages du savant et consciencieux Le Tourneur lui-même, qui avait une connaissance si parfaite de la biographie d'Young, en regrettant que l'auteur de la nouvelle tradition n'en parle point, soit à dessein, soit par oubli involontaire ; tant il est vrai qu'un peu de cette préoccupation dont nous parlions un peu plus haut suffit souvent pour nous empêcher de voir ce qui nous frappe les yeux. Voici donc ce qu'écrit Le Tourneur dans la vie d'Young qui précède la traduction des *Nuits*:

---

[1] On remarquera bientôt que, d'après un nouveau système de l'auteur, ce calcul est encore erroné.

[2] L'auteur a voulu dire l'Abbé Alberti.

[3] *Recherches sur le tombeau de Narcissa*, pag. 15, 56, 79.

« Vers l'année 1744, la mort, en moins de trois mois, lui enleva *sa femme et les deux enfants qu'elle avait eus de son premier mari.* Il les aimait comme s'ils eussent été *les siens*, et ils le méritaient. Ces *trois pertes* successives accumulèrent les larmes dans le cœur de ce vieillard âgé de près de 60 ans..... *Privé* tout à coup de ce qu'il avait *de plus cher*, c'est alors que, pour ainsi dire, il descendit vivant *dans la tombe de ses amis* (c'est l'expression d'Young), et s'ensevelit avec eux... *Telle fut l'occasion de son beau poëme des Nuits....* Il n'a eu qu'*un fils unique*, M. Frédéric Young[1].

Nous ne ferons pas remarquer que Le Tourneur, l'ancre de salut de la prétendue tradition, nous offre, précisément onze ans avant le chevalier Croft, et quatre ans seulement après la mort d'Young, le paradoxe reproché à ce même chevalier Croft. Aussi il est trop aisé de conclure maintenant et de constater l'exactitude en ce point de Le Tourneur et de sir Herbert Croft; car il est évident que le savant et consciencieux biographe français d'Young savait, en 1769, que le célèbre poëte n'eut jamais de fille; que la mort de sa femme et des deux enfants de celle-ci, auxquels *il tenait lieu de père*[2], fut l'occasion du poëme des *Nuits*, et, par conséquent, que Narcissa était la belle-fille et non la fille de ce poëte. Nous avons expliqué plus haut la note de Le Tourneur, qui fit preuve de bonne foi en l'écrivant au bas de l'épisode de Narcissa, parce que c'était sa

---

[1] Les *Nuits* (ou *Œuvres*) d'Young, traduites par Le Tourneur. Paris, 1770. 3 vol. in-12. Tom. I, pag. 1 et 11.

[2] C'est encore ce que dit Le Tourneur, pag. 26.

croyance en 1769, et qu'il ne se doutait pas qu'un jour, en 1831, cette note le mettrait en contradiction avec lui-même, avec sa biographie explicite du poëte.

Mais le défenseur de la fille supposée d'Young se serait certainement gardé d'écrire tout cela, s'il avait seulement consulté l'édition des *Nuits* de Le Tourneur de 1769, in-12. Il aurait vu dans le *Discours préliminaire*, t. Ier, p. LXXXVI, comment ce traducteur a hasardé, dans sa 4e Nuit, la note sur laquelle on a voulu faire reposer la tradition de l'inhumation de cette prétendue fille à Montpellier, alors qu'il assure dans ce discours, écrit postérieurement, qu'Young n'eut point de fille, mais une belle-fille, et que l'on sait aujourd'hui que celle-ci a été enterrée à Lyon. Il suffit, comme nous avons toujours fait, de rapporter les paroles de Le Tourneur dans toute leur franchise : « Je n'ai connu, dit-il en 1769, les détails de la vie d'Young qu'après que ma traduction était imprimée. »

La tradition était donc renversée dès lors ; mais comme ce dernier rapprochement des textes de Le Tourneur n'avait pas été fait et qu'on avait négligé de le faire depuis, on supposait encore l'existence d'une fille et d'un second voyage d'Young en France, en 1749. On voulait même admettre un moment ce singulier concours des mêmes circonstances dans la mort de la fille et de la belle-fille : la même maladie, le même âge, le même voyage, la même poésie dans les pleurs qu'on lui donnait ; car tout le monde convenait que le poëme des *Nuits* fut écrit à l'occasion de la mort de la femme d'Young et de ses deux enfants. Or, les *Nights-Thoughts* avaient toutes paru successivement de 1742 à 1745 ; les quatre premières Nuits, par conséquent, la troisième Nuit en particulier, où se trouve l'épisode de Narcissa, furent publiées en 1742[1] : comment le poëte, le père de Narcissa, pouvait-il pleurer en 1742 sa fille qu'il n'aurait perdue qu'en 1749[2] ?

Il était manifeste, en effet, d'après le dernier argument surtout, que la tradition ne pouvait plus se défendre telle qu'on la donnait en 1850. Il restait deux partis à prendre, l'un et l'autre également dangereux : avancer l'époque de la mort de Narcissa, ou reculer celle de la publication de la troisième Nuit. Le dernier moyen parut, au premier coup d'œil, présenter de trop grandes difficultés : les bibliographies autant que les biographies anglaises s'y opposaient, d'accord avec les biographies et les bibliographies de France, et, en dernier lieu, avec M. Charles Coquerel[3] et M. Panizzi, conservateur du Muséum britannique[4]. On adopta donc le premier moyen, et on fit avancer la mort de Narcissa

---

[1] Le *Gentleman's Magazine* de Juin 1743, pag. 336, annonce les quatre premières Nuits comme ayant déjà paru, et le titre de chacune des quatre premières Nuits est, en effet, de 1742.

[2] Pressé par ce dernier argument, après la publication de la notice de M. de Terrebasse, l'auteur des opuscules que nous réfutons fut obligé de supprimer l'époque de l'événement, dans *La fille d'Young enterrée à Montpellier*, daté de Paris le 31 Décembre 1850, mais imprimé plus tard à Bourges. Il en résulta qu'en 1850, le même auteur faisait mourir Narcissa en 1749 ; qu'au 31 Décembre de la même année, il n'était pas fixé sur l'époque de cette mort ; et qu'en 1851, il paraissait vouloir l'établir en 1741. On va voir pourquoi.

[3] *Histoire des Églises du Désert*, 1841, tom. II, pag. 126.

[4] Voy. ci-dessus, pag. 152.

jusqu'en 1741, sans s'inquiéter des conséquences qui pourraient en résulter. On allia à cette nouvelle date la double inhumation dont nous avons parlé, et on l'accompagna de détails dont nous citerons une partie. Prenons ceux qui paraissent les plus précis : « Le funèbre cortége..... parvint sans encombre à la porte St-Guillem, alors debout, que l'on franchit après avoir payé le gardien, prévenu d'avance, et lui avoir exhibé le *laissez-passer* signé Gilbert de Massillian (*sic*), juge-mage, contre-signé par le greffier, et revêtu du petit scel de la généralité et sénéchaussée de Montpellier. Le cortége funèbre prit ensuite la rue des Grenadiers, tirant son nom des arbustes qui la bordaient[1]. »

Si nous ne voulions pas garder ici le rôle de simple historien, si nous avions le temps et l'espace nécessaires pour présenter les résultats de nos recherches dans les archives communales et dans celles de la Cour impériale, où se trouvent les archives du Présidial et du Sénéchal de Montpellier, nous pourrions d'abord demander où l'auteur a vu ce *laissez-passer*, sur lequel il n'a pu lire le nom du greffier. Nous ferions observer ensuite que la signature de M. de Massilian, dans le cours de sa longue magistrature, soit au Présidial, soit à la sous-lieutenance du Sénéchal, et, en cette fonction, Juge-Mage, a été constamment celle-ci : *Massilian*, sans prénom; et qu'on ne trouvera pas plus le prénom de la signature dans les mille pièces que nous avons examinées, que le *petit scel de la généralité et sénéchaussée de Montpellier*. Car tout le monde sait que

---

[1] *Recherches sur le tombeau de Narcissa*, pag. 40 et 41.

les *généralités* de Toulouse et de Montpellier étaient les deux grandes divisions de la province de Languedoc; qu'elles n'avaient pas de sceau particulier, si ce n'est pour le timbre; et à l'égard de la sénéchaussée de Montpellier, qu'elle faisait partie, avec les sénéchaussées de Béziers, de Nimes et du Puy, de cette grande division appelée généralité de Montpellier ou Bas-Languedoc. Or, il serait fort difficile d'exhiber le sceau de la sénéchaussée de Montpellier, puisqu'après avoir exactement parcouru les registres du Juge-Mage et ses volumineuses liasses d'ordonnances, de sentences, d'enquêtes, de verbaux, de jugements, nous n'avons pu voir une seule fois l'empreinte de ce petit scel. Enfin nous remarquerions que l'itinéraire du cortége funèbre de 1741, écrit probablement sur un plan de la ville moderne, ne peut se concilier avec la topographie de Montpellier à cette époque, car on ne trouvera pas le nom de la rue des Grenadiers sur un plan de 1753, qu'on voit aux archives communales; encore moins sur un autre plan existant dans le même dépôt, où la rue actuelle des Grenadiers, qui n'était pas alors telle qu'elle est aujourd'hui, est désignée sous le nom de *Villeneuve-la-Cremade*.

Mais que dirons-nous, après ces investigations soit au Présidial, soit au Sénéchal de Montpellier, en présence du prétendu *laissez-passer* et de l'article XIII de la déclaration du Roi du 9 Avril 1736[1], ainsi conçu: « Ne seront pareillement inhumés ceux auxquels la sépulture ecclésiastique ne sera pas accordée, qu'en

---

[1] L'auteur se trompe encore sur cette date en écrivant 1737 (p. 39).

vertu d'une *ordonnance* du juge de police[1] des lieux, rendue sur les conclusions de notre procureur ou de celui des hauts-justiciers; dans laquelle ordonnance sera fait mention du *jour du décès* et du *nom et qualité de la personne décédée*, etc.? » Demanderons-nous au *laissez-passer* la date de l'ordonnance qui autorise l'inhumation clandestine de Narcissa, à laquelle les consuls et le Maire de Montpellier, le Gouverneur et l'Intendant de la Province avaient refusé, dit-on[2], de brillantes obsèques? Demanderons-nous à ce même *laissez-passer* le nom et la qualité de la fille d'Édouard Young? Il vaut mieux, nous le croyons, faire grâce à nos lecteurs de ces questions et de beaucoup d'autres, et laisser à l'auteur le soin de vérifier nos recherches aux archives du Présidial et du Sénéchal.

Nous voici donc non plus en 1749, année où l'on faisait mourir precédemment la fille d'Young, mais en 1741. Deux raisons pour cela : 1º la 3e Nuit, que l'auteur appelle naïvement *un procès-verbal* et *un acte de décès*, ayant paru en 1742, un procès-verbal ou un acte de décès ne pouvait pas être écrit d'avance; 2º Le Tourneur groupant la mort de la femme d'Young et des deux enfants qu'elle avait eus de son premier mari, *vers 1741*, on devait substituer, à cette date (on a vu par le *laissez-passer* qu'il n'en existait point) la prétendue fille à la belle-fille reconnue par tous les biographes.

---

[1] C'est-à-dire, comme l'explique l'art. II, le Lieutenant-général, le premier officier de la Sénéchaussée, le Juge-Mage, etc.

[2] *Recherches*, etc, pag. 40.

Mais cette date de 1741 est bien plus malheureuse que la première. Du moins, celle de 1749, d'accord avec la tradition vulgaire et le chant funèbre d'Young, faisait arriver à Montpellier une jeune fille de près de 18 ans, à laquelle l'amour souriait, qui était nommée par tous la plus heureuse des amantes, qui avait touché à son heure nuptiale,

in thy bridal hour ! etc.[1]

Aujourd'hui, par une métamorphose étrange dont on voudrait cependant faire un des éléments de notre histoire locale, on soutient que la fille d'Young n'était qu'une enfant. La manière dont on le dit est au moins aussi étrange : « Le docteur Young était venu à Montpellier en 1741, avec une jeune personne *qu'il appelait sa fille*........; elle mourut en 1741[2]. » Qu'est-ce à dire *qu'il appelait sa fille?*..... Mais n'interrogeons pas notre ami sur son expression timorée et ne pouvant guère s'appliquer qu'à un beau-père à l'égard de sa belle-fille, *qu'il appelait sa fille*. Contentons-nous de la date présente, et la paternité d'Young à l'égard de Narcissa se réfutera d'elle-même. En effet, le célèbre docteur s'était marié, comme on l'a vu, en 1731. Sa femme ne put lui donner d'enfant avant 1732 ou 1733, ainsi que le faisait remarquer le défenseur même du prétendu tombeau de Narcissa[3]. Narcissa, si on la suppose morte en 1741, n'avait donc guère plus de 8 ans. Voilà où on en est réduit ! à une enfant de 8 ans...

---

[1] Voir ci-dessus, p. 148.

[2] *Recherches sur le tombeau de Narcissa*, p. 42 et 85.

[3] Notice de 1850, p. 7.

Il fallait cependant ne pas compromettre tout-à-fait le *procès-verbal* de l'enterrement, ou *l'acte de décès* de la jeune fille dressé par Young lui-même. Alors le même auteur déclare, dans les *mêmes recherches*[1], qu'il tient pour *authentique* le fait des fouilles pratiquées dans l'excavation du Jardin des Plantes de Montpellier, ajoutant qu'un squelette y fut trouvé, et que Barthélemy Vigarous, le célèbre ostéologue, Professeur à l'École de chirurgie, constata d'une manière incontestable que c'était celui d'une jeune fille de *quinze à seize ans*.

Passons encore sur cette contradiction où l'auteur se place, en ne donnant que 8 à 9 ans à la fille d'Young, et en admettant toutefois comme authentique ce dernier fait, par lequel il constate que cette jeune fille avait 15 ou 16 ans. Il nous faut néanmoins prendre ici un parti, car l'auteur ni sa tradition n'en prennent point. Si, par déférence pour la science du célèbre ostéologue et pour le procès-verbal du père de Narcissa, nous nous en tenons à l'âge donné par l'habile anatomiste, nous revenons vers l'année 1749. Or, M. de Massilian avait, à cette époque, cessé les fonctions de Juge-Mage depuis près de deux ans[2]. Que devient, dans ce cas, le *laissez-passer* signé de sa main avec cette qualité en 1749? Si, au contraire, nous méprisons les données du savant Vigarous et celles du père de Narcissa, pour nous en tenir à l'opinion dernière d'un ancien ami,

---

[1] Pag. 44 et 86.

[2] M. de Jausserand lui avait succédé aux mêmes fonctions au commencement de Mars 1748, et les continua durant les années suivantes.

notre jeune fille n'a plus que 8 ans en 1741 : alors plus d'amant, plus d'heure nuptiale, plus *d'acte de décès !*

Mais qu'arrive-t-il encore? Dans ce dernier cas, en 1741, quand Narcissa, la prétendue fille d'Young, n'a que 8 ans. Frédéric, le fils unique et véritable d'Young, a justement 8 ans comme sa prétendue sœur. *In 1741 was only eight years old*[1] ! Dira-t-on qu'ils étaient jumeaux ?

Cette malheureuse tradition de la fille d'Young dont on a vu l'origine, dont toutes les circonstances sont contradictoires, qui se base sur des fondements sans valeur, qu'on a voulu faire entrer dans notre histoire locale au moyen de souvenirs trompeurs, a été dernièrement pour nous l'objet de recherches trop étendues pour pouvoir être placées ici autrement que par extrait. Nous croyons néanmoins cet extrait plus que suffisant pour éclairer nos concitoyens et les étrangers qui visitent notre ville; la vérité étant (on l'a vu depuis long-temps) l'unique but de nos modestes travaux. Nous résumerons donc, en présence du grand poëte, la discussion de cette question historique, dont lui seul peut-être aurait dû être juge.

Young pleurait dans ses vers, en 1742, la mort de trois personnes : de son beau-fils, sous le nom de Philandre, mort avant Narcissa; de sa belle-fille Éliza sous le nom de Narcissa, morte en 1736; de sa femme, sous le nom de Lucie, morte après Narcissa, en 1741 [2]. Et, pour mieux les rapprocher, il assemblait poétiquement, et par anti-

---

[1] *The works of* SAMUEL JOHNSON, t. XI, p. 320.

[2] V. le commencement de la 6ᵉ Nuit anglaise.

thèse, les trois morts dans le court espace de trois lunes. C'est cette expression figurée qui a fait dire à Le Tourneur qu'Young avait perdu, *en moins de trois mois*, sa femme et les deux enfants qu'elle avait eus de son premier mari [1]; et c'est ce qui montre encore, depuis 1831, l'exactitude des dates du Chevalier Croft.

> Insasiate archer! could not one suffice?
> Thy shaft flew thrice; and thrice my peace was slain;
> And thrice, ere thrice; yon moon had fill'd her horn.
> O Cynthia! why so pale?
>
> *Night I, lin.* 212-215.

Certes, si le poëte avait perdu sa fille à cette dernière époque, il n'aurait pas affecté de ne parler que de *trois* grandes pertes et de répéter si souvent le mot *thrice, trois fois*, en deux vers. Et si l'on voulait soutenir que Narcissa était sa fille et non pas sa belle-fille, il en résulterait que le poëte n'aurait pas pleuré sur le tombeau de sa femme, ou bien qu'il n'aurait point donné de larmes à sa belle-fille, tandis qu'il pleure son beau-fils, mort antérieurement, comme son propre enfant.

Il n'est pas permis de dire que Narcissa est le véritable nom d'une fille d'Young; car, dans la troisième Nuit, où le poëte verse des larmes si amères sur le tombeau de Narcissa, les noms propres, suivant le goût du siècle, sont empruntés à la poésie : *Muse, Phœbus, Cynthia, Pierian, Cyllene, Circean, Lucifer, Herculean, Ajax*, et vingt autres. Celui de *Lorenzo* lui-même, auquel l'auteur adresse ses *Nuits*, est supposé :

---

[1] Le Tourneur, t. I, p. 8.

le nom de son beau-fils, de Philandre, est évidemment un nom également poétique et supposé, qui ne nous fait pas connaître le vrai nom de ce jeune infortuné, dont la mort a coûté tant de regrets à son père adoptif. Comment parle ce père, puisqu'il en réclame et en mérite le nom ? « Ma douleur incertaine ne sait où s'arrêter, ni lequel pleurer le premier. Mon cœur se déchire entre vous deux. Cher Philandre, c'était donc ta destinée de m'offrir dans ta perte le présage funeste d'une seconde perte ! »

.... Oh Philander !
What was thy fate ? A double fate to me !

Night III, lin. 71-72.

Faites intervenir entre Philandre et Narcissa, entre le frère et la sœur, une sœur utérine, ou substituez une sœur utérine à la véritable sœur, et le poëte, comme le père, n'aura plus dit vrai ! La fin de Philandre appelle constamment celle de Narcissa ; le poëte déclare positivement qu'à peine le premier était descendu au tombeau que Narcissa l'a suivi : il va jusqu'à dire que Narcissa est venue usurper les tristes droits de Philandre, et lui demander les larmes qu'il versait pour lui !

And claims
The grief that started from my lids form him.
Lin. 65-66.

Si Narcissa était une autre qu'Éliza, la sœur de Philandre, et qu'elle fût morte après celle-ci, en 1741 ; si celle-ci n'était pas morte en 1736, par conséquent bientôt après Philandre, et, dans la supposition, long-temps avant Narcissa, le poëte aurait-il gémi ainsi dans ses vers? Si Narcissa n'était pas la sœur véritable de Philandre, *si ces deux jeunes amis n'étaient pas les deux enfants du même père qu'Young avait remplacé*[1]; si le père avait pleuré sa propre fille et non la sœur de Philandre, se serait-il servi, en parlant de Philandre et de Narcissa, d'expressions qui ne laissent aucune place au doute sur le partage égal de sa tendresse pour eux? L'affection, les regrets sont extrêmes pour Philandre; la poésie a fait même vibrer dans le cœur d'Young une corde de douleur telle que les gémissements du poëte, à la mort de ce jeune ami, ne peuvent se comparer qu'à la plainte qu'elle rend à la mort de sa sœur! Hélas! cette tombe était à peine fermée; Narcissa y descend à son tour. Comme Young dut pleurer quand ce vide affreux, laissé par Philandre, s'étendit encore autour de lui à la mort de Narcissa! Jamais il n'avait vu la nuit du tombeau si noire, si horrible!

> A night which struck a damp, a deadlier damp,
> Than that which smote me from Philander's tomb.
> Narcissa follows, ere his tomb is clos'd.
> *Lin.* 60-62.

Enfin ce sera la dernière observation de cette nature: après les découvertes faites à Lyon, depuis 1831, il ne fallait qu'ouvrir les *Night-Thoughts,* pour connaître toute la vérité. Elle est écrite dans les premiers vers de la 6ᵉ *complainte.* Le poëte a vu disparaître du monde Philandre, Narcissa, Lucie, ses deux enfants adoptifs et leur mère.

---

[1] Le Tourneur, p. 26.

> She [1] (for i know not yet her name in Heaven)
> Not early, like Narcissa, left the scene;
> Nor sudden, like Philander......
> The longer known, the closer still she grew, etc.

Croira-t-on que, pour défendre une tradition protégée par une distraction de Le Tourneur, on ait confondu la mère et la fille, Lucie et Éliza[2], à ce point qu'on ait ici sapé complètement toute l'autorité de Le Tourneur même! Citons une dernière fois notre traducteur :

« Lucie (*nom sous lequel la femme d'Young était désignée*) n'a pas disparu du monde aussi jeune que Narcissa, aussi subitement que Philandre. *En la perdant plus tard*, ma douleur est montée à son dernier excès. Plus elle vivait, plus nos deux cœurs serraient leurs nœuds et s'attachaient ensemble, etc.[3] »

Appliquez, malgré la pensée et les expressions du poëte, malgré l'autorité du savant et consciencieux traducteur, ces vers de 1744 à Éliza, décédée en 1736, et voyez de combien d'aberrations l'un et l'autre seront responsables! La plus singulière fera perdre à Young sa prétendue belle-fille Lucie, à Lyon, en 1736, *plus tard* que sa prétendue fille Narcissa, à Montpellier, en 1741!

Qu'on se représente, pour ne pas citer toutes les élégies, le portrait de Narcissa qu'Young a inséré dans la 3e Nuit[4], de cette fille de 18 ans, dont l'heure nuptiale a sonné au même instant que l'heure funéraire,

---

[1] Referring to Night the Fifth.
[2] Notice de 1850, p. 18, et *La fille d'Young enterrée à Montpellier*, p. 29 et 30.
[3] Le Tourneur, p. 167.
[4] V. ci-dessus, pp. 148 et 184.

qui souriait à son nouvel époux, aux chastes feux de l'hymen, que ses compagnes félicitaient de toutes ses joies, quand elle a suivi Philandre dans la tombe, où la cendre fraternelle est à peine refroidie; qu'au lieu de cette fidèle peinture, on mette une petite fille de 8 ans, inconnue, trouvée hier dans une tradition sans monuments, née sans baptême, morte sans acte de décès, cinq ans après son frère utérin, dans un voyage dont on a oublié la date; et l'on aura, sinon toutes les éditions de cette tradition versatile, au moins la plus récente, en échange de la vérité du tableau!

Il restera toujours, pour le malheur de notre nature, assez d'erreurs en dehors d'une tombe sans ossements! Se peut-il que, pour le vain plaisir de donner une pareille tombe à Montpellier, on sacrifie à ce point l'histoire et la poésie! Nous avons pris la défense de l'histoire et sauvé les droits de la poésie sans passion, sans préjugé, telle a été du moins notre intention. Nous demandons à nos adversaires la même modération, la même franchise. Nous concluons.

Tout le monde connaît le jugement de Châteaubriand à l'égard du Chantre des *Nuits :* « son génie manque de tendresse. Les souvenirs du malheur, nombreux dans le poëte, sont sans vérité. Point de naturel dans sa sensibilité, point d'idéal dans sa douleur. Il ignore les souvenirs de la famille; il est à peine quelques traits touchants dans la *Nuit* intitulée : *Narcissa*. Ce n'est point le langage d'un père.[1] » Non, ce n'est

---

[1] Essai sur la littérature angl. dans les œuvres de Châteaubriand, édition des frères Pourrat, t. XXXIV, p. 242, cf. t. VIII, pp. 29-33.

point le langage d'un véritable père : ce langage ne s'invente pas. L'auteur d'*Atala*, en appréciant, en devinant le sentiment qui inspirait Young, n'a pas assez rendu justice à l'âme du poëte : Narcissa n'était point sa fille.

JARDINS DU ROI ET DE LA REINE.

La partie moyenne ou montagne et la partie septentrionale ou École d'application complètent le Jardin des Plantes et forment la promenade publique qui a gardé son ancien nom de *Jardin du Roi*.

La partie montagneuse nous offre un vieil arbre de Judée que De Candolle croyait antérieur à la fondation du Jardin. En Décembre 1853, il mesurait une circonférence de $4^m 24$. On croit cependant que son âge, tout grand qu'il est, ne dépasse pas cette fondation. La montagne ne paraît pas d'ailleurs avoir été plantée de grands arbres avant le commencement du XVIIIe siècle. Les espèces les plus dignes de remarque ici sont les *Phyllirea latifolia*, les Chênes-verts, les Micocouliers, les Cyprès, les Érables de Montpellier, un énorme Peuplier de la Caroline et un Pin d'Alep qui, mutilé par la tempête, domine encore tous les arbres de la montagne et s'élève à $20^m 25$ au-dessus du sol. Remarquez aussi sur le revers méridional ces plantes délicates qui, à l'abri des vents du nord, s'accommodent très-bien, comme tous les étrangers, de l'hiver de Montpellier.

La partie septentrionale renferme toutes les Écoles d'application ; acquise par la ville en 1808, elle fut réunie au Jardin en 1810.

Dans l'*École forestière*, les arbres et les arbustes sont

rangés par familles naturelles, et occupent trente-deux banquettes parallèles. Nous citerons, parmi les individus remarquables, plusieurs Conifères, Pins, Sapins, Cyprès, Ifs, Cèdres, *Quercus cerris*, *Corylus byzantina*, *Buxus balearica*, *Pistachia vera* et *P. terebinthus*, *Gleditschia*, *Tamarix*, *Arbutus*, *Viburnum tinus*, *Styrax officinale*, *Vitex agnus-castus*, *Smilax mauritanica*, *Chamærops humilis*, *Yucca*, etc.; — le *Cereus peruvianus*, l'*Acacia acanthocarpa*, le *Solanum auriculatum*, la *Phytolocca dioica*, etc.; — le *Phœnix dactylifera*, le *Senecio scandens*, la *Nicotiana glauca*, l'*Hibiscus mutabilis*, le *Ficus mauritiana*, etc.; — la *Virgilia secundiflora*, l'*Acacia longifolia*, l'*Erythrina corallodendron*.

L'*École de naturalisation* a été inaugurée, en 1853, par M. le Professeur Martins. Les heureux essais faits sur les *Opuntia*, le *Ricinus africanus*, l'*Agave Americana*, le Coton herbacé (*Gossypium herbaceum*) et autres promettent des chances assurées à la naturalisation, sous notre climat, de beaucoup de végétaux exotiques.

Non loin de cette École vous trouverez une *réserve* de 420 végétaux employés en médecine, dans l'industrie, dans l'économie domestique, ou redoutables comme poisons. Ils sont aussi classés par familles naturelles. Des étiquettes de quatre couleurs différentes signalent ces quatre divisions. Cette réserve a été créée en 1852.

A la suite, l'*École des vignes* présente une population de ceps originaires des pépinières du Luxembourg, et une plus jeune population des variétés du midi de la France.

Nous ne nous arrêterons pas à l'*École d'arbres frui-*

tiers qui attend un plus grand développement, et nous terminerons cette excursion par une visite à l'*Herbier*. Il se compose des plantes recueillies par Delile, et principalement de la flore d'Égypte, de Syrie et d'Arabie ; des végétaux exotiques dont les graines apportées par les laines germent au port Juvénal, près de Montpellier ; d'un herbier des environs de cette ville, donné par le docteur Touchy, conservateur des collections. Les graines et les fruits sont classés dans des armoires ; les échantillons de bois, de troncs, de tiges, de racines occupent une salle particulière. Enfin un cabinet renferme la bibliothèque de Delile, composée exclusivement d'ouvrages de botanique, et acquise, à sa mort, ainsi que son herbier, par la Faculté.

Le Conservatoire est ouvert au public les mardi et samedi, de 10 heures du matin à 2 heures du soir.

Une partie des bâtiments de ce Jardin est destinée à l'Hôtel de l'Académie de Montpellier ; une autre partie est occupée par les Professeurs de botanique des Facultés de médecine et des sciences.

Le *Jardin de la Reine*, dépendance du Jardin du Roi, est réuni à celui-ci par une arcade qui traverse la route de Ganges. Le Jardin de la Reine s'étendait autrefois au-delà de ses limites actuelles, puisqu'on est porté à croire que le cabinet d'histoire naturelle que Belleval avait joint à ce Jardin était situé à peu près à l'endroit où s'élève à présent le *château d'eau* du Peyrou.

CHAPITRE XVI.

École (Faculté) de médecine.

Voici un des plus beaux fleurons de la couronne de Montpellier. Chose remarquable, comme la lumière s'affaiblit et se perd dans l'espace en s'éloignant de son origine, de même l'enseignement médical, dans cette ville, s'élance et se perd dans le temps en remontant à son principe. Beaucoup plus ancienne que notre École de droit, émule de l'École de Salerne, l'École de médecine de Montpellier cherche ses fondements dans les universités juives et arabes. Ces deux nations errantes eurent toujours le privilége de porter avec elles les semences des plus grandes créations : les peuples plus modernes les fécondèrent. Un climat dont la célébrité a fait le tour du monde, une flore dont la richesse et les vertus n'avaient pas attendu les progrès de la science pour être secourables à l'infirmité humaine, attirèrent bientôt deux populations riches et savantes. Dès la fin du Xme siècle, on reconnaît à Montpellier, sous l'élément juif et arabe, un véritable enseignement de la médecine. Et il faut bien que son existence soit plus ancienne encore, puisque sa renommée nous est connue en même temps que son antiquité. St Bernard, dans une lettre de 1153, nous apprend qu'un Archevêque de Lyon, étant tombé malade en allant à Rome, se détourna de sa route pour venir consulter les médecins de Montpellier. Dans le même siècle, Jean de Salisbury, Évêque de Chartres, assure que, de son temps, on ne se rendait pas moins en foule à Montpellier qu'à Salerne, pour y apprendre la médecine. Il est certain que les disciples d'Avicenne, ou plutôt d'Averrhoès, vinrent enseigner de bonne heure la médecine à Montpellier, et que leurs leçons y fructifièrent rapidement. Gilles de Corbeil, un des médecins de Philippe-Auguste, voulant relever le mérite de Richard, son contemporain, Professeur en cette École, disait que sans l'éclat qu'elle répandait, la gloire de la médecine serait depuis long-temps éclipsée. Enfin le moine Césaire d'Heisterbach, qui écrivait au commencement du XIIIme siècle, et que nous aurons encore ailleurs occasion de citer, disait que Montpellier était la source de l'art médical.

Favorisé par les Guillems, Seigneurs de Montpellier, il obtint particulièrement de Guillem VIII une déclaration toute en faveur de son développement. Mais ce fut surtout le Cardinal Conrad, alors Légat du Pape Honorius III, qui lui donna ses premiers statuts, le 16 des calendes de Février de 1220. Ces statuts, qui montrent à la fois la sagesse de celui qui les donnait, le mérite et la pureté d'enseignement de ceux qui les recevaient, qualifient la Faculté de médecine d'Université, faisant un corps distinct des trois autres Facultés[1]. Ses paroles sont remarquables : « La profession de la » science médicale a brillé et fleuri avec une gloire » insigne à Montpellier, d'où elle a répandu la salutaire » abondance et la vivifiante multiplicité de ses fruits

---

[1] Je dis trois Facultés, bien que, dans sa bulle de réorganisation, en 1289, Nicolas IV n'ait point fait figurer celle de théologie, et qu'il n'ait réuni en Université que les Facultés de médecine, de droit et des arts ou lettres.

» sur les diverses parties du monde. » C'est en vertu de ces statuts [1] que l'Évêque de Montpellier avait conservé jusqu'en 1789 un droit de haute direction sur l'École de médecine, droit qu'il exerçait comme Chancelier ou plutôt comme Conservateur des priviléges de l'Université de Montpellier.

Et qu'on ne s'étonne pas de voir des Évêques, le Pontife de Rome même, à la tête de l'illustre École de cette ville, puisque des prélats et des ecclésiastiques d'un grand nom y étudiaient et y enseignaient la médecine, cette science qui, suivant une expression de l'époque, *est une création du Très-Haut et que le sage ne saurait dédaigner* [2].

Les statuts du Cardinal Conrad furent complétés en 1240, de l'assentiment de tous, par Pierre de Conques, prieur de St-Firmin, le franciscain frère Hugues et les plus sages de la docte Université. Depuis, l'École de médecine de Montpellier a été croissant en prospérité et en gloire. Sa doctrine progressant avec les siècles, n'acceptant que les pures émanations de la science, fidèle à son origine, a traversé les temps, comme la source de la roche arrive au jour saine de toute impureté étrangère. Voilà pourquoi Pontifes, Prélats, Princes, Seigneurs, Consuls, s'unissent à l'envi pour perpétuer l'illustration d'un enseignement auquel ils ont foi. Voilà pourquoi les Papes et les Rois veulent auprès d'eux des médecins de

---

[1] V. l'Hist. de la Commune de Montpellier; par M. Germain, t. III, p. 78.
[2] Préambule des statuts du Cardinal Conrad.

Montpellier[1], et qu'Urbain V fonde auprès de cette École le *Collége de Mende* ou des *Douze Médecins*, en faveur de boursiers de son pays natal. Voilà pourquoi enfin nos Docteurs ne se glorifient pas sans raison du nom de la ville qui leur donna la science, et qu'ils sont accueillis dans toutes les Cours et dans toutes les contrées de l'Europe comme des hommes qui savent à la fois soulager et consoler.

Il ne suffirait pas à l'histoire de l'École de médecine de Montpellier, si nous entreprenions de la faire, de parler de sa célébrité universelle, il faudrait aussi nommer ses illustrations médicales; mais, bien que nous regrettions de ne pouvoir remplir une partie de ces pages des noms des savants professeurs qui ont enseigné avec tant de succès l'art de guérir à la jeunesse studieuse de toutes les parties du monde, et qui ont fourni les premiers médecins d'une longue suite de Rois, encore que nous devions consacrer spécialement un chapitre à la biographie, nous ne pouvons arrêter notre plume prête à signaler ces hommes qui ont illustré l'enseignement médical ou l'École de Montpellier depuis ses premiers jours jusqu'aux nôtres : les Guy de Chauliac, les Arnaud de Villeneuve, les Jean de Tournemire, les Joubert, les Rondelet, les Belleval, les Ranchin, les Saporta, les Magnol, les Chicoyneau, les La Peyronie, les Fizes, les Vieussens, les Haguenot,

---

[1] Entre autre les Papes Clément V, Urbain V ; les Rois Philippe-Auguste, François Ier, Louis XIV, Louis XV, etc. Il faudrait citer les noms de tous les Rois de France, s'il s'agissait de rappeler la protection et les faveurs qu'ils accordèrent à notre École, à nos professeurs, à nos médecins.

les Gouan, les Berthe, les Broussonnet, les Barthez, les Fouquet, les Baumes, les Dumas, les De Candolle, les Prunelle, les Vigarous, les Bérard, les Delpech, les Lallemand, les Dugès, les Dubrueil, les Caizergues, enfin la personnification vivante du professorat actuel, Lordat.

Mais il ne suffirait pas d'avoir cité ces noms si recommandables auprès de la science officielle de l'enseignement, il faudrait encore, si notre cadre nous le permettait, ajouter à ces noms des maîtres de l'art ceux de ces hommes dont le souvenir n'est pas moins cher à l'humanité souffrante. Dortoman, Rivière, Gauteron, Gondange, Nissole, Lamorier, Lafosse, Petiot, Roucher, Bourquenod, Fages, Chrestien, Serres, et beaucoup d'autres que nous regrettons de ne pouvoir nommer, ont formé, en effet, à côté de l'École officielle, et indépendamment du professorat, une École pratique aussi célèbre que la première, et ont répandu, sur tous les points du globe, les salutaires et féconds préceptes de l'enseignement médical de notre ville. Car l'Espagne, le Portugal, l'Italie, l'Allemagne, l'Angleterre, le Levant et le Nouveau-Monde, ont toujours eu, et ont encore, dans ces deux Écoles, de nombreux représentants.

Pénétrons dans le temple moderne d'Esculape, et disons d'abord un mot de ses origines. Il fut élevé par le Pape Urbain V, ce bienfaiteur de notre cité, dont le nom se présente si souvent sous nos yeux. Bâti pour un monastère de Bénédictins[1], il fut en même temps l'asile

---

[1] La première pierre de l'édifice fut posée solennellement le 1er Octobre 1364. Urbain V vint lui-même le bénir le 14 Février 1367.

de la science, disons mieux des *études libérales*, parmi lesquelles le droit occupait une large place [1]. En 1536, le siége épiscopal de Maguelone fut transféré à Montpellier. Les chanoines et les moines furent sécularisés. La chapelle du monastère St-Germain devint la cathédrale de Montpellier sous le vocable de St-Pierre; le cloître fut transformé en palais épiscopal, et Guillaume Pellicier, cet illustre pasteur à qui l'on doit cette métamorphose, fut le premier aussi des Évêques de Montpellier qui occupèrent le vaste édifice. Cet homme, si éminent dans les littératures hébraïque, grecque et latine, devait porter bonheur à l'enseignement qui a pour maître Avicenne, Averrhoès, Hippocrate, Galien. Aux Évêques de Montpellier sont dus plusieurs modifications et embellissements du palais épiscopal, aujourd'hui École de médecine. Je ne citerai que le magnifique vestibule, le grand escalier qui conduit à la bibliothèque, et le pont ou arceau qui mit la nouvelle entrée du palais de niveau avec la rue St-Ruf. Ces ouvrages sont dus à l'Évêque Berger de Charancy, successeur de Colbert, quelquefois appelé grand, et qui aurait mieux mérité ce nom, s'il n'avait pas lutté pendant un demi-siècle à la tête **du Jansénisme**.

M. De Malide fut le dernier Évêque qui habita l'ancien monastère bâti par Urbain V [2]. Son palais devint

---

[1] L'École de médecine était alors placée dans le local occupé aujourd'hui par l'École de pharmacie, près de l'église St-Matthieu.

[2] Les Evêques de Montpellier qui logèrent dans ce palais depuis 1536, après Guillaume Pellicier (Junior), sont Antoine de Subjet, 1573; Guitard de Ratte, 1596; Jean Granier, 1603; Pierre de Fenoillet, 1607; Rainaud d'Est (nommé seulement) 1653; François de

bientôt la prison des suspects. Enfin le 9 Thermidor, en leur rendant la liberté, prépara, pour ainsi dire, le décret du 22 Avril 1795 qui affecta la demeure épiscopale à l'enseignement de la médecine.

Le bâtiment de la Faculté est vaste, bien distribué. On remarque principalement le grand amphithéâtre, la salle des actes, la salle du conclave, la salle du musée anatomique, celle de la bibliothèque, et l'atrium ou vestibule du grand escalier. L'amphithéâtre est encore l'œuvre de Lagardette. La première pierre en a été posée solennellement le 16 Février 1802. La voûte a été construite d'après le procédé renouvelé de Philibert Delorme. Le circuit de l'amphithéâtre est en anse à panier surbaissée. Il a 20 mètres de largeur et 10 de profondeur. On y voit un siége antique de marbre, aujourd'hui siége professoral, qui a été trouvé, il y a plus d'un siècle, dans les arènes de Nimes; il est décoré, sur les côtés, d'une figure de lion, et, dans le milieu, d'une espèce de voile; et un buste en marbre de Chaptal, ouvrage du statuaire Comoli, de Turin. L'inscription suivante, tribut de reconnaissance de la Faculté, est placée au-dessus du buste.

J.-A. CHAPTAL.
TUNC. SUMMUS. RERUM.
INTERNARUM. ADMINISTER.
THEATRUM. ANATOMICUM.
IMPENSA. PUBLICA. SUAQUE.
FIERI. JUSSIT.
MDCCCVI.

Bosquet, 1655; Charles de Pradel, neveu du précédent, 1676; Ch.-Joachim Colbert-de-Croissi, 1696; George-Lazare-Berger de Charancy, 1738; Franç. Raynauld de Villeneuve, 1748; Raymond de Durfort, 1766; Jos.-François de Malide, 1774, mort en Angleterre en 1812.

Un cabinet de physique et un laboratoire de chimie sont annexés à l'amphithéâtre particulièrement destiné à l'enseignement de ces deux sciences.

La salle des actes, ou de réception, est un parallélogramme de 17 mètres de longueur sur 9 mètres de largeur. On y trouve le buste antique d'Hippocrate en bronze, et ceux d'Esculape et d'Hygie, en marbre; tous les trois ont été donnés à la Faculté par le Gouvernement, sous le ministère du comte Chaptal, le premier, en 1804, et les deux autres, en 1803. On y voit encore d'autres bustes et portraits d'anciens médecins ou professeurs de Montpellier. Nous ne sortirons pas de la salle des réceptions sans faire mention de la robe doctorale de Rabelais, dont on revêt, dit-on, chaque récipiendaire dans toutes les épreuves. Ce célèbre et facétieux curé de Meudon a aussi étudié dans la Faculté de médecine de Montpellier; la robe dont il fut revêtu comme les autres, suivant un ancien usage, a gardé son nom. Mais Rabelais a-t-il fait hommage de sa robe à la Faculté? Quoique cette robe ait été renouvelée en 1605 par le chancelier François Ranchin, et encore par le chancelier Barthez, il faut dire qu'il n'existe pas seulement une seule robe, mais sept à huit, ou plutôt autant que l'on peut faire d'examens simultanés, et que la seule chose dont la Faculté ait hérité c'est l'usage de la revêtir.

Dans la salle du conclave, aujourd'hui du conseil, et dans la suivante, on montre la collection des portraits des professeurs de l'ancienne Université de médecine, des Écoles de chirurgie et de la nouvelle Faculté de médecine de Montpellier. La série de ces portraits, où l'on reconnaît quelquefois le pinceau de Sébastien Bourdon et l'école de Rubens, et souvent d'autres peintres célèbres, commence au XIIIme siècle, en 1239.—Les étrangers ne manquent pas de s'arrêter et de sourire devant les portraits de Rabelais et de Rondelet, ou, si l'on veut, du docteur *Rondibilis*, comme l'appelle l'auteur de *Pantagruel*.

Outre le siége et le buste antiques dont nous avons fait mention, on remarque d'autres marbres anciens, encastrés dans les murs de ce bel établissement. Nous signalerons seulement, dans l'escalier qui mène à la bibliothèque, deux fragments en ronde bosse, représentant des lions dévorant de malheureux condamnés, et un autre fragment fort précieux dont le sujet est Homère entre deux Muses, probablement la Tragédie et la Comédie.

Au nombre des objets les plus intéressants que nous offre l'intérieur de cette École, il faut placer le *Musée anatomique*, précieuse, admirable collection méthodique pour les études qui se rattachent à toutes les branches de l'enseignement médical. Placé, depuis 1853, dans un local magnifique, le Musée d'anatomie est aussi remarquable par son élégance et l'art qui a présidé à sa disposition que par les richesses qu'il renferme. La salle monumentale, soutenue par trois rangs de quatre colonnes, d'un style grandiose, décorée par des peintres habiles[1], forme un vaste vaisseau de 64m de longueur, sur 8m 50 de largeur. De belles armoires vitrées, revêtues de fer, en tapissent les immenses parois. Là

---

[1] Nous devons surtout rappeler ici le nom de M. Monceret.

se présentent, dans les plus heureuses combinaisons pour l'étude, toutes les pièces d'histoire naturelle, humaine et comparée, de tous les cas physiologiques et pathologiques, tous les instruments chirurgicaux, toutes les préparations médicales et chimiques, en un mot, tout ce que l'art de guérir peut demander pour sa démonstration. Ici apparaissent des momies de Gouanches et d'autres curieux objets apportés des îles Canaries par Auguste Broussonnet; là des momies égyptiennes, des ibis embaumés, conquêtes de l'expédition française aux Pyramides ; plus loin les collections laissées par l'infortuné Delpech, la collection cranologique léguée par Dubrueil. On admire, quel qu'en soit l'objet, ces myriades de pièces artificielles en cire, en plâtre, en carton-pâte, en cuir bouilli, devant la perfection avec laquelle l'art représente aujourd'hui la nature infirme ou viciée, les organes sains et les lésions dont ils peuvent être affectés. Citons, parmi les noms des artistes qui ont fourni leur utile et remarquable contingent à cette précieuse collection, ceux des professeurs Delmas de Montpellier, de Fontana de Florence, des docteurs Thibert et Auzoux, de Guy, Dupont, Desjardin, etc. Les collections de ce Musée s'accroissent rapidement tous les jours, soit par les dons volontaires des anciens élèves de l'École et des professeurs actuels, soit par des préparations imposées dans toutes les épreuves pratiques des concours d'anatomie. — Le Musée est ouvert aux élèves tous les jours, et au public le jeudi, de midi à deux heures.

La Faculté de Montpellier a son enseignement divisé en dix-sept chaires : *Anatomie; Physiologie; Chimie médicale* et *Pharmacie; Botanique et Histoire naturelle médicale; Hygiène; Opérations et Appareils; Pathologie médicale; Pathologie chirurgicale; Thérapeutique et Matière médicale; Chimie générale et Toxicologie; Pathologie et Thérapeutique générales; Médecine légale; Accouchements, Maladies des femmes en couches et des enfants nouveau-nés, Clinique d'accouchements à la Maternité; Clinique chirurgicale* (deux chaires); *Clinique médicale* (deux chaires).

Quinze Agrégés sont adjoints aux Professeurs de ces chaires, soit pour les suppléer, soit pour faire les démonstrations élémentaires dans des cours spéciaux. Il y a aussi des chefs de travaux pratiques pour la direction immédiate des élèves.

Six cents étudiants viennent tous les ans auprès de ces chaires recevoir les leçons des Professeurs. On compte annuellement de 130 à 150 réceptions au doctorat faites par la Faculté.

La bibliothèque de la Faculté de médecine possède plus de cinquante mille volumes, plus de six cents manuscrits grecs, latins, arabes, turcs, persans, chinois, italiens, espagnols, français, et un cabinet de dessins originaux, donné par un citoyen de Montpellier, feu Xavier Atger.—Parmi les livres *imprimés*, se trouvent beaucoup d'éditions du XVme siècle, dont un assez grand nombre sont des *éditions princeps*. — Les *manuscrits* les plus curieux que cette bibliothèque nous présente sont : divers traités d'histoire, de droit et de médecine, fort anciens; des Bibles, des livres de prières sur vélin, à tourneures et miniatures gouachées et dorées, des XIIIme et XIVme siècles : entre celles-là, la belle *Bible de Jean XXII* occupe le premier rang; des recueils de poésies persanes, à cadres et vignettes dorés, élégamment écrits sur papier coton ; la *Correspondance de la Reine Christine de Suède*; trois manuscrits autographes du *Tasse*, dans l'un desquels se trouve, par argument, un plan de la *Gerusalemme liberata*, qui paraît être la première idée du poëte ; dans les autres : *Il monte Oliveto*, poëme ; un traité *della dignità*, etc. Il faut distinguer, dans le nombre des manuscrits français, les romans-poëmes de chevalerie du *Roi Arthur*, de *Girard de Roussillon*, d'*Ogier-le-Danois*, du *Saint-Gréal*, etc.

Le *Cabinet-Atger* est composé de trois salles contenant plus de trois cents dessins originaux ou tableaux de grands peintres, et de recueils de gravures et de dessins de maîtres. La première de ces salles est presque exclusivement destinée à des dessins de peintres du midi de la France : c'est, dans ce genre, la seule collection qui existe.

Le fondateur de la bibliothèque est l'ancien Doyen, *Henri Haguenot*, qui la légua à l'Hôtel-Dieu St-Éloi, à condition qu'elle serait ouverte au public. Les docteurs *Rast*, de Lyon ; *Uffroi*, de Sète ; *Amoreux* père et fils ; *Barthez*; le Comte *Chaptal*, ont successivement enrichi cette belle création. La bibliothèque possède les bustes de ces deux derniers hommes chers à la science autant par leurs talents que par leurs bienfaits : ceux des autres donateurs y seraient également bien placés.

La bibliothèque de la Faculté est ouverte au public tous les jours de la semaine, le dimanche et le mercredi exceptés, du 1er Novembre au 1er Septembre, de midi à 4 heures, et, le soir, de 7 à 10.—Les salles de tableaux sont ouvertes aux mêmes heures du jour, les mardis et vendredis seulement.

CHAPITRE XVII.

Faculté des sciences.

La Faculté des sciences, fondée en 1809, en même temps que celle de Paris et de Strasbourg, lors de la réorganisation de l'enseignement supérieur en France, a été inaugurée le 10 Mai 1810. Pendant assez long-temps elle a occupé un local provisoire, peu commode et même peu convenable. Quoique mieux installée aujourd'hui, elle est encore loin de jouir de tous les avantages matériels que justifierait son incontestable utilité, et les services rendus par ses professeurs à la science aussi bien qu'au pays. Cette Faculté, comme celle des Lettres, continue, en effet, avec succès, les errements de la Société royale et de l'École centrale de Montpellier, et elle compte plus d'un nom illustre parmi ceux de ses anciens professeurs : De Candolle, Gergonne[1], Lenthéric, Dunal, Ch. Gerhard, Balard, etc. Son musée, que la mauvaise disposition des locaux n'a pas permis de rendre public, est surtout riche en objets d'histoire naturelle, recueillis sur tous les points du globe.

On y voit plusieurs belles séries de roches; des minéraux intéressants; des herbiers remarquables, parmi lesquels figurent ceux de Magnol, d'Auguste Broussonnet, de Salzmann, etc.; des modèles en cire et en plâtre représentant des champignons, des fruits, etc.;

---

[1] Aujourd'hui Recteur et Professeur honoraire.

des échantillons des principaux bois employés dans les arts; beaucoup de graines et une collection zoologique qui est fort appréciée des naturalistes. On peut signaler dans cette dernière de nombreux oiseaux indigènes et exotiques, un riche coquillier, l'insectier d'Amoreux, celui de M. le docteur Fages, beaucoup d'autres objets précieux dont le nombre s'accroît chaque jour, grâce au zèle du Professeur chargé de l'enseignement de la zoologie et à la générosité des naturalistes ou amateurs avec lesquels il a établi des relations.

Le cabinet paléontologique de la Faculté a aussi une importance réelle; il renferme beaucoup de coquilles provenant des différents terrains sédimentaires; des vertébrés fossiles très-curieux, extraits des sables pliocènes de Montpellier, et de nombreux ossements recueillis dans les cavernes de Lunel-Viel, ainsi que dans celles du Gard. On y conserve aussi de très-beaux échantillons trouvés dans les terrains tertiaires des départements de Vaucluse (environs d'Apt) et de l'Aude (Issel). A toutes ces richesses scientifiques vont bientôt s'ajouter la belle collection de paléontologie formée en Provence par feu M. Renaux, ancien architecte du département de Vaucluse, et celle qui a été réunie dans l'Ardèche et dans le Gard par M. Jules de Malbos. La première a été acquise par les soins du Conseil général de notre département, et la seconde par ceux du Conseil municipal de Montpellier.

Grâce à ces précieuses acquisitions et à celles que la Faculté avait faites précédemment, la ville de Montpellier conservera désormais tous les matériaux nécessaires pour une bonne description géologique et minéralogique du Midi, et les industriels pourront, comme les savants, y trouver rassemblés tous les documents dont ils ont besoin. Espérons que, d'ici à quelque temps, la Faculté réussira à se procurer aussi des échantillons de toutes les espèces, soit animales, soit végétales, qui constituent la faune et la flore du Bas-Languedoc. Les poissons et les autres animaux alimentaires qui abondent dans la Méditerranée devraient surtout être représentés dans les collections de cette ville savante, car il n'est pas douteux que leur étude, faite avec plus de soin qu'elle ne l'a été depuis notre célèbre compatriote Rondelet, fournirait des données fort utiles à la pisciculture dont on s'est tant occupé dans d'autres départements.

Qu'on nous permette d'en faire ici la remarque : c'est en encourageant les Facultés des sciences et en mettant à profit le savoir de leurs professeurs, que le Gouvernement et les autorités locales répandront en province le goût des sciences exactes, et qu'ils en assureront les applications industrielles ou agricoles. Faisons des vœux pour que ces établissements soient dotés comme ils le mériteraient, et estimés à leur valeur réelle.

La bibliothèque de la Faculté n'a que quelques années d'existence : on y trouve néanmoins quelques bons ouvrages, et, ce qui n'est pas moins rare dans nos départements, un certain nombre de recueils périodiques, soit français, soit étrangers. Elle possède aussi plusieurs volumes de dessins originaux exécutés sous la direction de De Candolle et de Dunal, par

MM. Node père et fils, d'après les plantes les plus rares du jardin académique.

Quant au cabinet de physique de la Faculté et à son observatoire, ils laissent beaucoup à désirer. La plupart des instruments qu'ils possèdent sont anciens ou hors de service, et il a été jusqu'ici impossible d'obtenir leur remplacement par d'autres ayant la précision que comporte la science actuelle.

La Faculté possède sept chaires : 1º *Mathématiques pures* ; 2º *Astronomie* ; 3º *Physique* ; 4º *Chimie* ; 5º *Minéralogie et Géologie* ; 6º *Botanique* ; 7º *Zoologie et Anatomie comparée*. Plusieurs des docteurs et licenciés èssciences reçus à Montpellier occupent un rang élevé dans la hiérarchie scientifique, soit à Paris, soit dans plusieurs des autres Académies de la France et de l'étranger.

CHAPITRE XVIII.

Faculté des lettres.

La Faculté des lettres de Montpellier date, quant à son origine, du même temps que la Faculté des sciences; mais il y a eu interruption dans son existence. Supprimée par arrêté de la Commission royale d'instruction publique du 31 Octobre 1815, elle a été rétablie par ordonnance royale du 24 Août 1838. Elle a succédé à l'ancienne Faculté des arts que possédait Montpellier dès le XIIIme siècle, et que la Révolution avait abolie.

La Faculté des lettres de Montpellier se compose, comme presque toutes les autres Facultés de la même catégorie, de cinq chaires, classées selon l'ordre que voici, dans l'arrêté ministériel de M. De Salvandy, du 18 Septembre 1838, qui en a organisé le personnel : 1º *Philosophie*; 2º *Histoire*; 3º *Littérature ancienne*; 4º *Littérature française*; 5º *Littérature étrangère*.

Les cours de cette Faculté ont en partie lieu le soir. Ils sont tous publics. L'amphithéâtre qui leur est destiné est attenant au Musée-Fabre : ce n'est pas un des moindres plaisirs de l'étranger de voir dans cet amphithéâtre les auditeurs de tous les âges, se pressant sous la voix du littérateur, de l'historien ou du philosophe, et la plus belle partie de l'auditoire entourant la chaire du professeur.

Une bibliothèque particulière, indépendante de celle de la ville, y est annexée. Elle est relativement peu riche, mais renferme des ouvrages de choix.

La Faculté des lettres de Montpellier a le même ressort universitaire que l'Académie et que la Faculté des sciences de la même ville. Elle embrasse, outre le département de l'Hérault, les départements du Gard, de la Lozère, de l'Aude et des Pyrénées-Orientales. On y confère les trois grades du baccalauréat, de la licence et du doctorat ès lettres.

Une heureuse idée a fait placer la Faculté des lettres à côté de la bibliothèque du Musée. Ainsi se trouvent réunis dans une même enceinte les chefs-d'œuvre des arts et de la pensée, et les enseignements qui président à leur création.

CHAPITRE XIX.

Observatoire.

L'ancienne Académie des sciences de Montpellier avait obtenu du Maréchal de Castries, gouverneur de la Province, une des tours des anciens remparts de la ville, pour y établir un observatoire. Pendant plus d'un siècle, les membres de cette Académie ont fait une suite d'observations que favorisait le beau ciel de Languedoc, et qui n'ont pas été entièrement perdues pour la science. Elles existent manuscrites dans les archives de la Préfecture de l'Hérault. Les pendules et autres instruments, parmi lesquels on distingue un superbe télescope grégorien, de cinq pieds de foyer, donné à l'Observatoire par le maréchal de Biron, gouverneur de la Province, ont été réunis au cabinet de physique de la Faculté des sciences.

La tour de l'Observatoire avait été disposée pour le télégraphe à lunette qui correspondait avec Paris, par deux lignes différentes : d'un côté, par Nimes, Avignon, Lyon et Dijon ; et, de l'autre côté, par Narbonne, Toulouse, Bordeaux et Tours. Il correspondait également avec Marseille, Toulon et Bayonne. Aujourd'hui, chassé de son belvédère, l'ancien télégraphe a disparu ; le courrier de l'électricité s'est logé un peu plus bas, en attendant qu'un autre élément plus rapide encore vienne se charger de nos dépêches ; et la tour de l'Observatoire a été rétrocédée à la Faculté des sciences.

CHAPITRE XX.

École supérieure de Pharmacie.

Cette École fut créée le 8 Octobre 1803. Elle devait d'abord occuper les bâtiments et dépendances de l'ancien Collége de chirurgie de St-Côme ; mais ce local n'étant nullement favorable pour l'enseignement de la botanique, l'École demanda et obtint, l'année suivante, les anciens bâtiments et le jardin de l'Université de médecine. Trois professeurs titulaires et deux professeurs adjoints y enseignent la *Chimie*, la *Chimie organique* et la *Toxicologie*, la *Botanique* et l'*Histoire naturelle des médicaments*, la *Physique*, la *Pharmacie*. Cet établissement (rue de l'*Université*) possède un laboratoire, des collections d'échantillons de substances médicamenteuses, et de produits précieux et susceptibles de conservation, dus en grande partie aux opérations faites par les récipiendaires eux-mêmes.

CHAPITRE XXI.

Musée-Fabre.

Le Musée-Fabre est, sans contredit, le premier établissement magnifique de Montpellier. Peu de galeries de tableaux en France peuvent lutter avec celle de cette ville, sous le rapport du choix et du nombre des chefs-d'œuvre des grands peintres étrangers et nationaux.

Cette riche collection porte le nom de son fondateur, François-Xavier-Pascal Fabre[1], qui, après un séjour de près de quarante années en Italie, revint sacrifier à l'amour de la patrie la juste considération et l'heureuse existence que ses talents et les rares vertus de son esprit et de son cœur lui avaient acquises sur la terre classique des beaux-arts.

C'est en 1825 et en 1837, par deux actes de libéralité, que ce généreux citoyen réalisa le projet qu'il avait conçu depuis long-temps, de donner à Montpellier, sa ville natale, sa superbe et nombreuse réunion de tableaux, dessins, estampes, statues, bustes, médailles et autres objets d'art, ainsi qu'une bibliothèque, composée de plus de 15,000 volumes, remarquables par le nombre et la variété des matières, par les éditions les plus belles, les plus rares et les plus curieuses, dans les littératures ancienne, moderne, étrangère, et surtout par le recueil le plus complet et le plus précieux d'ouvrages qui traitent des beaux-arts.

Le zèle désintéressé de Fabre, et son ardent désir de faire renaître et de voir prospérer dans son pays natal le goût des arts qu'il idolâtrait, et dans lesquels il excellait, le portèrent à se constituer le directeur et le conservateur des établissements qu'il avait créés.

L'élève de David, l'ami de Girodet, le donateur, ne cessa d'acquérir de nouveaux droits à la reconnaissance de ses concitoyens, en augmentant journellement, par de nouveaux présents, la richesse de ces collec-

---

[1] Né à Montpellier, le 1er Avril 1766; décédé en la même ville, le 16 Mars 1837.

tions. Il y a peu de villes qui aient reçu un don si magnifique; il n'y en a point qui l'eussent apprécié davantage.

La ville de Montpellier a consacré, par un monument numismatique[1], le bienfait et la reconnaissance ; mais le Musée-Fabre doit immortaliser la gratitude des habitants et le nom du bienfaiteur.

Le Musée-Fabre est placé dans un local que la ville a acheté, agrandi et approprié pour cette destination (rue *Montpellieret*).

Le Musée proprement dit, en y comprenant les collections Valedeau, Collot, etc., dont nous parlerons bientôt, occupe neuf salles ou galeries : cinq sont consacrées aux tableaux, aux statues, bustes, antiques, etc.; une autre contient les dessins de grands maîtres; la septième salle renferme les meilleures épreuves des gravures de réputation; la huitième salle offre une charmante collection de bronzes, de vases étrusques ou plutôt grecs, et d'autres curiosités remarquables; enfin la dernière salle présente les richesses du cabinet de la Société archéologique.

Nous n'entreprendrons pas de signaler ici tous les tableaux remarquables de la galerie Fabre; nous aurions trop à décrire. Citons, parmi les chefs-d'œuvre, les

---

[1] C'est une médaille en bronze (quelques exemplaires ont été frappés en argent et en or). Sur la face on voit la tête de Minerve casquée avec cette inscription : *Musée-Fabre* ; au revers sont les armes de la ville; on y lit : *A François-Xavier Fabre, de Montpellier, la ville reconnaissante.*

Fabre fut nommé Chevalier de la Légion d'Honneur, et le titre de Baron lui fut conféré.

Portraits d'un jeune homme et de Laurent de Médicis, de Raphaël; — le *Christ en croix*, de Rubens; — le *Baptême de J.-C.*, la *mort de S*^{te} *Cécile*, *Rébecca*, l'*Adoration des bergers et les autres toiles* de Poussin; — le *Christ au jardin des olives*, de Corrège; — *J.-C. sur la montagne*, du Dominiquin; — le *Samaritain*, de Vanloo; — la *Première nuit des noces de Tobie*, de Lesueur; — *S*^{t} *Marc évangéliste*, de Caravage; — *S*^{te}*-Marie-Égyptienne*, de l'Espagnolet; — la *Décollation de S*^{t} *Jean Baptiste*, de Daniel de Volterre; — le *Couronnement d'épines*, de Dietrich; — les *Christ* et les *Sauveur du monde*, de Campaña, de Cesare da Sesto, de Cigoli, de Dolci, d'Ottino, de Fabre, etc.; — les *S*^{te}*-Vierge*, d'André del Sarto, des Carrache, de Dolci, de Van Dick, de Giordano, de Guerchin, du Guide, de Jouvenet, du Parmesan, de Sassoferrato, de Paul Véronèse; — les *Saintes familles*, de Bloemaert, de Fra-Bartolomeo della Porta, de Fabre, etc.; — les *Saints et Saintes*, de Giotto, Guerchin, Guide, Lebrun, Mignard, Paul Véronèse, Vien, Vincent, etc.; — Le *Tasse en prison*, et le *Souterrain d'un cloître à Rome*, de Granet; — les *Portraits et têtes*, de Titien, de Greuze, de Girodet, de Champaigne, etc.; — l'*Intendant Basville*, de Ranc; — un *Portrait* et le *Sabbat*, de Jules Romain; — les *Marines*, de Montagna, de Salvator Rosa, de Vernet; — le *Joueur de luth*, de Van Ostade; — le *Samaritain*, de Vanloo; — l'*Intérieur d'un bazar*, de Wyck; — *un serpent et un lézard*, de Marcellis; — les *Fleurs*, de Jensen; — enfin les délicieux paysages de Berghem, des Bloemen, de Boguet, Bolognèse, Séb. Bourdon, Brascassat, Breughel, Dietrich, Fabre, Gaspre, Locatelli, Meulen, Michallon,

Moucheron, Moulinier, Poussin, Ruysdael, Salvator Rosa, Swanevelt, Teniers, Vanderburch, Van der Kabel, Van der Neer, Woogd, Pierre Wouwermans, et de beaucoup d'autres.

On comprendra facilement notre embarras et notre réserve dans ces citations : tous les tableaux de cette galerie ayant été choisis, il ne nous restait presque plus de choix à faire : c'est au goût des amateurs et des curieux de donner la préférence. Mais on ne nous reprochera pas d'avoir oublié les belles compositions du fondateur du Musée : la *Mort d'Abel*, tableau qui fut exposé à Paris en 1791; *Saül poursuivi par l'ombre de Samuel*; *Portraits de Canova*, d'*Alfieri*, de *Lady ****, de la *Comtesse d'Albany*, du *Peintre lui-même*, etc. Le Musée de Montpellier ne possède qu'une partie des œuvres remarquables du baron Fabre.

Voici, par ordre alphabétique, les noms des peintres qui ont enrichi sa galerie :

Albane, Allori (Alessandro), Allori (Cristofano), André del Sarto, Asselyn, Azeglio.
Baroche, Bassano, Berghem, Bloemaert, Bloemen (Orizzonte), Bloemen (Standaert), Boguet, Bolognèse, Boudewyns, Bourdon (Sébastien), Brascassat, Breughel.
Campaña, Campovecchio, Canaletto, Caravage, Carrache (Annibale), Carrache (Agostino), Carrache (Lodovico), Castellan, Castiglione, Cesare da Sesto, Champaigne, Chauvin, Cigoli, Corrège, Courtois (le Bourguignon).
Daniel de Volterre, David, Denis, Desmarais, Dietrich, Dolci, Dominiquin, Ducq, Dyck (Van).
Elzheimer, Espagnolet.
Fabre, Fra Bartolomeo della Porta, Franceschini (il Volterrano).
Gagneraux, Garofalo, Gaspre, Gauffier, Génoels, Ghirlandajo,

Giordano, Giotto, Girodet-Trioson, Granet, Greuze, Grimou, Guerchin, Guido-Reni.

Hackert, Héem, Heus, Hondekoeter, Huysmans.

Jensen, Josepin, Jouvenet, Jules-Romain.

Kabel (Van der), Kalf.

Lahyre, Le Brun, Le Sueur, Lethière, Lint, Locatelli, Luti.

Marcellis, Matweff, Mengs, Mérimée (Louis), Meulen, Meynier, Michallon, Miel, Mignard, Milé, Mirevelt, Mola, Molenaer, Montagna, Moucheron, Moulinier.

Natoire, Neefs, Néer (Van der).

Ostade (Van), Ottino.

Parmesan, Paul Véronèse, Pinaker, Poelenburg, Porbus (le fils), Poussin.

Ranc, Raphaël, Regnault, Reinhart, Reschi, Rive, Robert, Roghman, Rosselli, Rubens, Ruysdael.

Salembeni, Salvator Rosa, Santi di Tito Titi, Sassoferrato, Sauvage, Schidone, Schowaert, Sébastien del Piombo, Seghers, Sodoma, Steenwyck (le fils), Swanevelt.

Tempel, Teniers (le jeune), Testa, Théaulon, Titien.

Vanderburch, Vanloo (Carle), Vanni, Veerendael, Vernet, Vien, Vincent, Voogd, Vouet, Wéenix (le fils), Werstappen, Wouwermans (Pierre), Wyck.

Zuccheri.

Tels étaient les noms célèbres dont on admirait les chefs-d'œuvre au Musée de Montpellier, lorsque, en 1837, de nouveaux chefs-d'œuvre venaient prendre rang à côté des premiers. M. Valedeau, natif de Montpellier s'associant, par son testament olographe du 11 février 1836, aux vues bienfaisantes et généreuses de son compatriote, fondateur du Musée, léguait[1] à sa ville natale tous les tableaux, tant anciens que modernes,

---

[1] Antoine-Louis-Joseph-Pascal Valedeau est décédé à Paris, le 7 Décembre 1836.

albums, dessins, gravures, statues, bustes en marbre et en bronze, vases, coupes, figurines, et généralement tous les objets d'art qui décoraient sa galerie, et qui avaient excité à Paris, pendant de longues années, l'admiration des artistes et des amateurs. Ici sont des tableaux de genre appartenant pour la plupart à l'école flamande; tous sont du choix le plus parfait, du goût le plus exquis. Citons *le gâteau des Rois*, *le petit Mathématicien*, *la Prière du matin* et toutes *les Jeunes filles* de Greuze qu'on regrette de voir éloignées, par suite de l'exigence des fonds, des délicieuses compositions du même maître placées dans la galerie Fabre; toutes les *Scènes champêtres* de Teniers, *l'Homme au chapeau blanc* et *l'Homme à la Cruche de grès*, du même peintre; — celles de Taunay; — *trois Vaches au pâturage*, de Paul Potter, petit tableau estimé 16,000 fr.; — *Loth et ses filles*, de l'Albane; — *les paysans et leurs ânes à la porte d'une hôtellerie*, de Karel-Dujardin; — le *Dante et Virgile*, de Girodet; — la *Nécromancienne*, de Mme Haudebourt; — *Suzanne au bain*, de Vander Werff; — le *petit Samuel en prière*, de Reynolds; — *le Repas du voyageur*, et l'*Intérieur d'un appartement*, de Jean Steen; — l'*Intérieur d'un cloître*, du comte de Forbin; — l'*Intérieur d'une cuisine*, de Mlle Jenny Legrand; — l'*Enfileuse de perles*, de Mieris; — l'*Écrivain*, et la *Marchande hollandaise*, de Metsu; — le *Rueur*, le *Coup de l'étrier*, les *Petits Sables*, la *Marche d'une armée*, de Philippe Wouwermans; la *Jeune fille trayant une vache*, et les *Fagots*, de Berghem; — la *Jeune hollandaise*, de Terburg; — la *Souricière*, de Dow; — la *Petite Flotte*, de Van den Velde; — l'*Estaminet hollandais*, de Van Ostade; —

les *Fleurs et Fruits*, de Van Huysum; —les charmants tableaux où Albert Cuyp, Demarne, Rubens, Ruysdaël, Van der Heyden, Van den Valde, Wynants, ont représenté des *paysages*, auxquels il faut joindre un *effet de soleil sur la Méditerranée*, de Vernet; — citons enfin *Danaé* sur porcelaine, d'après le tableau de Girodet, par Mme Jaquotot; les *Fruits et Fleurs* sous verre, de Van Pol.

Présentons maintenant les noms des peintres dont les tableaux décorent la galerie Valedeau :

Albane.
Berghem, Berré, Bourdon (Séb.).
Chasselat, Cuyp (Albert).
Demarne, Dietrich, Dow (Gérard), Dujardin (Karel).
Forbin (Comte de).
Girodet, Grenier, Greuze.
Haudebourt née Lescot, Hemmelinck, Heyden (Van der), Huysum (Van).
Jaquotot (Mme).
Legrand (Mlle Jenny).
Metsu (Gabriel), Mieris (Fr.).
Ostade (Van).
Pannini (J.-P.), Poelenburg (C.), Pol (Van), Potter (Paul), Prud'hon.
Reynolds, Rubens, Ruysdaël (Jacques).
Steen (Jean), Swebach (père).
Taunay, Teniers (le jeune), Terburg.
Vanspaendonck, Velde (Adrien Van den), Velde (Guill. Van den), Vernet (Cl.-Joseph), Werff (Van der), Wouwermans (Ph.), Wynants (Jean).

Quelques tableaux étaient, avant 1806, placés dans les salles de la Mairie; d'autres tableaux ont été depuis acquis par la ville. La munificence du Gouvernement fait aussi participer le Musée de Montpellier à ses largesses; enfin, par un acte du 3 Novembre 1829, M. Collot, de Montpellier, ancien Directeur de la monnaie des médailles, à Paris, a doté sa ville natale d'une rente annuelle de 1,000 fr. pour être employée à l'acquisition de tableaux. Nous pourrions ajouter ici le nom de quelques personnes qui ont fait hommage à notre galerie, soit de tableaux, soit d'autres objets d'art. Nous signalerons, parmi les peintres dont les toiles proviennent de ces diverses origines :

Albane (*Adam et Ève*).

Berckheyden, Bertin (Édouard), Bestieu de Montpellier (*Brutus*), Bloemen dit Standaert, Borely de Montpellier (*Paysage*), Both (J.), Bourdon (Séb.) (*Descente de Croix; Portrait d'un Espagnol.*)

Calabrese (il Cavalier), Champmartin, Chardin, Coustou de Montpellier (*Les trois patrons des Pénitents bleus, une Négresse*), Coypel (*Énée, Didon, Louis XIV*).

Dandré-Bardon, Danvin, David (*Portraits du médecin Leroy et de Joubert*), Debret, Delon de Montpellier (*Paysages*), Demarne (*Paysage*), Demoulin de Montpellier (*Paysage*), Deshayes (*Le corps d'Hector, etc.*), Dominiquin (*Le roi David*), Dulin (*Jésus-Christ au bord de la mer*).

Fosse (De la) (*Scène comique*).

Gamelin (*Un Buveur*), Glaize (Auguste) (*Le sang de Vénus*), Greuze (*Têtes d'enfant et de jeune fille*).

Hondius (*Chasse au Sanglier*).

Jules Romain (*La transfiguration*), Julliard.

Lagrenée l'aîné, Lagrenée le jeune, Labyre, Largillière (*Portrait de l'auteur*), Lavoyer (*Copie du Jugement dernier d'après Michel-Ange*), Lemoine, Lorin.

Manglard, Martin des Gobelins (*Paysages*), Matet de Montpellier (*Son portrait, Copie de l'arracheur de dents, de Dow*), Monoyer (*Fleurs et Fruits*), Monvoisin (*Mort de Charles IX*).

Natoire (*Vénus demande des armes à Vulcain*), Node (Ch.) de Montpellier (*Fleurs et Fruits*).

Oudry (*Gibier, chien, fleurs et fruits*).

Palme le Vieux (*Massacre d'Hippone*), Patel le père, Peyson de Montpellier (*Bohémiens, Marguerite de Bourgogne*), Pierre, Poitreau.

Ranc de Montpellier (*Portrait de Basville*), Raoux de Montpellier (*Vestale*), Rémond (*Paysage*), Richard (*Paysages*), Rigaud (*Portrait de l'auteur*), Rizzi ou Ricci (*L'Adoration des Bergers*), Rubens (*Portrait de Fr. Franck*), Ryckaert le fils.

Scheffer (*Portrait de M. Collot*), Stella (*La Samaritaine*), Storck (*Port de mer*), Subleyras, Sylvestre (*Prométhée*).

Tissié-Sarrus de Montpellier (*Étude de torse*), Trémollière, Troy le père.

Valentin, Vanderburch (*Paysage*), Venusti (*Jésus mis dans le Sépulcre*), Vien de Montpellier (*Saint-Jean-Baptiste, Saint-Grégoire-le-Grand*), Vincent (*Saint-Jérôme*).

Watelet (*Paysage*), Wouwermans (Ph.) (*Le repos du Laboureur*).

Zorg (*Intérieur d'une salle basse*).

Nous n'avons pu mentionner dans ces trois listes plusieurs tableaux notables dont les peintres inconnus appartiennent aux écoles flamande, hollandaise, française et italienne, tels que le *Méléagre, J.-C. et la Madeleine, Moïse recevant les tables de la Loi*, des *paysages*, des *portraits*, des *fruits et des fleurs*.

Parmi les bronzes de la galerie Fabre, on remarquera particulièrement le *Mercure* de Jean Bologne et le *Bacchus* de Michel-Ange; dans les marbres, une *tête de Muse*, de Canova; les bustes de *Fabre* et de *Valedeau*, par Santarelli, et d'*Alfieri*, par B. Corneille; un plat de la fabrique d'Urbino de 1545; dans la galerie Valedeau, tous les bronzes de ce cabinet, les coupes, les urnes, les figures de marbre, les objets d'art, tels que vases étrusques, coupes et figures en albâtre, en rouge et en jaune antiques; enfin, dans les autres galeries, le buste de Collot, en marbre, par Auguste Dumon ; celui de Nyzzia, aussi en marbre, par Pradier, donné par le Gouvernement; une mouche peinte sur verre, hommage de M. le Vicomte d'Adhémar.

Il serait trop long d'indiquer ici les noms des peintres, artistes et amateurs, dont les ouvrages au crayon, à la plume, au bistre, à l'encre de la Chine, à l'aquarelle, à la sépia, décorent une des salles du Musée; le nom de chaque auteur se lit au bas de son ouvrage. Le même motif qui nous fait abréger nous dispense de parler des plâtres du Musée, dont les sujets bien connus n'ont pas besoin d'ailleurs de nos explications.

Le *Cabinet de la Société archéologique* forme le complément des richesses du Musée de Montpellier. Cette collection intéressante des antiquités trouvées le plus souvent dans le pays a déjà contribué à l'ornement de la cour de ce palais des arts. Le cabinet où sont recueillis des objets moins grands offre à la curiosité non-seulement des antiques trouvés dans les environs, mais encore des séries de productions artistiques de l'ancienne Égypte, de la Grèce, de Rome, de la Gaule. Plusieurs bustes, figurines, vases, lampes, meubles divers, méritent l'attention des amateurs, indépendamment d'un médaillier où sont classées de nombreuses médailles anciennes et du moyen âge.

Le Musée est ouvert au public tous les dimanches et jours de fête, depuis 11 heures du matin jusqu'à 3 heures de l'après-midi; les autres jours de la semaine, il n'y est admis que les étrangers et les artistes qui obtiennent, de M. le Directeur, la permission d'y travailler, et qui peuvent y rester jusques à 4 heures.

La Bibliothèque publique de Montpellier, placée aujourd'hui dans le Musée-Fabre, et réunie à celle de cet établissement, fut donnée à la ville par le Gouvernement, en 1806. Elle était composée d'environ 8000 volumes, provenant de l'ancienne Société royale des sciences de Montpellier, de l'École centrale de la ville, de quelques bibliothèques particulières, et d'un choix fait dans celles des communautés religieuses.—On voit que cette collection eût été bien modeste, sans le beau présent dont nous venons de parler, par lequel le baron Fabre a si richement accru la bibliothèque publique de Montpellier, qu'il peut en être considéré aussi comme le vrai fondateur.

Cette Bibliothèque se recommande surtout par le nombre et le choix des ouvrages artistiques et pittoresques; par plusieurs manuscrits et autographes, notamment par ceux d'Alfieri, qui l'enrichit des meilleures éditions grecques, latines, italiennes et anglaises. On comprend plus facilement la composition de cette belle collection, quand on se rappelle qu'elle réunit aux anciens livres de la ville les livres du poëte italien, de la Comtesse d'Albany-Stuart et du peintre Fabre. La Bibliothèque du Musée, qui grandit tous les jours, grâce à la munificence du Gouvernement, possède aujourd'hui 64 manuscrits ou recueils, et environ 30000 volumes. Le fonds est riche, en outre, de plus de 10000 estampes, dont 4000 en portefeuille, et d'un trésor où l'on conserve des pierres gravées et intaillées, des médailles de divers modules en or, en argent et en bronze, travail pour la plupart d'artistes italiens modernes, de superbes dyptiques, des tablettes antiques et de plusieurs séries d'empreintes.

La Bibliothèque du Musée-Fabre est ouverte au public tous les jours, depuis 11 heures du matin jusqu'à 3 heures de l'après-midi, et tous les soirs depuis 7 heures et demie jusqu'à 9 heures et demie, excepté les jeudis, dimanches et jours de fête. Les vacances durent pendant les mois de Septembre et d'Octobre.

Une École de dessin et de peinture est établie dans la partie du Musée donnant sur l'Esplanade ; elle se compose de trois classes : les principes, la ronde-bosse et le modèle vivant. — Enfin dans le même établissement se trouve l'École de dessin industriel, d'architecture et de sculpture. Celle-ci est ouverte tous les jours, de midi à 2 heures, les dimanches, jeudis et jours de fête exceptés.

CHAPITRE XXII.

Églises.

Si nous nous inspirions de souvenirs historiques dans l'ordre de nos visites aux édifices religieux, il conviendrait de rappeler ici le souvenir de *Notre-Dame-du-Palais*. Mais cet antique oratoire ayant disparu, comme les puissants qui l'avaient fait élever, il nous suffira d'en attacher la mémoire au monument moderne qui en occupe la place.

Un autre temple, non moins ancien, vénéré presque

sous le même vocable, appelle d'abord notre attention. Bien qu'aujourd'hui nous donnions, par tradition, à la chapelle qui appartint aux Jésuites, à cet élégant édifice, dont nous avons déjà parlé[1], la dénomination de *Notre-Dame-des-Tables*, et qu'une colonnade moins élégante ait remplacé l'antique temple de ce nom, nous devons arrêter nos regards sur l'un et l'autre édifices qui nous ramènent un glorieux passé.

NOTRE-DAME-DES-TABLES.

Notre-Dame-des-Tables est une part essentielle de l'histoire de Montpellier. Elle nous rappelle l'ancienne église qui, sous la même invocation, montrait encore ses vénérables ruines au commencement du siècle où nous vivons.

Le temple de *Ste-Marie de Montpellier* représentait la fondation de la ville. Si quelques esprits, trop pleins de curiosité, en ont fait remonter l'origine au-delà de cette époque, l'histoire n'a pas de date pour celle qui fut créée avant les siècles[2].

Un Seigneur de Montpellier, Guillaume VI, au milieu du XIIe siècle, agrandit, répara, orna le temple de Marie. Il fit en même temps mettre de l'ordre dans les

---

[1] Ci-dessus, pag. 114.

[2] Il pouvait cependant y avoir en même temps l'église de *St-Denis* à l'endroit où a été construit le bastion de la Citadelle du côté du faubourg du Pila-St-Gély, et celle de *St-Firmin* qui était l'église paroissiale de Montpellier, dans la rue qui porte encore le même nom.

tables des changeurs qui en entouraient les murs[1], et qui firent donner à la place le nom de *forum Campsorum* (*Loge des Marchands*), appellation sanctifiée par celle de *Notre-Dame-des-Tables*. Les successeurs de Guillaume ne s'occupèrent pas moins de l'embellissement et de la gloire de cette église. Pierre II d'Aragon, l'époux de Marie, fille du dernier Guillaume, y jura solennellement (1204) le maintien des statuts et des coutumes de Montpellier. Les Évêques de Maguelone en firent l'objet de leurs soins assidus; les Consuls de Montpellier et les habitants l'objet de leur zèle et de leur vénération : tous, en 1216, obtenaient du Pape Innocent III son érection en paroisse.

Jamais église ne fut dotée de tant de priviléges. Dans ce sanctuaire devaient se rendre, le jour de la Nativité de St-Jean, le Bailli de Montpellier et ses Officiers pour prêter serment avant d'entrer en charge : là, le Roi d'Aragon avait fait son serment à l'Évêque de Maguelone pour la Seigneurie de Montpellier ; là, en 1215 et en 1224, les Cardinaux et les Évêques s'assemblaient en Concile pour la réformation de la discipline et pour le maintien de la pureté du dogme ; enfin, dans le même sanctuaire, à la solennité du 31 Août, se réunissaient les Consuls, les artistes, les corps de métiers, tous les habitants animés d'un même désir, celui d'élever à la mère de Dieu leurs hommages et leurs chants. Une procession confondait dans les mêmes

---

[1] Ce sont aujourd'hui des tables de viandes et de fruits qui ont remplacé les tables des changeurs autour de la Halle qui occupe la place où fut Notre-Dame-des-Tables.

prières, le clerc, le magistrat, le noble, l'ouvrier. Aussi cette fête de famille, en l'honneur de la mère par excellence dont nos annales s'honorent, durait dix jours. Les *Pelletiers* commençaient leur station la veille; le lendemain, jour de la festivité, était principalement consacré aux *Poivriers* ou *Épiciers*. Les *Consuls ouvriers*[1] et les *Consuls de mer*[2] s'étaient réservé le 1er Septembre. Le 2 appartenait aux Marchands *Canabassiers*; le 3, aux ouvriers en soie, *Sédiés*; le 4, aux *Poissonniers*; le 5, aux *Bouchers*; le 6, aux *Merciers* de l'Aiguillerie; le 7, aux *Drapiers* et aux *Marchands* de la rue St-Firmin; et le 8, le jour de la Nativité de Notre-Dame, aux *Cambiadours* (*Changeurs*, *Agents de change*).

Les miracles surtout avaient donné un grand relief à ce sanctuaire dans le midi de la France; celui de Notre-Dame-des-Tables était bientôt devenu un lieu de pèlerinage. Un extrait qui nous a été conservé d'un ancien registre de l'Inquisition de Carcassonne en fait foi.

« Ce que l'on doit mettre au-dessus de tous les priviléges, écrit un historien dont la mémoire nous est

---

[1] Les Consuls ouvriers étaient chargés de la garde et de la clé des portes principales, tours et forteresses de la ville avec leurs murailles et leurs fossés. On les appelait les *Ouvriers de la commune clôture*. Ils étaient membres du Consulat.

[2] Les Consuls de mer levaient les taxes établies sur les voitures qui passaient sur le chemin de Lattes à Montpellier. Ils veillaient à la conservation des *graus*, ou communications de la mer avec les étangs, donnaient conseil et secours aux navigants, réglaient les traités de commerce avec les villes maritimes. Ils étaient élus tous les ans, au nombre de quatre, parmi les marchands.

chère[1], c'étaient les faveurs que la mère de Dieu accordait à tous ceux qui, doués d'une foi vive, venaient chercher à son temple des consolations dans leurs afflictions ou la santé dans leurs infirmités. L'église de Notre-Dame était citée partout pour les prodiges qui s'y opéraient. Sa célébrité s'était répandue au loin, et on accourait de toutes parts pour y offrir des vœux. Et qu'on ne dise pas que l'imagination égarée ou la simplicité de nos pères avaient accrédité ces prodiges. Les Consuls et avant eux les prud'hommes de la ville avaient conservé sur un registre particulier les miracles de Notre-Dame-des-Tables; ils donnèrent eux aussi de l'authenticité à des faits que personne ne révoquait en doute. On prétend même que les médecins, en voyant des malades dont ils désespéraient, leur conseillaient d'aller à Notre-Dame de Montpellier. Cela est attesté, dit d'Aigrefeuille, par Césaire, moine d'Heisterbach, qui écrivait au commencement du XIIIe siècle. »

« Dans la ville de Montpellier, dit Gariel[2], reluit dès les commencements l'église que les tableaux des vœux et des tables qui servaient au change et aux Marchands de la Loge ont fait appeler *Notre-Dame-des Tables.* »

Urbain V voulut particulièrement en augmenter l'éclat, et nous ne saurions nous refuser de transcrire ici le passage poétique de sa bulle. Lorsque, par une pieuse contemplation, nous nous représentons que

---

[1] J.-P. Thomas, oncle de l'auteur, dans ses *Mémoires manuscrits*, publiés en 1827; in-8º.

[2] Idée de la ville de Montpellier.

Marie est la reine des cieux, et que, triomphante sur le second trône de la gloire éternelle, elle brille et envoie ses rayons salutaires dans le monde, comme l'étoile du matin, et dissipe les ténèbres et la nuit de nos malheurs et de nos misères ; quand nous méditons, d'un cœur touché d'amour, de respect et de reconnaissance, qu'en qualité de mère de miséricorde et de grâce, d'amie de la piété et de la pitié, de consolatrice du genre humain, elle travaille sans cesse auprès du roi qu'elle a enfanté, pour le salut des fidèles qui soupirent sous le pesant fardeau de leurs fautes : ne sommes-nous pas puissamment obligés à avoir plus de soin de l'honneur et de la fréquentation d'une église qui porte son nom, et à tâcher d'y attirer les âmes par l'octroi des rémissions et des récompenses abondantes?

Les Consuls pouvaient-ils ne pas adopter la patronne de ce sanctuaire pour celle de Montpellier, associer à son culte le culte de St Roch, et les Montpelliérains ne pas voir avec vénération son image placée dans le champ d'azur des armoiries de la cité?

Tant de merveilles ne firent qu'ajouter aux honneurs du temple : les Pontifes de Rome, les Évêques de Maguelone y attachèrent des indulgences pour certains jours de l'année et pour certaines cérémonies. Les Princes n'y virent pas seulement un lieu de prières, de vœux et de sacrifices; ils y trouvèrent encore un parvis dont la célébrité répandait un nouveau lustre et un nouvel éclat sur les actes les plus solennels ou les plus brillants, sur la prestation des serments, sur la réception des chevaliers, sur le doctorat en droit, sur la licence en médecine[1], sur les obsèques des grands de la terre. Car c'était devant l'autel de Marie que tous venaient s'incliner, soit pour la remercier de ses bienfaits passés, soit pour implorer sa protection à la menace d'une calamité présente[2].

Charles VI, Charles son fils aîné depuis Charles VII, Louis XIV, s'agenouillèrent aussi dans ce temple. Louis XI, Charles VIII, François Ier y firent déposer leurs hommages et leurs offrandes. C'était un pieux et antique usage que l'Archiduc Philippe d'Autriche ne manqua pas de suivre en 1502.

Mais les discordes religieuses allaient venir s'interposer au milieu de ces saints usages, et le beffroi qui semblait répandre la bénédiction de la Vierge divine sur toute la cité qu'il dominait[3] allait cesser de faire entendre sa grande et vigilante voix. Détournons nos regards de ces époques sanglantes : pourquoi faut-il

[1] Les docteurs en droit étaient solennellement reçus à ce grade dans l'église Notre-Dame-des-Tables. On discutait les thèses de licence en médecine dans la chapelle St-Michel de la même église.

[2] Ce fut à la suite de deux tremblements de terre (1373) et d'une désolante mortalité à Montpellier que les Consuls firent mesurer la ville avec les faubourgs qui étaient déjà clos, et firent faire une bougie de la grosseur du doigt, pour être brûlée autour d'un cylindre, devant l'autel de Notre-Dame-des-Tables. D'après d'Aigrefeuille, cette bougie et par conséquent alors l'enceinte de la ville avec ses faubourgs avait dix-neuf cents cannes de long (3776 mètres.) Ce même vœu fut renouvelé par les Consuls en 1383 et en 1399 à l'occasion de mortalités effrayantes qui désolèrent toute la France.

[3] La hauteur du clocher au-dessus du niveau de la mer était de 36 toises. Le sol de Notre-Dame-des-Tables était déjà, au-dessus de ce niveau, à 8 toises 2 pieds.

que les citoyens d'une même ville se déchirent et s'immolent parce qu'ils n'ont pas le même symbole de foi ! Servir Dieu selon son cœur et aimer ses frères comme enfants d'un même père, ne doit il pas suffire à l'union de tous les esprits, sinon de toutes les prières ! Le temple de Marie fut ruiné (1568). Bientôt rétabli avec la paix, bientôt renversé de nouveau avec la guerre civile (1581), le sanctuaire de Marie se relevait de ses récentes ruines en 1604; il tombait, pour la troisième fois, avec les autres églises de la cité, en 1621 : seul, le phare protecteur restait debout au-dessus des décombres.

La patronne de Montpellier reparut avec Louis XIII (1622). Son image fut replacée dans les armoiries de la ville ; sa statue se releva dans son temple. Pour la quatrième fois, Montpellier voyait le vaisseau de Marie surgir de la tourmente religieuse (1650). Ici de nouvelles scènes miraculeuses viennent s'ajouter aux anciens miracles du temple. Un des plus éminents, des plus fervents citoyens pour le culte de Marie, le Sénéchal et Gouverneur de Montpellier, de la Forest-Toiras, entraîné du haut de la voûte jusqu'aux marches de l'autel, se précipitait appuyé sur un bras invisible qui le préservait de tout mal et qui faisait aussi s'écrier aux hommes du temps étrangers au culte de la Vierge : miracle (1654) ! Précédemment[1] le même bras avait sauvé l'Évêque Guitard de Ratte d'une émeute populaire, devant la grande porte de l'église.

Au dernier siècle, Notre-Dame-des-Tables avait re-

---

[1] A la fin de 1500.

couvré tout son lustre des moyens siècles : elle était le centre de tous les autels de Marie dans la ville, l'autel privilégié de Marie ; elle avait la garde des reliques les plus précieuses de la cité, recueillait les chapelles fondées ailleurs, les fabriques des églises démolies, les chapitres collégiaux, donnait asile au tiers des habitants[1], et dressait un autel en vénération de cet enfant de Montpellier qu'on invoque partout au temps de contagion.

Mais ce qui ajoute encore à l'ancien lustre de cette église, c'était la prédilection constante que lui avaient vouée les États Généraux de la Province. Cette prédilection, manifestée le plus souvent par leur munificence, montrait que Notre-Dame-des-Tables n'était pas seulement la patronne de Montpellier, mais que tout le Languedoc, par ses représentants, se mettait aussi sous sa protection. Tous les ans, les États provinciaux, à leur arrivée, assistaient en corps au sacrifice dans l'église de Notre-Dame-des-Tables ; tous les ans, les Évêques, les Barons, les Délégués des villes, les Commissaires et les Officiers royaux, réunis, faisaient en procession le tour du temple pour appeler sur les conseils à prendre la sagesse qui fut au commencement de tout. Cette imposante solennité dont nos vieillards ne cessent de nous entretenir ouvrait une ère d'allégresse et de bonheur pour la Cité et pour la Province.

[1] L'église de Notre-Dame-des-Tables fut de nouveau déclarée paroissiale en 1658. Bientôt après (1665), la ville fut distribuée en trois paroisses : l'église cathédrale St-Pierre, Notre-Dame-des-Tables et la collégiale Ste-Anne. Les autres paroisses datent du concordat.

Enfin parurent ces inénarrables jours qui, par leurs atrocités, firent oublier celles des discordes religieuses. Avec les lois révolutionnaires les chants du temple se turent; les portes de Notre-Dame-des-Tables se fermèrent; le parvis fut souillé; les dalles arrachées, les tombeaux furent violés et profanés. Au culte de la douce Marie succéda le culte sanglant de la terreur : la terreur ordonna, par la voix d'un de ses délégués, que les pierres du temple de Marie serviraient, sur la place du Peyrou, de vêtement au *temple de la Raison !* Telle était la Raison du représentant Boisset !

Heureusement ces édifices ont peu de durée : le projet du délégué Boisset ne fut pas même exécuté. Les autels se relevèrent à l'inspiration d'une raison et par la force d'une main plus puissantes. Les dernières ruines de Notre-Dame-des-Tables disparurent (1806); Marie avait retrouvé un sanctuaire[1] : l'antiquité y faisait place à l'élégance, la sévérité des anciennes formes aux embellissements de l'art, les proportions du moyen âge au goût des siècles modernes ; mais la même et vieille foi y recueillait tous les souvenirs et y conservait toutes les traditions du premier temple.

CATHÉDRALE SAINT-PIERRE.

La Cathédrale, sous l'invocation de St Pierre, est aujourd'hui la plus ancienne et la plus célèbre des églises de Montpellier. Ce fut originairement la chapelle d'un monastère de Bénédictins, sous le vocable de St Ger-

---

[1] **La chapelle du Collége des Jésuites. Remarquez dans cette église, actuellement paroissiale, un des meilleurs tableaux de Vien, représentant St-Jean-Baptiste.**

main, fondé en 1364, par le Pape Urbain V. Cette église ne fut érigée en cathédrale qu'en 1536[1], lorsque le siège épiscopal de Maguelone fut transféré à Montpellier. Trois tours s'élèvent aux angles de la nef[2]; la quatrième, abattue durant les guerres de religion, en 1567, vient d'être relevée (1856). L'art moderne y a heureusement lutté avec l'art du XIVme siècle. La façade est précédée d'un porche d'une construction assez singulière. Deux piliers cylindriques, massifs, de 4^m 55^c de diamètre, ayant leurs extrémités façonnées en cône et terminées par une petite sphère, placés à 8^m 45^c du mur de façade, soutiennent, à la hauteur de la nef, une voûte à quatre pendantifs, qui reposent immédiatement au-dessous de la partie conique des piliers, et s'appuient de l'autre côté sur la façade de l'église. La longueur de l'édifice était de 55^m 25^c dans œuvre; la largeur de la nef était de 14^m 95^c et de 26^m 65^c dans le fond des chapelles. Celles-ci sont au nombre de douze. Le sanctuaire à plein cintre avait été reconstruit en 1775; il avait 7 toises de long (13^m 64^c) et 6 toises 4 pieds (12^m 99^c) de large dans œuvre, d'un mur latéral à l'autre. Il était pavé de carreaux de marbres gris et blanc. Le chœur contenait un double rang de stalles dans son pourtour. Mais, au moment où j'écris, le sanctuaire, regardé comme le seul monument architectural de cette nature élevé pendant le règne de Louis XVI, a totalement dis-

[1] V. ci-dessus pag. 19.

[2] Sur une des plus hautes tours, ou, pour mieux dire, sur le clocher, est une horloge qu'on doit aux libéralités de l'Abbé Fleury, Cardinal, Ministre, et d'abord Chanoine de la cathédrale St-Pierre de Montpellier.

paru (1856). Un nouveau sanctuaire, de style ogival, s'harmoniera mieux, on l'espère du moins, avec la nef à l'arc aigu. Encore quelques années pour juger de l'effet. Le sanctuaire et les transeps auront ensemble 50 m de longueur. Voici les autres dimensions de la cathédrale : longueur totale dans œuvre 95 m; hors œuvre, le porche compris, 112m; largeur du chœur et de ses bas côtés, dans œuvre, 28m; hors œuvre, 33m; largeur du chœur, les sacristies comprises, 46 m; hauteur sous la voûte, 27 m.

Il faut voir dans cette église trois immenses tableaux dont l'un, qui occupait le fond du sanctuaire, le plus remarquable, et qu'on doit au pinceau de Sébastien Bourdon, représente la chute de Simon-le-Magicien. Ce tableau est regardé comme un des chefs-d'œuvre de ce maître, et même les connaisseurs l'estiment comme sa meilleure production. On voit Simon-le-Magicien, voulant lutter de prodiges avec St Pierre et St Paul, s'élever dans les airs, aidé par les démons. Au pied de la colonne où Simon était monté, St Pierre prie Dieu de ne point permettre ce miracle; auprès de la colonne sont quelques statues des dieux de Rome; l'empereur Néron est vis-à-vis, assis sur son trône; des sénateurs se trouvent placés derrière lui, et dans le lointain sont ses gardes. Le premier plan du tableau est occupé par quantité de spectateurs ayant les yeux fixés sur le magicien, au moment où il va se précipiter, abandonné par un démon qu'un nuage obscur enveloppe. On admire dans ce tableau la tête de *Néron*, et surtout celle de *St Pierre*. Bourdon s'est peint lui-même dans un des groupes du côté droit; il a suivi, à cet égard, l'exemple qui lui avait été donné par d'autres peintres célèbres, et notamment par Raphaël, dans son *École d'Athènes*. Des deux autres tableaux qui étaient précédemment dans le chœur, l'un, placé du côté de l'épitre, a pour sujet la guérison miraculeuse d'un boiteux, opérée par St Pierre devant la grande porte du temple de Jérusalem. C'est l'ouvrage de Jean de Troy, de Montpellier, frère de François de Troy, peintre estimé. — L'autre tableau, qu'on voyait du côté de l'évangile, et qui est d'Antoine Ranc, aussi de Montpellier, représente le pouvoir des clefs données par J.-C. à St Pierre.

M. de Sartre, Conseiller à la Cour des Aides de Montpellier, peut être regardé comme le fondateur du couvent des Récollets de cette ville où se trouve aujourd'hui le *Séminaire*. Il donna, en 1663 et 1664, les terrains nécessaires aux Pères Récollets pour édifier leur couvent, hors les murs de Montpellier, au quartier appelé Villefranque. La première pierre du couvent fut posée solennellement, le 5 Octobre 1664; celle de l'église ne le fut que le 29 Juin 1681. Pendant la révolution, les bâtiments des Récollets servaient de prison supplémentaire pour les *suspects*. Enfin, en l'an XIII, ces anciens bâtiments furent mis à la disposition de l'Évêque de Montpellier, pour l'établissement d'un séminaire diocésain. L'inauguration en eut lieu le 23 Mars 1807, par M. Fournier, alors Évêque de Montpellier, le véritable créateur de ce séminaire. L'église, qui est vaste et belle, a été restaurée en 1808. Elle a reçu de nouveaux embellissements, et, comme tout le séminaire, a pris une **face** nouvelle sous la main du vénérable Prélat qui dirige l'Église de Montpellier.

Au nombre des églises remarquables de Montpellier, il convient de placer celle de St-Denis, d'ordre toscan, qu'on doit à l'architecte D'Aviler, et dont la première pierre fut posée le 30 Août 1699. Le portail est terminé par un fronton ; la décoration en est simple ; mais ses heureuses proportions font reconnaître l'artiste habile qui l'a élevé. Cette église paroissiale a été agrandie depuis peu d'années. — L'église de Ste-Eulalie, aussi paroissiale, est un vaste et beau vaisseau auquel il ne manque qu'un peu d'ornementation. C'était l'ancienne chapelle des Pères de Notre-Dame-de-la-Merci, qui, ainsi que les Trinitaires de St-Paul, se dévouaient à la rédemption des captifs.

Les autres édifices religieux, moins considérables, sont : les églises paroissiales de Ste-Anne, de St-Matthieu, qui fut autrefois la chapelle des Pères Dominicains ; des Hôpitaux, de la Providence, de Ste-Marie, du Collége, des Pénitents Blancs dont nous avons déjà parlé.

Le fond du sanctuaire de la chapelle des Pénitents Bleus est décoré d'un christ colossal en marbre blanc : c'est l'ouvrage d'un prêtre de Carrare, nommé Dom Libeo. Ce christ ornait, il y a quelques années, le chœur de l'église de *Ste-Eulalie*, qui appartenait à cette confrérie. Il lui avait été donné, ainsi que les deux belles coquilles qui servent de bénitiers, par le syndic de la province, De Joubert, ami éclairé des arts, magnifique dans ses présents. Le christ et les bénitiers ont suivi les Pénitents Bleus dans leur nouvelle et jolie chapelle. Un autre élégant oratoire est celui des Pères Carmes, précédemment des Augustins. Un peu négligé d'abord, il a, avec ces bons Pères, installés à Montpellier en 1853, repris une physionomie remarquable.

Nous avons à peine nommé l'église de St-Roch, autrement de St-Paul depuis les premières années de notre siècle, parce qu'elle fut, jusqu'en 1789, la chapelle des Pères Trinitaires de St-Paul, qui, ainsi que nous l'avons dit, se dévouaient au rachat des captifs. Nous ne signalerons rien dans cette église sous le rapport architectural. Les efforts que l'on fait depuis plusieurs années pour élever à St Roch un temple digne de cet illustre et vénérable fils de la Cité, montrent assez combien l'édifice actuel est en désaccord avec son vocable. Espérons que ces efforts ne seront point vains, et que le succès répondra aux vœux de tous. Que chacun de nous apporte donc une pierre au monument; qu'il en apporte, dans cette œuvre, deux, s'il le faut; et, pour nous encourager, rappelons-nous la vie de cet enfant de Montpellier.

SAINT ROCH.
Légende d'après Diédo.

Roch naquit d'honorables parents, à Montpellier, en 1295. Son enfance ne nous est pas connue : sa vie est toute dans sa jeunesse. Orphelin de bonne heure, il se jeta dans les bras du père commun des hommes. Roch touchait à sa vingtième année, et il marchait déjà dans la voie des dévouements. Il paraît qu'il était possesseur d'une fortune qui, à cette époque, pouvait passer pour considérable. Ce fut plutôt l'affaire de ses collatéraux que la sienne propre. Il leur en laissa le soin. Qu'importe la fortune à celui qui s'est déjà voué au culte de la pauvreté ! On peut croire qu'il avait fait vœu de se rendre en Terre-Sainte ; mais, depuis que la ville de Jésus crucifié était tombée de nouveau au pouvoir des infidèles, la plupart des pèlerins, déviés de leur route accoutumée, se dirigeaient vers la cité des Apôtres. Roch, sorti de Montpellier, qui le vit partir sans regret, s'engagea dans le chemin de Rome, une croix sur la poitrine, un bourdon à la main, revêtu de l'habit de pèlerin; il franchit le Rhône, les Alpes, nourri du pain du pauvre, s'abritant sous le toit des hospices, se reposant sur le seuil des chapelles ou à l'ombre des autels qui jalonnaient sa route.

Il traversait la Toscane et voyait les terres de l'Église, lorsqu'il apprit que la peste désolait la ville d'Acquapendente. Cette nouvelle lui marqua son chemin : il accourt où le fléau l'appelle. Et, comme en ces redoutables malheurs l'homme fuit l'homme, que le défunt attend des bras pour l'ensevelir, et que le ravage s'étend par la cause même qui aurait dû le faire cesser, le généreux enfant de Montpellier se dirige vers le foyer du mal, vers l'hospice où les malades et les morts gisent confondus, et il se fait le servant des morts et des mourants. Tous les historiens s'accordent sur ces premiers actes d'un dévouement sans bornes. Nuit et jour à ces pieux devoirs, il ne calculait ni le temps du repos, ni celui de la nourriture, ne s'occupant aucunement de ces précautions indispensables pour approcher des corps déjà corrompus. Il n'apportait de l'École de santé de Montpellier ni recette, ni spécifique ; aucune science, aucun art. Il embrassait ses malades, les couvrait du signe de la rédemption ; il ranimait leur foi en même temps que leurs forces; il les guérissait. Si les écrivains contemporains avaient eu le courage ou la bonne foi de déclarer qu'en ces châtiments célestes l'art est toujours impuissant, et que, le mal ayant disparu, les actions de grâce s'adressent plutôt à la main invisible qui s'est retirée après avoir frappé, qu'au génie de l'homme qui a erré dans ses prescriptions, ils nous auraient dévoilé, dès le XIVme siècle, l'origine de la puissance de l'enfant de Montpellier.

Le mal avait cessé; mais il régnait à Césène, et Roch avait des frères partout où il y avait des malheureux. Il s'était déjà dirigé vers la ville pestiférée. Ici, comme dans Acquapendente, même vie, mêmes soins, même dévouement; il se prodigue partout, oublieux, en soignant et guérissant les autres, de sa propre sécurité, et ne se doutant pas que ses sacrifices doivent trouver des limites dans sa prudence. Enfin, le mal s'apaisant, il se disposait à reprendre le chemin de Rome; mais Rimini venait d'être attaquée du même mal. Il se détourna donc du but de ses premiers désirs, et se présenta comme servant des malades à Rimini. Les cures se multiplièrent sous sa main bienfaisante. Quand à la désolation immense qui avait d'abord envahi cette cité célèbre, succéda une allégresse générale, exprimée encore en actions de grâces, les habitants auraient pu aussi comprendre qu'un pouvoir surhumain cicatrisait leurs plaies. Ils ne virent dans le jeune pèlerin qu'un simple serviteur de Dieu, qu'une abnégation peu ordinaire sans doute; mais ils ne reconnurent point, ils ne comprirent point la puissance curatrice que Dieu avait mise dans la main de son serviteur.

Roch quitta la ville quand le mal l'eut quittée ; et, cette fois, il se dirigea vers Rome, Rome doublement désirée, et par ses premiers vœux et par cette charité qui l'avait poussé vers tant d'autres cités italiennes : la peste sévissait avec fureur à Rome. La mort, la fuite des citoyens avaient dépeuplé la ville éternelle. *Quomodò sola civitas plena populo!* Les malades restaient ; le pèlerin de Montpellier resta avec eux durant plusieurs années, recommençant chaque jour sa vie d'abnégation et d'héroïsme. Il se multipliait comme la grandeur du mal ; plus le fléau sévissait, plus il sentait redoubler son zèle et sa charité. Mais les bienfaits de Dieu, quelque immenses qu'ils soient, sont comptés comme ses rigueurs. Après trois ans de séjour dans la capitale du monde chrétien, après avoir prodigué les actes du dévouement le plus héroïque, soit les austères privations auxquelles il avait accoutumé son corps, soit l'influence délétère de cet air qu'il respirait avec une sorte de délices aux foyers mêmes de la corruption, il était déjà exténué, quand une autre ville, affligée de la contagion, vint stimuler, non pas sa charité qui consumait son corps, mais ses forces affaiblies. Dès qu'il sut que Plaisance était à son tour attaquée, il quitta Rome convalescente. Cet homme, qui avait tant de droits à la reconnaissance de la Haute-Italie, en traverse mendiant les montagnes, descend dans les plaines de la Lombardie, regrettant les moments qu'il est obligé de donner aux hospices pour réparer ses forces épuisées. Las et se traînant avec peine, il atteignit la ville et se présenta, selon son usage, pour servir les malades de l'hôpital. A la vue de ce jeune homme, vieilli avant le temps, qui ne paraissait vouloir entrer dans l'asile que pour y expirer, la charité lui offrit un grabat qu'il s'empressa d'accepter. Alors les yeux ne purent assez s'étonner en voyant cet étranger, déjà marqué comme une nouvelle victime, se montrer sur tous les points de l'asile, apporter partout des consolations, rendre la vie aux uns, les derniers devoirs aux autres, encourager les vivants, prier sur les morts, porter l'espérance partout. Le fléau s'éloignait à la présence de Roch; mais une réaction fâcheuse, suite de la surexcitation de son zèle, vint menacer à son tour la vie de celui qui l'avait si souvent protégée dans les autres. La violence du mal étendit le jeune Languedocien sur son grabat. Ses souffrances, quelque aiguës qu'elles fussent, ne lui arrachèrent d'abord aucune plainte. Il s'enquérait plutôt de l'état d'autrui, des maux de ses voisins, du salut de leurs âmes. Étranger à ses propres douleurs, toutes les autres étaient les siennes. Sa patience fortifiée par le mal, sa résignation fut encore une œuvre de bienfaisance. Car rien ne paraissait le tourmenter, après le regret de ne pouvoir continuer l'œuvre de servant dans l'hospice, si ce n'est la crainte d'être incommode aux autres, et de troubler par ses plaintes le repos de ses compagnons de souffrance. Ses forces le trahirent enfin; la douleur fut victorieuse; il ne put maîtriser ses cris. L'enfant de Montpellier comprit immédiatement que, puisque Dieu l'avait frappé, c'était à lui seul de souffrir, et qu'il ne lui appartenait pas, par ses plaintes, de grandir les douleurs de ses voisins mourants comme lui, ni de hâter par ses gémissements leur dernière séparation.

C'était à lui d'aller mourir au loin, au désert ou dans les bois ; là du moins ses cris ne seraient entendus de personne.

Dans cette croyance, il abandonne son lit, quitte inconnu l'asile où il espère encore faire du bien par sa fuite, se porte sur son bourdon et disparaît. Si j'avais un autre dessein, en glanant parmi les actes du Saint, que celui de n'emprunter que les faits qui peuvent nous instruire, je cèderais volontiers au plaisir de raconter en détail cette fuite mystérieuse du généreux enfant du Languedoc. Devant me borner, j'abrégerai le plus souvent le latin du biographe italien que les Bollandistes ont adopté.

Roch, courbé sur son bourdon, avançait lentement. Il était néanmoins arrivé sur la lisière d'un bois, quand son bâton ne pouvant plus le soutenir, il s'adossa contre un cornouiller sauvage. Après s'être un peu reposé, il avisa non loin de lui une petite et ancienne cabane de bûcheron : encouragé par la fatigue et la douleur, il crut qu'il était permis d'y chercher un refuge et un abri au moins pour quelques instants. Il se traîna encore ; arrivé à la cabane, il y tomba plutôt qu'il ne s'y reposa. Mais Dieu vint à son aide. L'hospitalière forêt avait réuni, devant le toit de chaume, les gouttes d'une céleste rosée. Le Saint y trempa ses plaies brûlantes ; il prit dans sa main de l'eau de ce courant miraculeux et le porta vers sa bouche pour éteindre l'ardeur de ses entrailles : c'est ainsi qu'il vécut d'abord.

Un jour, le frôlement inaccoutumé des feuilles des arbrisseaux vint frapper son oreille : le silence de la forêt était troublé par des pas précipités qui se dirigeaient vers son humble gîte. Bientôt il voit paraître cet animal que la fidélité a pris pour symbole et qui n'abandonne jamais l'homme, pas même quand la vie de l'homme l'a abandonné. L'animal caressant s'avance, et, sans aboiements, sans autres démonstrations que celles de sa joie, il se presse contre le corps de celui qui n'est pas son maître, et assainit de sa langue les pieds et les mains du pestiféré reconnaissant. Le chien s'éloigne enfin, mais pour reparaître après quelques heures, et pour déposer à côté du Saint un morceau de pain que réclamait sa faiblesse, qu'il n'avait pas demandé et qui ne lui semblait pas destiné. Alors s'établit ce commerce célèbre et qui ne sort pas de l'ordre des faits naturels, où l'on vit cet animal, fait aux exercices de la chasse, déposer son instinct et ses mœurs belliqueuses, pour nourrir un étranger qui n'avait que des caresses à lui donner en retour.

Non loin du cabanon de Roch était la demeure d'un riche habitant de Plaisance, qui, fuyant le dangereux séjour de la ville, attendait, dans les plaisirs des champs et de la chasse, que, le fléau, ayant tout-à-fait cessé, il pût reprendre sa vie moins innocente dans la cité. Indigné un jour contre un des chiens de sa meute qui, contrairement aux habitudes de l'animal, avait enlevé du pain de sa table et avait pris la fuite, il ne fut pas peu étonné, le lendemain, de le surprendre dans ce qu'il appelait un autre vol. Gothard, c'était le nom du jeune riche, témoin plusieurs fois du même fait, après de vaines poursuites de ses gens, ne voulut s'en fier qu'à ses yeux, et résolut d'épier lui-même l'animal. Il ne le perd point de vue, l'atteint vers la forêt, et découvre à travers le feuillage le chien près d'un nouveau maître et lâchant sa proie aux pieds de celui-ci. Surpris autant qu'ému, Gothard ne peut contenir ses exclamations; il s'avance, se présente à l'inconnu, s'informe de sa patrie, du motif de sa retraite dans cette forêt.

Sur les réponses du Saint, Gothard l'invite à quitter cette cabane et à l'accompagner dans sa demeure où il pourra être plus facilement secouru. Roch reconnaît bientôt qu'il est appelé à une cure plus importante que celles qu'il a opérées dans les villes pestiférées. Il suit Gothard, persuadé que Dieu bénit le motif qui le détourne de sa route pour le faire entrer dans un château. En effet, tant de vertu, tant de résignation dans son hôte, toucha tellement le cœur de Gothard, qu'il se sentit entraîner vers une nouvelle vie; et, abandonnant les errements du siècle, il entra dans la voie que le pèlerin de Montpellier lui avait tracée. Bientôt, complètement ramené à Dieu, et décidé à s'isoler du monde qu'il avait trop aimé, Gothard dut aussi se résoudre à se séparer du Saint français : ils se dirent un dernier adieu et se quittèrent; l'un entra dans la solitude qu'il ne voulut plus abandonner; l'autre, appuyé sur son bâton, se dirigea vers les murs éloignés de Montpellier.

A cette époque du chaos féodal, les maisons royales d'Aragon et de Majorque, déjà mal disposées entre elles, voyaient d'un œil jaloux la politique française planant avec toute son influence sur le territoire de Montpellier qui devait bientôt tomber dans son domaine. Cette acquisition ne pouvait qu'être la suite de la division entretenue dans les maisons régnantes. De là cette animosité dans les deux partis qui s'étaient formés, et cette susceptibilité défiante de la part des autorités préposées au gouvernement de la ville dépendant alors du Roi de Majorque. Le fils de Montpellier touchait déjà de son pied nu le sol natal. Douze ans d'absence, des maux aigus, des fatigues et des macérations constantes avaient rendu cet enfant méconnaissable. Qui l'eût reconnu ce jeune pèlerin que la mort avait si souvent marqué, qui n'apportait qu'un reste d'existence de ses voyages, et qu'on croyait, chez lui, rayé depuis long-temps du livre des vivants? Il s'atttire bientôt les regards du peuple et les soupçons des gouvernants. Saisi comme espion, il est conduit vers son parent qui exerçait la charge de Bayle ou de Lieutenant du Roi. Roch se nomma: le cupide Officier avait des raisons à lui pour ne pas ajouter foi à ses discours, et ces raisons nos lecteurs les connaissent suffisamment. Rien n'empêche d'ailleurs de supposer que le parent de ce prédécesseur de Vincent-de-Paul ne reconnût pas son neveu, et de s'associer ainsi au sacrifice pénible mais sublime du jeune homme, qui n'aurait voulu voir qu'une erreur de bonne foi dans l'entêtement prolongé de son oncle, et qui se serait laissé conduire en prison, soit par charité pour cet homme avare, soit par amour des souffrances dont il s'était fait une sorte d'habitude. Roch, plongé dans un cachot infect, conserva toute sa patience, toute sa résignation: toujours, à l'exemple du maître qu'il servait, il oublia que, venu au milieu des *siens*, les *siens* ne voulaient pas le recevoir; il passa ces derniers temps de sa vie à prier pour ses parents qui ne devaient pas être séparés de ses ennemis, pour ses concitoyens alors indifférents; il languit ainsi cinq ans, et la pensée ne lui vint jamais de s'adresser au Prince, ni de demander, au nom de la justice et du droit litigieux, le recouvrement de sa liberté et de ses biens. Qu'importait au pèlerin, prêt à entrer dans un autre monde, de terminer son voyage terrestre dans le palais d'un parent spoliateur, ou dans une prison avec des frères malheureux! Ainsi finit le saint enfant de Montpellier, le 16 d'Août 1327, à l'âge de 32 ans. Mais si sa vie se termine avec sa prison, son histoire n'est complète qu'avec le récit des honneurs que cinq siècles réparateurs devaient rendre à sa mémoire.

A peine avait-il quitté la terre, que ses concitoyens, désabusés et répentants, se souvinrent du jeune Roch, du libérateur de l'Italie : *Qui multas Italiæ urbes à morbo epidemiæ signo crucis liberavit.* Sa dépouille mortelle, ses vêtements, son bourdon, tout fut recueilli avec un respect qui ne laisse aucun doute sur les sentiments des habitants de Montpellier dès cette ancienne époque. Ses vertus privées, ses longues misères, sa patience héroïque, rappelèrent les merveilles de sa vie; et, s'il est permis de le dire, sa sainteté était déjà célèbre et sa canonisation avouée avant que l'église l'eût inscrite dans ses annales. Mais quelque sincère, quelque religieux que fût le zèle des concitoyens de Roch, il n'eut historiquement aucune influence, du moins directe, sur l'aveu presque spontané de l'Italie et bientôt de toute l'Europe.

C'était au commencement du XVme siècle : une peste

horrible décimait les populations ; le concile de Constance, assemblé au milieu de la mort, se rappela d'inspiration le pèlerin, le servant d'Acquapendente, de Césène, de Rimini, de Rome, de Plaisance. Une procession solennelle est ordonnée ; tous accourent pour accompagner l'image du Saint portée au milieu des Pères du Concile : triomphe de St Roch, qu'un cri unanime acclame le protecteur des peuples affligés de la peste. La disparition subite du fléau justifia, aux yeux de l'Église comme à ceux du peuple, le nom et la reconnaissance dus à ce saint patronage. Rien ne devait plus arrêter l'élan. Miraculeusement puissant durant sa vie, Roch l'était encore après sa mort. L'Italie devait la première écrire son histoire : Diédo s'acquitta de ce soin. Cette contrée, la terre de France, sa ville natale, lui élevèrent des temples et des autels. Ses reliques devinrent, à Montpellier, l'objet d'une vénération aussi tendre que fervente. Aussi ce n'avait été qu'après de grandes obligations contractées, et pour acquitter une dette de reconnaissance, que ses concitoyens s'étaient dessaisis, en 1399, d'une partie de ces précieuses reliques en faveur du Maréchal de Boucicaut, capitaine-général en Languedoc, qui en avait fait don aux Trinitaires d'Arles. Mais la plus belle partie de ces os vénérés reposait à Montpellier. Ce fut cette importante relique, dont les Vénitiens, incessamment en proie au fléau de la peste, grâce à leur commerce du Levant, résolurent de s'emparer. Comment commirent-ils ce pieux sacrilége ? C'est ce qu'on ignore, mais ce qu'on explique facilement. En 1485, les reliques de St Roch, exposées à la vénération des habitants de la ville, durent être enlevées pendant la nuit; il suffisait aux Vénitiens, déguisés en pèlerins, dit-on, de gagner celui qui était préposé à la garde du corps, et de l'emporter dans l'ombre sur leurs navires. Quoi qu'il en soit, grande fut la désolation à Montpellier. Venise recueillit son vol avec somptuosité dans une magnifique église qu'elle fit bâtir en l'honneur du Saint. Montpellier eut recours à sa sœur d'Arles pour recouvrer quelques fragments du corps de son enfant. Cependant le crime, si c'en est un, des Vénitiens, ne fit qu'accroître le zèle de ses concitoyens. Privés de la plus grande partie de ses reliques, ils attachèrent un nouveau prix à celles qu'ils possédaient, à tout ce qui leur rappelait leur saint Patron. Ce furent l'ancienne maison qu'il avait habitée dans son enfance; son puits, dont la tradition faisait regarder l'eau comme préservative, et où les Frères de la Trinité se rendaient autrefois en procession, le 16 d'Août; son image sculptée devant laquelle venait aussi annuellement stationner le clergé de la paroisse Notre-Dame; le banc de pierre sur lequel il s'était affaissé en arrivant dans sa ville natale; son bourdon, qui est ainsi décrit dans des *Annales* de Montpellier dont il nous reste plusieurs copies : « Le bâton avec lequel le Saint fit ses voyages se conserve au couvent des Trinitaires, dans une armoire bâtie en une chapelle construite en son honneur, et on va voir ce bâton avec beaucoup de dévotion le jour de la fête. On n'a jamais pu connaître de quel bois il est fait, étant de la grosseur du bras, avec un petit cercle de fer à chaque bout, et un petit chérubin au haut en relief, travaillé par le Saint. Le bourdon fut donné à ces

Religieux par Mme de Saragosse, qui se faisait honneur d'appartenir à la famille de St Roch. » Ce monument, conservé par la piété de nos pères, a été la proie des flammes de 1793. Une autre famille, celle de Lacroix de Castries, croyant également avoir des droits à l'alliance de celle du Saint, possédait un second bâton du premier Vincent-de-Paul. Quel a été le sort de celui-ci? Tout a péri, excepté la foi dans la puissance du fils de Montpellier.

On a vu, dès le XVme siècle, cette ville faisant oublier son ingratitude momentanée par ses vœux et ses prières. Si elle ne put, comme les Vénitiens, élever un riche temple à cet enfant dont ils l'avaient déshéritée, elle lui consacra du moins une simple chapelle dans l'église des Frères-Prêcheurs. Si cette chapelle fut renversée, comme tant d'autres, dans les fureurs des guerres religieuses, de nouveaux oratoires furent consacrés à ses reliques, présent reporté par les Trinitaires d'Arles; et on les vénère encore, sous son vocable, dans le sanctuaire même qui avait gardé le bâton du pèlerin jusqu'en 1793.

Enfin, rappelons les dates des honneurs rendus à St Roch par ses concitoyens. Citons les vœux célèbres faits à ce Patron par les Consuls et les habitants de Montpellier en 1373, en 1383, en 1399; et, depuis la canonisation par acclamation au Concile de Constance, en 1414, le vœu non moins célèbre dans les annales de cette cité, fait par ses Consuls durant l'effroyable peste de 1640. Cette expression solennelle de l'invocation et de la reconnaissance dut d'abord s'élever des autels de la cathédrale, le 16 d'Août. L'année suivante, on choisit l'église des Trinitaires de St Paul. En 1664, les Consuls furent autorisés à faire continuer cette fondation dans l'église de Notre-Dame-des-Tables, où la confrérie de St-Roch avait été établie le 1er Janvier 1661. Cette église n'existant plus, la dévotion de St Roch s'est perpétuée dans la nouvelle église de Notre-Dame, autrefois des Jésuites, ainsi que dans celle de St-Roch.

Mais il était réservé à notre siècle, surtout à notre ville, glorieuse de montrer encore la demeure de son Patron, de voir les restes de l'enfant de Montpellier rendus à sa patrie. Venise a consenti à partager avec Montpellier la dépouille mortelle du Saint [1]. C'est le 4 Août 1856 que le dépôt solennel de cette relique a été fait dans l'ancienne chapelle des Trinitaires qui a reçu le nom de St-Roch. Ce n'est pas une chapelle qu'il faut à St Roch, c'est une église.

TEMPLE PROTESTANT.

Pour compléter la liste des édifices religieux, nous devons placer ici le temple protestant qui, avant 1789, servait d'église au couvent des Cordeliers. Le cloître a disparu à peu près complètement ; mais l'église n'en mérite pas moins d'être signalée par sa simplicité majestueuse. La façade, qui est aussi remarquable, a été refaite depuis que cet édifice sert au culte réformé. On dis-

---

[1] On doit aux généreuses et persévérantes démarches de M. Recluz, curé actuel de St-Roch, de posséder un tibia entier de ce Saint.

tingue encore, quoique bâtie, l'ancienne entrée de l'église, derrière le temple actuel.

Non loin du temple est le cimetière protestant, champ de repos qu'on ne foule jamais sans être ému devant l'ordonnance sévère qui règne parmi les demeures de ses habitants. A côté du temple sont placés l'hospice, les écoles, l'asile protestants. Heureuse idée de mettre à l'ombre de la religion les premiers pas et l'enseignement de l'enfance, les infirmités et la fin de l'homme!

CHARLES BUONAPARTE.

Au monument que nous venons de visiter, à l'ancien cloître des Pères Cordeliers, se rattache un grand souvenir, une tradition que la Cité aime à rappeler, et que l'illustration du nom de celui qui en est l'objet, Charles Buonaparte [1], père de Napoléon, a rendu encore plus digne de mémoire.

Charles Buonaparte, député de la noblesse des États de Corse à la Cour de France, en 1779, accompagné du jeune Napoléon, à peine âgé de 10 ans, éprouvait déjà les symptômes du mal qui, peu d'années après, en s'aggravant, devait le conduire à Montpellier. D'une nature faible et délicate, mais d'une énergie morale qui n'était que la traduction de son patriotisme et de son dévouement à l'indépendance de son pays, il avait, auprès de

---

[1] Nous conservons l'orthographe de l'acte de décès du noble défunt, qu'on peut voir aux Archives de la Mairie de Montpellier, fol. rect. 19 du registre des décès de la paroisse St-Denis, de 1783 à 1791.

Paoli, dans ces marches incessantes à travers les montagnes qui ont immortalisé le nom de sa courageuse compagne, promptement usé les minces ressorts qui protégeaient sa vie. Effectivement, en 1784, alors qu'il était à Paris, un squirrhe qu'il portait à l'estomac se déclara plus menaçant : toutefois il guérit, et, pour être plus exact avec le comte de Las Cases, il éprouva une espèce de guérison; le mal n'était qu'endormi.

Quelques mois plus tard, il se réveillait plus alarmant que jamais ; les progrès en furent si rapides que le malade dut penser à venir, sous le soleil de Montpellier, consulter, s'il en était temps encore, les médecins de la ville. Il fit choix de Barthélemi Vigarous[1].

Charles Buonaparte arrivé, dans les derniers mois de 1784, à Montpellier, s'était logé dans une maison du faubourg St-Denis, ce qui a pu faire croire dans la suite à quelques personnes qu'il aurait été inhumé près de l'église paroissiale de ce nom.

La tradition n'a point oublié de rapporter les actes de bonté, de courtoisie et d'aménité du père de Napoléon pendant son séjour dans notre ville.

Mais l'art qui avait fait vivre Charles Buonaparte jusqu'en Février 1785 devint impuissant : l'illustre voyageur s'éteignit; l'aîné de ses fils, son beau-frère l'entouraient de leurs soins. Et, bien que, suivant l'auteur du Mémorial de Ste-Hélène, il n'eût été rien moins que dévot, il fit appeler le curé de St-Denis, Manen,

---

[1] Grand-oncle maternel de l'auteur, à qui sa mère a souvent raconté ces détails. Son fils Joseph-Marie-Joachim Vigarous, médecin, fut appelé auprès de l'Impératrice Joséphine.

qui lui administra les derniers sacrements. Le malade succomba en cette seconde attaque, le 24 du même mois, dans les bras de Joseph et de Fesch, depuis Cardinal.

Il est remarquable que, parmi les noms des prêtres qui assistèrent à son décès, avec M. Manen, curé de la paroisse, M. Pradié, aumônier du régiment de Vermandois, et M. Méjan, un des vicaires de cette église, on trouve celui de l'abbé Coustou, neveu de M. Manen, aussi vicaire de la paroisse, le même qui, à l'époque du Concordat, quand le fils de Charles Buonaparte relevait les autels, réorganisait les églises du diocèse de Montpellier, et refusait, à cause de sa mauvaise santé, les fonctions d'Évêque que Napoléon lui offrait.

Charles Buonaparte, âgé de 40 ans à peine, fut inhumé dans un des caveaux du couvent des Pères Cordeliers.

Sous le Consulat, écrit Las Cases, les notables de Montpellier, par l'organe de leur compatriote Chaptal, Ministre de l'intérieur, firent prier le Premier Consul de permettre qu'ils élevassent un monument à la mémoire de son père. Napoléon les remercia de leurs bonnes intentions, et les refusa. «Ne troublons point le repos
» des morts, dit-il, laissons leurs cendres tranquilles. J'ai
» perdu aussi mon grand-père, mon arrière-grand-père;
» pourquoi ne ferait-on rien pour eux? Cela mène loin.
» Si c'était hier que j'eusse perdu mon père, il serait
» convenable et naturel que j'accompagnasse mes regrets
» de quelque haute marque de respect; mais il y a vingt
» ans; cet événement est étranger au public, n'en
» parlons point. »

Depuis, Louis Buonaparte, à l'insu de Napoléon, fit exhumer le corps de son père, et le fit transporter à St-Leu, où il lui consacra un monument.

CHAPITRE XXIII.

Hôpitaux et établissements de bienfaisance.

Les hôpitaux de Montpellier exigent une mention particulière pour leur importance et pour la manière admirable dont ils sont desservis.

L'*Hôtel-Dieu St-Éloi* (*rue Blanquerie*), où l'on reçoit les militaires fiévreux de tous les pays, est, en France, un des premiers établissements de ce genre. Il fut fondé, en 1183, par Robert Pellier. D'abord placé dans un faubourg (de *Lattes*), il fut transféré, vers la fin du XIVme siècle, dans l'emplacement où il se trouve aujourd'hui, et qui servait à l'*École Mage*, siége de l'une des Facultés de l'Université de Montpellier ou des arts.

Il reçut alors le nom d'hôpital St-Éloi, d'une chapelle du voisinage dédiée à ce Saint. En 1678, on y ajouta le nom d'Hôtel-Dieu. — La moitié de la façade a été construite en 1777 ; l'autre moitié fut commencée en 1809, et terminée en 1815.— Les constructions ont encore été agrandies depuis cette dernière époque.—Cet hospice est composé de plusieurs corps de constructions, de cours, galeries, jardins, renfermés dans une seule enceinte. — Les salles sont au nombre de dix-huit, dont deux pour les officiers, deux pour les sous-officiers, deux pour les civils payants, indépendamment des chambres particulières et séparées de la même catégorie, cinq pour les fiévreux, trois pour les blessés, deux pour les vénériens et galeux, et deux pour les femmes. Il contient 500 lits de fer ; mais le nombre peut être augmenté d'un tiers, et être porté à 679. Durant la guerre, l'hôpital a eu souvent de 800 à 1000 malades. En 1814, il y en avait 1633, dont 1531 militaires et 102 civils. En 1855, il y en avait de 800 à 900. On pourrait y prendre plus de cent bains par jour. Il est desservi par des Sœurs de la Charité, comme l'*Hôpital-Général* et le *Bureau de Bienfaisance* ou *OEuvre de la Miséricorde*.

L'*Hôpital-Général* est entièrement consacré aux pauvres nés ou domiciliés à Montpellier. Antérieurement, ils étaient recueillis, depuis 1596, dans une *Maison de Charité* (faubourg de *Nîmes*). Le nouveau bâtiment fut construit en vertu d'une ordonnance de Louis XIV, de 1662. Les travaux furent terminés en 1682. L'hospice prit le nom qu'il a conservé jusqu'à nos jours, d'après les lettres-patentes de 1678.—Il contient vingt-et-une salles, dont six pour les hommes, trois pour les enfants mâles, dix pour les femmes, et deux pour les jeunes filles. Les incurables et les vieillards, quoique sans infirmités, lorsqu'ils ont dépassé l'âge de 70 ans, sont admis dans l'hospice où peuvent être soignés environ 700 incurables. Cet hôpital, dont le maximum de la population a été fixé à 1046 individus, précédemment desservi par des Sœurs d'une corporation créée, le 12 Mars 1684, par M. de Pradel, Évêque de Montpellier, est aujourd'hui confié aux mains secourables des filles de St-Vincent-de-Paul. L'église est fort belle. On y voit un tableau de Vien : c'est un St Jean-Baptiste ; mais il ne vaut pas celui dont nous avons parlé, qu'on doit à ce même peintre, et qui se trouve dans une chapelle de Notre-Dame-des-Tables.

Le Dépôt de police, l'Asile des aliénés, la Clinique d'accouchement, l'Hospice de la Maternité, sont attenants à l'Hôpital-Général, et desservis par les mêmes Sœurs.

Le Dépôt de police (autrefois Dépôt de mendicité), est destiné à réprimer le vagabondage, l'inconduite des femmes de mauvaise vie, etc. Il peut contenir 300 personnes.

Les travaux de *l'Asile des aliénés* commencèrent en 1820. Cet établissement se compose de deux corps de bâtiments, de la forme d'un parallélogramme, autour desquels règnent des galeries supportées par des colonnes de l'ordre de Pestum. Dans chaque angle est un pavillon à deux étages pour le logement des concierges et l'entrepôt des objets nécessaires au service. Les sexes sont séparés par des quartiers qui ont chacun une salle de bains, un réfectoire, un chauffoir, un promenoir, un vaste jardin. Depuis que le système cellulaire a été avec raison abandonné, de nouvelles constructions, de nouveaux pavillons, de grands dortoirs ont été ajoutés à l'ancien établissement. C'est une immense habitation occupée par 400 ou 500 êtres végétants; soignés, étudiés avec sympathie par la science : spectacle humiliant pour la curiosité !

Le local spécial consacré à l'École théorique et pratique d'accouchements en faveur des sages-femmes, et à *l'Hospice de la Maternité*, est situé dans l'enceinte de l'Hôpital-Général, et se compose d'un assez grand corps de bâtiment destiné aux salles (au nombre de cinq) des femmes grosses, des nouvelles accouchées ou des nourrices, des élèves sages-femmes internes ou pensionnaires, et des enfants trouvés ou nés dans l'hospice ; d'un amphithéâtre et de plusieurs autres pièces au rez-de-chaussée, pour l'étude et les cours théoriques. Dans l'enceinte des bâtiments se trouvent deux cours, dont l'une, très-spacieuse, sert de promenade aux élèves et aux femmes admises dans l'établissement. — Il en est peut-être peu de ce genre, après ceux de Paris, Lyon, Bordeaux, qui puissent présenter des moyens plus complets.

L'association des Dames de *l'OEuvre de la Providence*, établie à Montpellier en 1821, a eu pour but d'ouvrir une maison où de jeunes filles, prises parmi celles dont les familles leur offriraient le double écueil du vice et de l'indigence, trouvent un asile et des secours. L'OEuvre a acquis, à cet effet, une maison à laquelle se trouve jointe une des plus belles églises de Montpellier : c'est l'ancienne église des Carmes-Déchaussés (faubourg de la *Saunerie*).

*L'OEuvre S*te*-Madeleine*, qui a pris naissance en 1825, par les soins de l'Évêque Fournier, a été établie dans le dessein de fournir un asile aux personnes du sexe qui, victimes de la séduction ou de la faiblesse humaine, veulent revenir à la vertu. On y reçoit aussi les jeunes filles qui seraient exposées dans le monde au danger de se perdre, soit par suite de leur misère, soit par les mauvais exemples dont elles sont entourées. Cette institution, qui a reçu une existence légale par ordonnance royale du 28 Mars 1830, s'est consolidée au moyen de l'achat d'un local convenable et vaste (rue des

Carmes). La direction et l'instruction de cette maison sont confiées aux *Sœurs de Nevers*.

Les personnes qui s'intéressent aux OEuvres de bienfaisance ne manqueront pas d'aller visiter, au faubourg de *Boutonnet*, l'asile des jeunes sourds-muets, fondé à Montpellier par la Sœur Chagny, Supérieure de l'hôpital St-Éloi, et, dans la même rue, l'institution des jeunes *Orphelins*, due à la Sœur Caizergues, de vénérable mémoire; l'un et l'autre sous la direction des Sœurs de St-Vincent-de-Paul : car on trouve ces saintes et laborieuses filles partout où il y a des actes pénibles de charité à exercer.

N'oublions pas, dans le même faubourg, la *Solitude de Nazareth*, que M. l'Abbé Coural, avec les dons de la charité publique, a ouvert, après l'expiration de leur peine, aux femmes condamnées de la Maison centrale de Montpellier et des autres Maisons de détention.

Plus loin, à 2 lieues, dans la commune des Matelles, M. l'Abbé Soulas a fondé un autre établissement qui mérite tout l'intérêt du philanthrope : c'est une colonie agricole d'enfants pauvres et abandonnés. On en trouve une succursale sur la route de Grabels, à une demi-heure de Montpellier. La visite de ces pauvres créatures, heureuses d'avoir retrouvé un père dans le digne fondateur, vaut bien celles que nous faisons si souvent à des restes de pierres qui ne disent rien au cœur.

CHAPITRE XXIV.

Maison centrale de détention.

Cet établissement de répression a été placé, en 1810, sur le terrain de l'ancien couvent des Ursulines. La partie qui est le couvent même approprié à sa nouvelle destination a pris le nom de *vieux bâtiment*; l'autre partie, construite sur le jardin du couvent, est appelée la *Rotonde*, à cause de sa forme semi-circulaire.—Cette vaste enceinte renferme quatre cours; elle peut contenir une population de 860 détenus; mais cette population ne varie que de 400 à 450 individus. Avant 1825, elle comprenait les deux sexes : à cette époque, les hommes furent évacués sur Nimes. Elle reçut, en 1831, les femmes de la Maison d'Embrun, et, par suite de ce mouvement, les jeunes garçons qu'elle avait conservés furent transférés à Nimes. La Maison centrale de Montpellier admet les condamnées de vingt départements. On les occupe à des travaux qui ont pris une assez grande extension : on y fabrique des mouchoirs, des percales, des bretelles, des bas et des bonnets; on y carde, on y file la soie, etc. — La Maison centrale d'Aniane reçoit les hommes condamnés à plus d'un an et un jour. Dans la commune de *Murles*, à 15 kilom. de Montpellier, un établissement est destiné aux enfants coupables et punis.

CHAPITRE XXV.

Palais de Justice.

Les établissements de répression et les prisons nous conduisent naturellement à dire quelques mots du *Palais de Justice.*

Le nouveau Palais de Justice s'élève sur l'emplacement qu'occupait l'ancien Palais des Guillaumes, Seigneurs de Montpellier. Ils attachèrent leur nom à l'édifice. La construction de ce palais ou château-fort, comme celle de tous les châteaux du moyen âge, fut accompagnée de gros murs, de tours, de prisons, et fondée sur le point le plus haut de la ville. D'ailleurs, isolé, le château domina la cité qui ne s'avançait pas, il s'en fallait beaucoup, jusqu'au pied de ses tours.

Le Seigneur distribuait la justice par le ministère d'un *Bailli* ou *Bayle*, lequel siégeait dans un local qui fut ensuite réuni à l'Hôtel de l'Intendance de la Province, aujourd'hui l'Hôtel de la Préfecture. Le Bailli connaissait du civil et du criminel; mais on appelait de ses sentences devant la Cour du Seigneur ou du Palais. Ainsi le Palais des Seigneurs de Montpellier se trouva placé dans la partie de la ville qu'on appela Cour du Bailli ou du Bayle.

Nous avons vu que l'Évêque de Maguelone administrait, de son côté, la justice aux habitants de Montpellieret, et qu'il tenait sa Cour dans son Palais, appelé la *Salle-de-l'Évêque*, dont une rue de la ville a retenu le nom.

*

Deux siècles plus tard, les Rois d'Aragon et de Majorque, possesseurs du fief de Montpellier, nommèrent des Officiers qui prirent le nom de *Gouverneurs du Palais* ou de *Lieutenants du Roi*, et qui logèrent dans l'ancien Palais des Seigneurs. Comme précédemment, les Gouverneurs du Palais déléguèrent l'administration de la justice au Bayle; mais ils réservèrent les jugements d'appel de cette Cour à un Tribunal exerçant la justice au nom du Prince, et composé d'un Juge-Mage (*Judex Major*), d'un Avocat, d'un Procureur et d'un Greffier ou Notaire. On pouvait appeler à ce Tribunal, pendant six mois, des jugements du Bailli.

Durant leur domination de 145 ans, les Rois d'Aragon firent tous leurs efforts pour accroître l'étendue de la ville : elle était entourée de grands faubourgs, dans l'un desquels Pierre II fit construire un édifice qu'il ne faut pas confondre avec l'ancien Palais. Le Palais édifié par les Rois d'Aragon est le monument connu depuis sous le nom de *Palais Tournemire*, dont l'emplacement se trouve aujourd'hui entre la rue de l'*Argenterie* et la place *St-Côme*, vis-à-vis la petite porte de l'édifice. Ce fut dans ce Palais, élevé par ordre de son époux, que la Reine Marie donna naissance au Roi Jacques, en 1207. Il est probable que ce furent aussi les Rois d'Aragon qui, durant leur seigneurie, firent construire, dans l'ancien Palais, *la Chapelle* qui fut conservée jusqu'aux troubles religieux, et qui porta le titre de Chapelle Royale. Au reste, les habitants durent de grands priviléges et de nombreuses franchises aux Rois d'Aragon. Un faubourg de la ville, au nord-est, en garda le souvenir sous le nom de *ville franque* ou *ville franche*.

En 1349, les Rois de France, devenus maîtres du *Palais de la ville et baronie de Montpellier*, ou plutôt de *Montpellieret* et de *Montpellier*, continuèrent à se faire représenter, comme leurs prédécesseurs, par des Gouverneurs qui firent leur résidence dans le même Palais. Nous avons déjà dit que les Rois de France laissèrent subsister les deux justices qui s'y exerçaient, et qu'on donna à la *Rectorie*, qui était la justice épiscopale, le nom de *part antique*. Remarquons, à cette occasion, que Jean II, fils de Philippe de Valois, Charles VI, et autres Rois de France, en passant à Montpellier, ne logèrent point dans l'ancien Palais seigneurial, mais que plusieurs d'entre eux choisirent pour demeure le *Palais* ou la *Salle-de-l'Évêque*, dans la Rectorie, qui était devenue comme le centre officiel de la seigneurie de Montpellier.

On a vu aussi qu'on pouvait appeler, pendant six mois, de la Cour du Bailli à la Cour du Gouverneur ou du Palais : on appela de la Cour du Palais au Parlement de Toulouse, après l'établissement de ce Parlement.

Ces formes judiciaires furent observées à Montpellier jusqu'à la suppression de la *Rectorie* par Henri II, en 1547; en 1552, après l'établissement dans cette ville d'un *siége présidial*, il l'unit avec l'ancienne *Cour du Palais du Gouverneur*, lequel fut créé *Sénéchal* par Louis XIII.

Le Palais et la Chapelle Royale y attenante disparurent en 1577 au milieu des discordes civiles; il ne resta debout, suivant la tradition, qu'une petite tour sur laquelle on voyait naguère l'horloge du Palais.

La place fut abandonnée jusqu'en 1629. Louis XIII ayant réuni la Chambre des Comptes à la Cour des

Aides, leur donna l'emplacement de l'ancien Palais des Seigneurs. Cette compagnie, nommée ensuite *Cour des Comptes, Aides et Finances de Montpellier*, fit des réparations à quelques vieilles masures joignant la tour, et s'y logea en attendant que les grands bâtiments qu'elle projetait dès lors du côté des murailles de la ville fussent achevés : il fallut, pour cela, presque un demi-siècle. Enfin, en 1678, la grande salle d'audience du nouveau Palais fut terminée : la Cour y alla s'établir; tous les bureaux s'y installèrent, et le Premier Président occupa le logement que la Cour venait de quitter.

La Cour des Comptes, Aides et Finances siégea au Palais depuis 1629 jusqu'à sa suppression en 1790. Alors le Tribunal du département de l'Hérault et le Tribunal du district de Montpellier y tinrent leurs séances, et successivement le Tribunal d'Appel, le Tribunal Criminel, la Cour d'Appel, la Cour de justice Criminelle et Spéciale, avec le Tribunal de première instance jusqu'en 1811, époque où le Palais fut de nouveau réparé et restauré pour recevoir la Cour impériale.

Mais, nonobstant ces réparations et ces restaurations, l'édifice construit au XVIIe siècle, et dont la façade sur la cour intérieure ne manquait ni de caractère ni de mérite dans certains détails, ne fut jamais entièrement terminé. Au contraire, gâté et défiguré par les réparations et les additions de mauvais goût qu'on lui fit subir successivement, il fut amené à cet état d'assemblage informe et de ruine imminente qui n'a presque laissé aucun regret à sa disparition totale.

Dès 1838, on signalait la nécessité de pourvoir à la réédification d'un monument convenable pour l'administration de la justice. En 1839, le Ministre prescrivit la rédaction d'un programme pour la reconstruction du Palais. M. Abric, architecte du département de l'Hérault, dressa un avant-projet; et, un peu plus tard, les plans de cet habile architecte furent généralement adoptés. La dépense, évaluée en totalité à 1,075,000 fr., fut répartie entre le Conseil municipal de la ville qui vota 100,000 fr., le Conseil général du département qui s'inscrivit pour 275,000 fr., et l'État qui prit à sa charge les 700,000 fr. formant le surplus de la dépense, et qui, depuis, a encore voulu contribuer aux frais d'ornementation et de complètement, presque toujours imprévus dans une œuvre aussi grande et aussi magnifique.

La première pierre de l'édifice fut solennellement posée le 1er Mai 1846, en présence de toutes les autorités départementales et municipales, des corps savants et des notabilités de la ville. Cette première pierre est placée à 4 mètres 50 centimètres de profondeur, sous le vestibule d'entrée de la façade latérale du levant, au milieu de deux massifs portant la première arcade intérieure du côté gauche, à 5 mètres de l'axe de cette façade.

La façade principale est dans la rue du Peyrou. Elle se développe sur une longueur de 64 mètres, sur une profondeur de 66 mètres. Elle est ornée, au fond de la cour d'honneur, d'un riche péristyle d'ordre corinthien, orné de belles sculptures dans le fronton, et précédant la grande salle des pas-perdus.

Au premier étage de l'aile gauche, réservée à la Cour impériale, se trouve la salle d'audience d'une première Chambre civile, et celle de la Chambre d'appels avec leurs dépendances. Le rez-de-chaussée est occupé par la chapelle, la bibliothèque et le vestiaire des avocats et des avoués près la Cour, etc.

Les bâtiments en retour sur la prison cellulaire, placée au nord de l'édifice, contiennent, au premier étage, une deuxième Chambre civile, la Chambre de mise en accusation, la bibliothèque servant aussi de salle de réunion pour la Cour, enfin le Parquet et les dépendances. Au rez-de-chaussée se trouvent placés le Greffe et les Archives.

Le bâtiment central est spécialement occupé par la grande salle où se tiennent les Assises et les audiences solennelles de la Cour. Derrière sont les pièces de service des Assises, tels que le cabinet du Président, la salle du Jury, la salle des témoins et une chambre de sûreté pour les détenus. Le rez-de-chaussée est destiné aux pas-perdus.

L'aile latérale de droite et la partie intermédiaire entre les deux cours renferment la salle d'audience du Tribunal de police correctionnelle et celle de la première chambre du Tribunal civil. Au rez-de-chaussée, l'Administration, le Cabinet du Juge d'Instruction, celui du Procureur impérial, le parquet, le greffe, les archives et leurs accessoires.

Du côté du boulevard, le terre-plein a été conservé et aligné avec celui du tour de ronde de la prison. Le mur de soutènement est construit du même style qui règne dans la promenade du Peyrou, et en allant se raccorder avec le pont élargi jusqu'à l'alignement du Palais. La façade, sur ce côté extérieur de la ville, a conservé le même ordre architectural qui préside à l'ensemble de l'édifice, avec la différence qu'au lieu de pilastres il y a des colonnes adossées au mur qui en reçoit ainsi plus de relief.

La façade donnant vers la ville est la continuation de la façade principale, et, comme elle, ornée de pilastres, avec un avant-corps à quatre colonnes au milieu qui forme l'entrée du Tribunal.

Mais il n'eût pas suffi d'élever un beau monument à la justice s'il avait dû rester en partie caché. Voici le projet. Faire subir des changements notables aux abords de l'édifice pour les désobstruer ; dégager l'arc-de-triomphe et le pont du Peyrou ; agrandir la rue du Peyrou actuelle de tout l'espace compris jusqu'à la rue Dauphine, laquelle fera face à l'entrée principale et en sera séparée par un appui, orné de balustres, qui marquera la différence de niveau de la place, et contre lequel seront adossées deux fontaines qui contribueront autant à l'utilité qu'à l'embellissement de la ville.

Nous finirons cet article par la pensée que nous exprimions en 1846[1], avant que les murs du Palais ne fussent debout. Tout permet d'espérer que ce projet sera réalisé par le Gouvernement, le Département, la Cité, ou plutôt par la prospérité publique, et qu'en complétant les travaux entrepris, la ville de Montpellier sera bientôt dotée d'un quartier digne de la grande pensée qui lui donna le Peyrou.

---

[1] Voy. notre Notice historique sur le Palais de Justice de Montpellier, avec les dessins et les plans de l'architecte M. Abric, publiés à Montpellier par Boehm, in-fol.; 1846.

La Prison cellulaire attenante au Palais, bien qu'insuffisante par suite de nouvelles dispositions touchant les détenus, mérite néanmoins d'être visitée. Sans faire l'éloge du système cellulaire, nous dirons que l'architecte, par une heureuse combinaison, a su tirer le meilleur parti de l'emplacement, et assurer au bâtiment toutes les convenances de sûreté et de salubrité qu'il est possible de donner à un établissement pénitentiaire.

CHAPITRE XXVI.

Monuments de Jacques Cœur.

Il ne serait pas juste de passer sous silence des monuments plus ou moins anciens qu'on doit aux libéralités de deux hommes célèbres : nous voulons désigner ici Jacques Cœur, trésorier, ou, pour mieux dire, argentier de Charles VII, et La Peyronie, premier chirurgien de Louis XV.

Tout le monde connaît la célébrité, les richesses, les infortunes de Jacques Cœur. Mais ce qu'on sait moins, c'est que Montpellier, qui, de son temps, était l'entrepôt de commerce du Levant où l'argentier avait trouvé la source de son opulence, possédait aussi un établissement considérable de ce riche financier. Il fit construire dans cette ville une maison remarquable pour l'époque. Le Roi Charles VII la donna au Corps des marchands de Montpellier, après la disgrâce de son trésorier, pour y tenir leurs assemblées. Cette maison, qui naguère portait encore le nom de *La Loge* (rue du même nom), ayant été vendue par la Nation, a disparu sous des constructions modernes, et aucun vestige apparent n'en retrace le souvenir. — La maison dite des *Trésoriers de France* (rue du même nom) a été aussi bâtie par Jacques Cœur, ou du moins il en a été le propriétaire; mais le temps, de nouveaux maîtres, et surtout l'architecte d'Aviler, en ont changé toutes les dispositions. Enfin on cite comme un monument laissé par l'argentier de Charles VII une fontaine dont on voit encore quelques débris, derrière l'Hôpital-Général[1]. Il paraît qu'elle était anciennement couverte par un arceau en ogive, qui a été remplacé, dans ces derniers temps, par un arceau à plein cintre; il ne reste, des anciennes constructions, que le mur du fond, au milieu duquel on remarque une pierre où se trouvent deux écussons; l'un aux armes de Jacques Cœur, savoir : *trois cœurs, deux et un, à la face chargée de trois coquilles, pour désigner son nom de baptême* (Jacques); l'autre écusson *au tourteau de Montpellier*, c'est-à-dire aux anciennes armes de la ville. On voit que les Consuls ne partagèrent pas le ressentiment du Roi Charles VII, qui leur ordonna d'effacer de cette fontaine les armes de Jacques Cœur, et de les remplacer par celles du Roi et de la Cité : peut-être aussi que la pierre actuelle ne fut posée qu'après la réhabilitation de l'Argentier. Dans les deux cas, elle perpétue le

[1] On l'appelle vulgairement, on ne sait trop pourquoi, *Fon Putanèla*, nom qui ne paraît pas plus décent dans le pays que celui qu'on donne au ruisseau qui coule devant cette fontaine. V. ci-dessus, page 118.

témoignage d'affection vouée par les habitants de Montpellier à leur infortuné bienfaiteur. Ce monument est antérieur de quelques années à 1456.

CHAPITRE XXVII.

St-Côme.

La Peyronie, premier chirurgien du roi Louis XV, légua, dans son testament fait le 18 Avril 1747, sept jours avant sa mort, une somme de 100,000 liv. et deux maisons, à la communauté des chirurgiens de Montpellier, pour construire un amphithéâtre propre aux démonstrations anatomiques. Toutefois les chirurgiens furent autorisés à vendre les deux maisons et à faire bâtir l'édifice sur l'emplacement d'une autre maison appartenant à M. le Président Tremolet, dans la même rue (*Grand'Rue*), et qui fut acquise par eux à cet effet. — Le plan est de Giral, architecte de Montpellier. On évalue la dépense, en y comprenant les frais d'un procès que les chirurgiens eurent à soutenir contre la sœur de La Peyronie, à 117,500 liv., montant du legs. L'édifice fut terminé vers 1756. — Il a trois façades. La principale, du côté de la Grand'Rue, a 16 mètres de largeur, et présente trois ouvertures fermées par des grilles; on monte par trois marches au niveau du péristyle; un balcon formant avant-corps sur la rue est soutenu par quatre colonnes d'ordre dorique. La salle qui ouvre sur ce balcon, et qui servait de salle de conseil aux Professeurs, est aujourd'hui occupée par le Tribunal de commerce. Au fond de la cour est l'amphithéâtre, de forme circulaire dans l'intérieur; son diamètre est de 12 mètres; en dehors il présente la forme octogone, renfermée dans un carré de 16 mètres de côté, avec des terrasses aux angles, à la hauteur de la naissance de la coupole; les pilastres, moulures et corniches qui le décorent sont d'ordre corinthien. La hauteur du dôme est d'environ 37 mètres. Ce local sert aujourd'hui de halle aux grains. Un bel escalier conduit sur une galerie supportée par quatre colonnes d'ordre dorique, surmontées d'autres colonnes d'ordre ionique. On entre de cette galerie dans les pièces occupées par le Tribunal de commerce. C'est ici que devrait avoir lieu la tenue de la Bourse. La surface de cet édifice est de 708 mètres carrés.

CHAPITRE XXVIII.

Salle des Spectacles.

Ce ne fut qu'en 1755 que le public de Montpellier vit jouer, pour la première fois, sur le théâtre de cette ville : les travaux de la Salle des spectacles n'étaient pas même terminés; on en devait les plan et devis à M. Maréchal, directeur des fortifications de la Province. — Trente ans après sa construction, dans la nuit du 17 au 18 Décembre 1785, cette salle fut incendiée par les valets de théâtre, qui mirent le feu en graissant les machines, à 2 heures du matin. La Salle de concert ne souffrit d'autre dommage que celui qu'on fut obligé de causer pour éviter la communication du feu qui avait déjà gagné les poutres. La Salle des spectacles fut totalement brûlée : il ne resta que les murs extérieurs. Trois jours après l'incendie, le feu était encore sous les décombres.

La ville s'empressa de rétablir cette salle avec le concours du Gouvernement. On exécuta les plan et devis de M. Donnat, de Montpellier, et de M. Lenoir, de Paris. — La salle actuelle peut contenir 1900 personnes, quoique, dans certaines occasions, ce nombre ait été porté jusqu'à 2000. Elle est une des mieux coupées que l'on connaisse; le vaisseau a 69^m de longueur sur 24^m de largeur, ce qui donne une surface carrée de 1656^m. La façade est d'ordre dorique, avec corniche et fronton; cinq croisées avec balcon décorent le premier étage; elles éclairent la grande salle de Concert. Quatre colonnes d'ordre dorique soutiennent le plafond du vestibule d'entrée; le vestibule intérieur, de forme ovale, donne issue aux divers couloirs et escaliers du théâtre. La forme intérieure de la salle est elliptique; sa décoration est simple, mais de bon goût; les ornements placés sur le devant des loges, galeries et plafonds, précédemment en cartons moulés avec soin, ont été remplacés par des peintures plus élégantes. Le parterre est assis. Cette salle, dont le Gouvernement s'était emparé en 1793, a été rendue à la ville en 1822.

CHAPITRE XXIX.

Environs de Montpellier.

Nous ne croirions pas avoir complété le plan de notre travail sur Montpellier, si nous ne signalions pas à l'attention du voyageur et du curieux les objets remarquables, les monuments, les antiquités, les établissements, les principaux sites pittoresques qu'on trouve dans les environs de cette ville. Mais, pour ne pas trop sortir de notre cadre, nous restreindrons notre exposition le plus qu'il nous sera possible.

ANTIQUITÉS.

Nous avons fait mention, au chapitre de l'École de médecine, de quelques bas-reliefs et de monuments antiques en marbre, dignes de piquer vivement la curiosité, et, dans un des articles précédents, du Cabinet archéologique départemental. — Le 15 Janvier 1800, en fouillant dans un jardin appelé *Lavanet*, situé dans le faubourg *St-Jaumes*, on découvrit un tombeau romain parallélogrammatique, de pierre calcaire. On y trouva cinq vases, deux d'albâtre et trois de verre; une patère ou soucoupe garnie d'un manche, une petite coupe de verre, une lampe de bronze, un dé à jouer et quelques médailles aussi de bronze. Le même tombeau contenait des débris de verre et d'émail bleu, de succin travaillé, d'ivoire, etc. Ces divers objets, les seules antiquités romaines à peu près trouvées alors à Montpellier, étaient possédés par M. Artaud, savant antiquaire de France, et conservateur du Musée de Lyon [1]. — On peut voir entre les villages de *Beaulieu* et de *Sussargues*, à 19 et 17 kilomètres de Montpellier, N.-E., sur la haute colline de *Regagnac*, des restes de monuments druidiques, découverts il y a plusieurs années, et très-

---

[1] Le même dont il est parlé ci-dessus, pag. 156.

dignes, sous tous les rapports, du plus haut intérêt. — *Lattes*, à 6 kilomètres de cette ville, S.-S.-E., est un ancien lieu dans l'emplacement ou dans le voisinage de *Castellum Laterra*, de Pomponius Mela, et de l'étang *Laterra* de Pline; il existait lors de la fondation romaine de Narbonne. Lattes eut autrefois un petit port [1]; il offre à peine quelques restes d'antiquités. C'est dans les marais qui avoisinent cette commune qu'on voit les chevaux demi-sauvages, gris-blanc, dont il a déjà été question [2]. En suivant le cours du Lez, de Montpellier à Lattes, vers l'embouchure de cette rivière dans l'étang de ce nom, on arrive aux canaux de Lunel et de Cette, qui se croisent au-dessus de Lattes. Les bords de la rivière, au croisement des canaux, étaient, il y a peu d'années, couverts d'une ligne de cabanes qui formaient un véritable village de chaume, habité par des pêcheurs. L'effet pittoresque en était charmant, et valait bien la vue d'une antiquité. Le chaume a fait place à la maison confortable, et les cabanes ont presque toutes disparu dans la nouvelle commune de *Palavas*. Mais celle-ci a tout gagné dans cette métamorphose. Les bains de mer l'enrichissent tous les ans. C'est pendant la saison des bains qu'il faut la visiter. On se propose d'établir un chemin de fer de Montpellier à Palavas. — *Balaruc*, à 23 kilom. S.-O., dont les eaux thermales furent fréquentées par les Romains, méritera bientôt une mention particulière. — *Frontignan*, à 22 kilom. S.-S.-O. de Montpellier, célèbre pour son muscat, avant qu'on en eût arraché les ceps. — *Lunel-*

---

[1] Voyez ci-après l'article *Commerce*.
[2] Voy. ci-dessus, p. 47.

Viel, à 20 kilom. E.-N.-E., recommandable au même titre, et si digne d'attention pour ses cavernes à ossements fossiles. — *Lunel*, à 24 kilom. E.-N.-E., non moins remarquable pour ses vins muscats.—*Mudaison*, à 16 kilom. E.-N.-E. — *St-Brès*, à 15 kilom. E.-N.-E. — *Villetelle*, à 28 kilom. N.-E. 1/4 N. — *St-Bauzile-de-Putois*, à 4 myriam. N.-N.-O., où se trouve la fameuse grotte *des Demoiselles*, remplie de stalactites de formes gigantesques, plus ou moins bizarres, mais d'un effet magique : toutes ces localités présentent, soit d'anciennes inscriptions, soit d'autres débris, ou vestiges d'antiquités.—*Montbazin*, à 21 kilom. S.-O. 1/4 O. de Montpellier, lieu renommé pour son vin blanc, est l'ancien *Forum Domitii* [1], d'après les recherches de feu J.-P. Thomas : la voie domitienne, qui traverse le département de l'Hérault dans sa longueur, passe par cette commune où l'on voit encore des fragments d'antiquités, et notamment une très-belle pierre tumulaire d'un flamine ou sévir augustal. — Non loin de Montbazin, à 35 kilom. S.-O. 1/4 O. de Montpellier, près du village de *Villeveyrac*, s'élèvent les bâtiments délabrés de *Sainte-Marie-de-Valmagne*. Si l'île de Maguelone avec son église est la ruine antique la plus célèbre de la contrée, l'église de Valmagne est la ruine la plus belle qui nous reste. La fondation de l'Abbaye, ordre de Cîteaux, remonte à l'an 1138. Le fragment le plus précieux qu'on peut voir encore est la salle capitulaire. L'église qui est debout date de 1257 ; mais elle ne fut probablement terminée

---

[1] Voyez Mémoires historiques sur Montpellier et sur le département de l'Hérault, par J.-P. Thomas ; 1827.

qu'au milieu du XIIIme siècle. Elle a 82m de longueur et 24m 33c de hauteur. La largeur des trois nefs est de 22m; la largeur du transept de 30m. Par l'effet général, par le style, par les détails, indépendamment de quelques singularités inséparables des églises ogivales, elle présente une grande harmonie de proportions. Le cloître, de la même époque, a subi des réparations importantes qui ont altéré, en beaucoup de parties, sa beauté primitive. La charmante fontaine qui en décore le préau a été restaurée en 1768; néanmoins les ogives sont bien évidemment du XIVme siècle. (V. *Monuments du Bas-Languedoc*; par MM. J. Renouvier et J.-B. Laurens. 1840, in-4º.) Les restes du pont romain d'*Ambrussum* se voient encore sur le *Vidourle*, à 28 kilom. E.-N.-E. de Montpellier. — On croit reconnaître près de *Fabrègues*, bourg à 11 kilom. de Montpellier, S.-O. 1/4 O., les ruines d'une ville romaine découverte, en 1730, par M. de Plantade, Conseiller à la Cour des Aides. — En sortant du village de *Castelnau*, placé dans une situation pittoresque, sur la rivière du Lez, à 3 kilom. de Montpellier, N.-E. 1/4 N., où se trouve le cimetière St-Lazare, on arrive à la colline sur laquelle était bâtie l'ancienne *Substantion*, dont nous avons entretenu le lecteur au commencement de ce livre. C'est dans cette ville que fut établi, durant trois siècles, de 737 à 1037, le siège épiscopal de Maguelone. Des ruines de murs, d'aqueducs, etc., y existent encore. Elles ont été, en 1834, l'objet des explorations de la Société archéologique de Montpellier, et d'un mémoire savant de M. de St-Paul, membre de la même Société [1],

---

[1] Voyez les Mémoires publiés par cette Société, en 1835.

enlevé de trop bonne heure à la science, à la magistrature et à ses amis. — *Murviel*, à 12 kilom. S.-O.1/4 S. de Montpellier, est bâti sur les ruines d'une ville romaine, *Altimurium* [1]. — Mais aucun monument du moyen âge, dans les environs de Montpellier, n'offre l'intérêt des vénérables ruines de Maguelone et de son église encore à moitié debout.

MAGUELONE.

Cette île ou presqu'île est à 1 myriamètre de Montpellier : son étendue ne paraît pas d'abord considérable, à la regarder isolément et sans y comprendre le rivage ou *plage* qui la sépare de la mer ; et pourtant cette île et l'ancienne ville du même nom occupent une place distinguée dans l'histoire de Languedoc : son antiquité remonte aux premières époques historiques du pays. — Si nos recherches sont exactes et nos raisons fondées, Maguelone serait la presqu'île *Mesua* de Pomponius Mela, et l'île *Metina* de Pline, voisine de *Blascon, Brescou* [2].

Il y a tout lieu de croire que la ville de Maguelone doit son établissement, ou bien un état plus florissant, à une colonie phocéenne de Marseille. Les avantages de sa position, son voisinage d'Agde et de Béziers,

---

[1] Voyez le Mémoire de M. Adolphe Ricard, dans les publications de la Société archéologique, tom. 1er, pag. 517.

[2] Voyez la Dissertation imprimée dans le volume des Mémoires de la Société archéologique de Montpellier, publiés en 1835.

autres colonies grecques, le nom qu'elle porte, nous invitent à donner notre croyance à cette opinion. On sait qu'elle existait en l'an de Rome 636 ; son premier Évêque Ætherius vivait dans le 5e siècle du christianisme. La ville fut démantelée et le port fut comblé, en 737, par Charles-Martel, sous prétexte qu'ils servaient de refuge et de retraite aux Sarrasins. Le siége épiscopal fut alors transféré à Substantion. Un seigneur goth, nommé Misemont, la remit, en 743, à Pepin, fils de Charles-Martel, mais le siége épiscopal n'y fut rétabli qu'en 1037. En 1536, il fut définitivement fixé à Montpellier. — Le port de l'île, appelé *port Sarrasin*, se rouvrit, en 1586, par l'effet d'un coup de mer : la ville et le port furent réparés en 1599; la destruction, sauf l'église, en fut ordonnée sous Louis XIII, en 1633.

L'île de Maguelone, cette ruine imposante que le temps, plus que les hommes, a respectée, ressemble de loin à une arche sur les eaux. Elle a, d'un côté, la mer; de l'autre côté, les étangs qui communiquent avec la Méditerranée par des ouvertures ou *Graus*. Une plage ou langue de terre, longue et très-étroite, la joint, d'une part, à l'étang de Mauguio, et, de l'autre, à la montagne de Cette.

Son église, dédiée à St-Pierre, est, sous tous les rapports, le monument antique le plus digne de l'attention du voyageur, et par sa construction, quant à l'histoire de l'art, et par les souvenirs qu'elle rappelle dans la contrée. Elle eut des Évêques dès le premier temps de l'Évangile dans les Gaules : occupée par les Sarrasins avec le reste de l'île, dévastée par Charles-

Martel et par ses successeurs, les vicissitudes qu'elle a éprouvées sont écrites sur ses débris. L'ogive encastrée dans le plein cintre qui signale différentes époques dans la construction, le portail en marbre de diverses couleurs, gardé par St Pierre et St Paul, sculptés sur les côtés et dominés par l'Éternel placé dans le cintre, la belle arabesque qui semble avoir été arrachée à la frise d'un temple grec pour recevoir une inscription mystique du XIIme siècle, les nombreuses tombes de marbre blanc et les figures en relief des Prélats de Maguelone et de Montpellier, dont le sol de l'église est pavé, tout rappelle ici l'antiquité profane, la piété du moyen âge et l'insouciance des temps modernes.

L'église est à une seule nef: on dirait l'architecture italienne alliée à la construction arabe. Sa longueur, dans œuvre, est de 46^m 80; sa largeur, de 25^m 33 dans la nef, et de 31^m 20 dans le fond des deux chapelles latérales. Les colonnes du pourtour présentent cette particularité qu'aucun de leurs chapiteaux ne ressemble à un autre des mêmes colonnes. Plusieurs des sculptures des tombes épiscopales sont d'un travail distingué. Cette église fut restaurée en 1178 : c'est à cette époque que fut construit le portail, et qu'on plaça l'inscription dont nous venons de parler. Elle est gravée en forme de parallélogramme sur les quatre bords de la pierre portant l'arabesque antique qui est placée sur la porte principale. Comme c'est une suite d'abréviations que le temps a rendues un peu difficiles à déchiffrer, nous avons cru devoir la rapporter ici en entier. On y remarquera le style léonin de l'époque, où la moitié de chaque vers rime avec la fin du même vers : *vitæ, venite; fores, mores; ora, plora; peccatur, lavatur.*

AD PORTUM VITÆ SITIENTES QUIQUE VENITE.
HAS INTRANDO FORES VESTROS COMPONITE MORES.
HINC INTRANS ORA, TUA SEMPER CRIMINA PLORA.
QUIDQUID PECCATUR, LACRYMARUM FONTE LAVATUR.
BERNARDUS DE TRIVIIS FECIT HOC ANNO INCARNATIONIS DOMINI M° C° LXX° VIII°.

En voici la traduction :

« Que tous ceux qui ont soif s'approchent de la porte de vie : en pénétrant dans ces lieux, purifiez vos cœurs : priez, pleurez sans cesse vos fautes : toutes les fautes s'effacent dans la source des larmes. »

Bernard de Tréviez, an de l'Incarnation du Seigneur 1178.

On attribue à ce Bernard de Tréviez, chanoine de Maguelone, le roman des *Amours de Pierre de Provence et de la belle Maguelone*, que le Comte de Tressan n'a pas dédaigné de rajeunir. — Maguelone ou son diocèse est aussi la patrie des deux savants Évêques qui ont porté le nom de Pellicier dans le XVIme siècle[1].

Une espèce de colonne existait encore dans cette île, au bord de la mer, vers le milieu du dernier siècle, et paraissait être le reste d'un phare qui signalait l'entrée du port Sarrasin : les sables l'ont totalement

---

[1] C'est sous l'épiscopat de Guillaume Pellicier en 1541, qu'Albanus Torinus découvrit, dans le monastère de Maguelone, un manuscrit de l'ouvrage attribué à Apicius, sur *l'Art de la cuisine : De re culinariâ.*

ensevelie. Ainsi, chaque jour voit disparaître un monument de cette île dont les souvenirs pourraient former à eux seuls une chronique du pays à l'entrée duquel elle est placée.

CIMETIÈRE St-LAZARE.

A la limite de la commune de Castelnau, à l'extrémité du territoire de Montpellier, à la fin de tout, est placé le champ *St-Lazare*, domaine qui paraissait trop vaste aux vivants, quand la mort s'en empara, à l'expiration de 1849, et que la mort, qui sème en toute saison, trouve déjà trop étroit. Les touristes s'écartent volontiers de leur route pour aller visiter ces terres populeuses, non pour y chercher de tristes émotions, mais pour y jouir du spectacle de la vie ornant et parant la mort. A peine quelques années ont passé sur cette moisson de cadavres, et la pierre et le marbre et le métal ont pris toutes les formes, et pèsent sur ceux qui ne voudraient peut-être que le poids léger d'une simple croix : c'est un coin du *Père La Chaise* qui a été transporté aux confins de notre ville. Gardons-nous d'effrayer certaines imaginations en donnant le chiffre des dimensions d'un champ qui n'a pas encore ses dimensions véritables; ne signalons, ne nommons aucun de ses monuments; n'appelons aucun de ses habitants : paix et repos à tous !

Le temps des concessions, l'âge, la religion des défunts, ont dû nécessairement faire établir diverses catégories dans la disposition des sépultures. Deux pavillons placés à l'entrée servent, l'un au logement de l'aumônier, l'autre à celui du concierge. Sur le point culminant s'élève une chapelle aux proportions sévères. Au-dessus de l'autel, aux lueurs sombres des vitraux, on parcourt une immense peinture qui produit un grand effet. C'est une imitation libre du tableau de Jouvenet qu'on admire au Louvre, représentant la résurrection de Lazare, due au pinceau de M. Miquel.

Si l'on nous reprochait de n'avoir rien dit du cimetière de l'Hôpital-Général, ni des autres cimetières particuliers de la Cité, nous répondrions qu'il nous a paru inutile d'attrister trop souvent nos lecteurs, et de leur répéter que toutes ces demeures dernières ont une même physionomie, celle de la mort, toujours empreinte, un peu plus, un peu moins, des vanités de la vie.

LIEUX REMARQUABLES DES ENVIRONS DE MONTPELLIER.

Outre les monuments que nous venons de signaler, les environs de Montpellier présentent, en plusieurs localités, des objets dignes des excursions ou des promenades des étrangers. Nous mentionnerons les suivants.

Montferrier est un village à 7 kilom. de Montpellier, N. 1/4 N.-O. : sa position sur une colline volcanique de basalte est vraiment digne du pinceau du peintre ; il s'élève à 40^m 95^c au-dessus du niveau de la mer, du côté droit du Lez. Il faut remarquer que cette colline est isolée au milieu d'un terrain calcaire secondaire. Les bords de la rivière qui coule au pied de Montferrier, les restes d'un ancien château qui existait dans le XIme siècle, le château moderne sur le penchant de la montagne, dont les terrasses descendent jusqu'au chemin de Montpellier, un parc très-agréable sur la rive gauche du Lez, des moulins, des usines, les campagnes sur la rivière, le voisinage de *La Valette*, lieu charmant par ses ombrages et ses sites variés, les aspects multipliés, les perspectives délicieuses dont on jouit à Montferrier, en font une des localités les plus intéressantes, les plus curieuses, les plus pittoresques du pays. Le château, réédifié sous Louis XIV, appartenait, avant la révolution, à la famille Montferrier, qui a donné plusieurs syndics aux États de Languedoc.

Au-delà de Montferrier, à 16 kilom. de Montpellier, N. 1/4 N.-O., et derrière le château de *Restinclières*, proche la commune de *Prades*, naît la rivière du Lez. Un large roc, élevé à pic, dépendant de la chaîne du St-*Loup*, base de nombreuses ruines, se courbe en portion de circonférence et embrasse un bassin vaste et profond où est reçue la source en sortant du pied de la roche : elle fait tourner presque immédiatement un moulin au moyen d'une chaussée. Le site est agreste et piquant.

Nous avons signalé la fameuse grotte des *Demoiselles*, de St-Bauzille-de-Putois : une description détaillée de cette magnifique caverne à stalactites nous eût trop éloigné de notre objet ; mais il n'est aucun voyageur qui, passant par Montpellier, ne consacre une journée à ces étonnantes et magnifiques latomies naturelles.— Une autre caverne, avec de belles stalactites, dont on se sert pour des décorations architectoniques, se trouve à St-Guillem-du-Désert, village à 36 kilom. de

Montpellier, O.-N.-O. Un énorme rocher détaché de la voûte forme une arcade naturelle sous laquelle on ne passe pas sans éprouver une certaine émotion. La position de St-Guillem n'est pas moins intéressante que les traditions et les souvenirs historiques qui se rattachent à cette localité. Elle est entourée de hautes montagnes d'où sourdent plusieurs ruisseaux, et dont les gorges restreignent le cours du *Verdus*, lequel a sa source non loin des habitations, à l'extrémité d'un amphithéâtre circulaire de grands rochers, où le voyageur se plaît à entendre la double voix d'un écho très-curieux, appelé dans le pays *Bissonne* (du latin *bis sonat*). Un rocher plus élevé domine majestueusement le village et sert de piédestal aux ruines d'un ancien et immense château nommé le *Château Géant*, célèbre dans la contrée par une légende traditionnelle et fidèlement conservée par les habitants. C'est le combat du géant *Gellone* (ancien nom du village) et de St-Guillem, patron du lieu. Les environs de St-Guillem offrent des particularités très-remarquables aux naturalistes ; le *Verdus* s'y précipite deux fois en cascades. Un pont de cordes, sur la largeur de l'*Hérault*, qui a ici 40 mètres, rappelle, par son mécanisme, les tarabites de la Colombie. On doit parcourir à St-Guillem le vieux monastère des Bénédictins, fondé, en l'an 804, par Guillaume au long nez, duc de Toulouse ou d'Aquitaine, qui fut canonisé : l'église du lieu possède un orgue construit par D. Bédos.

Quelques personnes vont visiter au bord de l'étang de Pérols, à 9 kilom. S.-E. de Montpellier, une source d'eau minérale, sortant d'une excavation en forme de chaudron, appelée, dans le pays, *Boulidou*, à cause de l'espèce d'ébullition qui paraît agiter l'eau à mesure que les gaz s'en dégagent : l'usage de cette source est d'ailleurs très-borné. — On ne sera pas non plus fâché de voir dans le voisinage du bourg de *Pignan*, à 1 myr. O. 1/4 S.-O., pays renommé pour son excellent raisin qu'on appelle *aspiran* ou *espiran*, l'ancienne église du *Vignogoul*, abbaye de femmes du XII⁰ siècle, dont les jubés, dans le style moresque, méritent d'être remarqués.

Mais les étrangers seront surtout charmés de faire des promenades aux maisons de campagne qui environnent Montpellier. *La Vérune* veut une mention spéciale : ce joli village, situé dans une plaine à 7 kilom. O.-S.-O. de Montpellier, possède un des plus beaux parcs et une des plus délicieuses habitations de la contrée. Le château de la Vérune appartenait, avant 1789, à l'Évêque de Montpellier. Les dessins du parc sont bien entendus ; les eaux y abondent ; les arbres qui flattent le plus la vue, le cèdre du Liban, le magnolia, le catalpa, la sapinette du Canada, et autres arbres exotiques et de haute futaie, en ont fait un séjour charmant. — On doit aussi visiter, dans la même commune, la jolie habitation nommée l'*Engarrant;* et, en revenant à Montpellier, les campagnes de *Château-Bon*, *Bionne*, etc.

Castries, chef-lieu de canton, à 12 kilom. N.-E. de la même ville, nous offre un vaste château avec un immense parc que le propriétaire actuel a fait restaurer, il y a peu d'années : il abonde en sources variées d'un bel effet. L'eau y est portée par un aqueduc qui n'a pas moins de 6822 mètres de longueur.—A une demi-lieue du village est le parc de *Fontmagne,* qui est aussi un séjour délicieux. — On voit à *Jacou*, village à 8 kilom. N.-E. 1/4 N. de Montpellier, un château et un parc d'une grande étendue. — Sur la route de Montpellier à la commune de *Grabels*, à demi-lieue N.-O. de la ville, est *Château-d'O*, véritable Conflans, légué à l'évêché de Montpellier par le digne Évêque Fournier, décédé en 1834. Ce bel apanage a été jadis la propriété de l'Intendant de la Province, qui n'avait jamais songé à en tirer tout le parti possible, ni à lui donner toute la magnificence qui en fait aujourd'hui un des châteaux, aux portes de la ville, les plus intéressants. Nous ajouterons à cette énumération la *Piscine,* château sur la route de Montpellier au faubourg de Celleneuve : c'est une résidence charmante où, en 1814, la Princesse Élisa Borghèse vint se retirer.

Il nous reste à signaler un des établissements des environs de Montpellier les plus importants pour l'humanité ; car à la célébrité de l'École médicale de cette ville se rattache celle des eaux de Balaruc. Ces eaux ont dû à leur voisinage de la métropole de la médecine et à leurs énergiques vertus leur réputation lointaine, réputation séculaire qu'aucune révolution scientifique n'a jamais ébranlée. — La longue succession de médecins fameux qui ont étudié et utilisé ces thermes ont fixé à jamais le rang élevé que les eaux de Balaruc doivent occuper parmi les ressources hydrologiques de l'art de guérir. — L'époque actuelle, toute positive, a proclamé à son tour l'importance des eaux minérales contre toutes les maladies en général, de celles surtout qui se recommandent par leur *spécialité d'action*. Elle a reconnu aussi que ces agents thérapeutiques ouvraient une porte à l'espérance, alors même que les moyens diététiques, pharmaceutiques et chirurgicaux étaient demeurés impuissants : à ce titre, les eaux de Balaruc attirent l'attention de tous les médecins et de toutes les populations; il n'est pas d'années que des maladies réputées incurables n'y trouvent leur guérison ; leur succès dans les nombreuses PARALYSIES, soit générales, soit partielles (celles des membres, des paupières, de la langue, du pharynx, de l'œsophage, de l'estomac, des intestins, des nerfs optiques, auditifs, olfactifs, etc., etc.), est depuis long-temps populaire. *Les rhumatismes rebelles, les maladies par faiblesse, par relâchement des systèmes musculaire et fibreux, les affections par instabilité musculaire*, etc., etc., reconnaissent annuellement tout leur empire : ce nombre vient se grossir du *va-tout* des eaux minérales en général, sans que ces thermes perdent rien de leur *spécialité antiparalytique*.

Depuis 1833, des dépenses considérables ont beaucoup ajouté à l'embellissement des bains de Balaruc : en fait de luxe, de bien-être et d'agrément, ces bains pourraient, vu le voisinage de Montpellier, le disputer aux thermes les plus fréquentés des Alpes et des Pyrénées.

On arrive à Balaruc, situé sur le bord de l'étang de Tau, par le port de Cette, par le canal de Languedoc, par la route impériale de Lyon à Toulouse. On s'y rend en Mai et Juin, en Septembre et Octobre.

Ce serait méconnaître les droits de l'humanité souffrance d'oublier ici les eaux de *Foncaude*, délicieuse vallée à 3 kilom. S.-O. de Montpellier. Ces eaux minérales, thermales, acidules, sont surtout recommandées pour les maladies cutanées et des organes digestifs, dans les névroses et les névralgies diverses, les affections catarrhales, etc. La saison de ces bains est du mois de Mai au mois de Septembre.

Les bains de La Malou, à 76 kilom. O. de Montpellier, ont, depuis long-temps, acquis une réputation méritée qu'ils doivent à la suavité de leurs eaux. Ce vallon, si riche en eaux ferrugineuses, donne naissance : 1º à la source de *La Malou-le-Haut*, au milieu d'un magnifique plateau entouré de châtaigniers séculaires : c'est le spécifique en général des maladies nerveuses; 2º à la source de *La Malou-le-Bas*, qu'on voit s'élever, non loin de la grande route, au pied d'un petit coteau nommé *Usclade* : celle-ci guérit le rhumatisme simple; 3º à la source de *Capus*, également distante des deux premières, d'une efficacité reconnue pour les maladies de la peau. La saison ordinaire de ces bains commence en Juin et finit vers le mois d'Octobre.

Outre ces trois sources, on en trouve, dans le même vallon, trois autres qu'on prend en boisson : la *Vernière*, au-delà de la rivière d'Orb, saline, gazeuse, qui est tonique et un peu laxative; le *Capus*, très-ferrugineuse, et surtout tonique et antichlorotique; la *Veyrasse*, dont les qualités agréables, non moins que spécifiques pour les gastralgies et la dyspepsie, lui ont valu le surnom de Vichy et même de Seltz qu'elle pourrait remplacer.

Les étrangers se rendent à La Malou par les grandes voies de Béziers, de Lodève et de St-Pons.

Les eaux minérales d'Avesne, à 86 kilom. N. 1/4 N.-O. de Montpellier, sont toniques, apéritives et anti-herpétiques. On en use en bains et en boissons. Elles agissent heureusement sur les affections cutanées.

Nous avons déjà parlé des bains de mer de Palavas : nous regrettons d'avoir attendu si tard pour rappeler ceux de Cette, que nous devrions écrire Sète[1]. C'est un des établissements les plus commodes et les plus avantageux de la Méditerranée. La pente douce et prolongée de la côte maritime permet aux baigneurs de s'avancer au loin sans trop de danger, et la vague brisée, en roulant sur cette surface unie, procure des douches continuelles.

Mais, d'un autre côté, pouvions-nous mieux finir nos excursions aux environs de Montpellier, qu'en nous reposant à Cette dans les riches galeries de M. Doûmet? Qu'on n'attende pas de nous une description, une énumération, même très-sommaire, de ces myriades de curiosités où l'art et le goût le disputent à toutes les beautés de la nature! Science naturelle, artistique, monumentale, archéologique, ethnologique; productions de la terre et des mers; chefs-d'œuvre de l'homme civilisé, merveilles du sauvage insulaire; armes et costumes du moyen âge, armes et vêtements de l'Océanien; peintures délicieuses, esquisses et simples ébauches d'habiles mains; gracieux objets de ce côté, à l'opposite

---

[1] V. ma dissertation sur Sète dans les Mém. de la Soc. arch. de Montpellier, t. I, p. 443, et dans l'Annuaire de l'Hérault de 1839.

terribles ou monstrueuses représentations; partout élégance, beauté, magnificence, partout surprise, étonnement, admiration. Si nous ne devions pas signaler encore le jardin botanique, embelli de tous les agréments du site et de toutes les richesses exotiques, nous dirions, en un mot, qu'ici se sont donné rendez-vous, de tous les points du globe, la nature et l'art.

Arrêtons nos excursions. Le voyageur, assis au soleil du chef-lieu, veut faire rayonner ses regards sur les divers points de la carte départementale qui attirent sa curiosité. Dispensé du cahot de la locomotion, il suit de l'œil, sur la plage ferrée, le train de Nimes à Cette, le long des salines, à travers le croisement des canaux et les lacs de *Villeneuve*, de *Mireval*, de *Vic*, de *Frontignan*. Au-delà du vaste lac de *Tau*, il contemple des havres sur la mer, des havres sur les étangs; le phare St-Louis à Cette, le phare d'*Agde*, sur l'ancien volcan de *St-Loup*; non loin des basaltes de *St-Thibéry*, le phare de l'île de *Brescou* ou de l'antique *Blascon*; bientôt la scène changeant, il découvre les luxuriants paysages de Béziers, de cette reine des eaux et des spiritueux. L'*Hérault* majestueux se détourne avec peine ; l'*Orb* s'avance pour prendre sa place ; le *Canal du Midi*, aux bords ombragés, réunit les deux fleuves : tout s'anime, tout vit, la terre et les courants fluviatiles. Des ponts suspendus, des voûtes creusées, portent et permettent de porter le mouvement partout. Les riches coteaux, les verdoyantes collines, les usines retentissantes, les populations actives, décorent ce tableau. Il faut voir *Béziers* un jour de marché pour se faire une idée du commerce des eaux-de-vie : il faut visiter, un autre jour, ses vieilles arènes, son vieil aqueduc, son ancien cloître, ses anciens monuments. Mais laissons le chemin ferré qui nous emporterait, à l'égal de la pensée, à Narbonne, à Toulouse, à Bordeaux.

Une autre voie, moins rapide, conduit le voyageur à Pézenas, ce jardin des jardins du département. Il dirige sa route vers *Roujan*, vers *Gabian* où sourd une fontaine d'huile de pétrole, vers les riches mines de houille de *St-Gervais* et de *Graissessac*, les Verreries et les autres bassins houillers des environs. Le voisinage des fabriques de drap de *Bédarieux* l'attire, et il se trouve engagé à visiter celles de *Lodève* au milieu de sa délicieuse campagne, au pied et sur les penchants de l'*Escandorgue*, celles de *Villeneuvette* et de *Clermont*, celles de *St-Chinian*, de *Riols*, de *St-Pons*.

D'un autre côté, il rencontre la demeure aimée de l'olivier : *Castries* lui offre la meilleure huile de la contrée; et *Gignac, St-André-de-Sangonis, Montpeyroux, Aniane*, lui présentent les délicieuses olives confites et les amandes du pays. Nous ne parlons plus de la Maison centrale d'hommes, à Aniane : c'est un ancien cloître qui a dû être bien étonné de loger de tels reclus dans des cellules de Bénédictins.

Enfin, quelle que soit la direction que prenne l'œil du voyageur, le centre étant Montpellier, il jouit, dans la plaine, d'une vue récréative sur une longue côte maritime; plus haut, son regard s'élève sur des collines empierrées, mais non arides, dont les aromates, moins faits pour l'œil que pour l'odorat, embaument au loin l'atmosphère des chemins : ici se développent de vastes nappes de ceps aux couleurs variées; là s'étendent des champs nombreux et distincts où la mûre des vers à soie noircit non loin de l'olive de la paix. Spectacle enchanteur et toujours nouveau, que l'étranger quitte avec regret au mois de Mai, et qu'il revoit avec délices au mois de Septembre!

CHAPITRE XXX.

Administration. — Justice.

Des coutumes, des libertés ou franchises formaient autrefois la constitution politique et le droit civil de Montpellier. Cette constitution avait ses lois, ses finances, son armée. Les principales charges ou fonctions administratives et magistrales étaient conférées par élection : six capitaines commandaient une garde bourgeoise, organisée par quartiers, laquelle était non-seulement chargée du service intérieur de la ville, mais encore pouvait paraître au besoin dans les combats livrés hors du territoire de Montpellier. Les Consuls et les Seigneurs exerçaient seuls le pouvoir législatif, mais le pouvoir judiciaire ressortissait uniquement à la Cour de justice du Seigneur[1].

Tout citoyen de Montpellier était maître de sa personne et de ses biens : chacun exerçait librement sa profession et choisissait celle qui lui plaisait. Tout privilége injuste était nul de droit et ne pouvait prescrire: le monopole, le prêt et le logement forcés, le droit de péage, étaient défendus.

---

[1] Voy. le Chap. XXV, PALAIS DE JUSTICE.

L'étranger était sain et sauf à Montpellier, en temps de paix et en temps de guerre : la liberté lui était garantie pour lui et pour ses biens ; il pouvait quitter le pays quand bon lui semblait; s'il se fixait à Montpellier, il était dégagé de tout hommage envers le Seigneur.

Si un habitant de Montpellier souffrait quelque dommage d'un habitant d'une ville étrangère, tout habitant de cette ville, se trouvant alors à Montpellier, était responsable du dommage; ce qui paraît d'abord excessivement inique, mais ce qui, en même temps, ne laissait pas d'influer singulièrement sur le maintien de la morale et de la bonne foi, et sur l'exécution d'une bonne police, en rendant ces étrangers responsables les uns des autres.

Ces coutumes et ces usages locaux des XIIme, XIIIme, XIVme et XVme siècles, offrant aujourd'hui un secours aussi utile que curieux pour l'intelligence de l'histoire du moyen âge, nous ne croyons pas sans intérêt d'analyser ici les principaux articles des *coutumes du Petit Thalamus*, que nous avons plusieurs fois cité dans cet ouvrage.

« Un seul est Seigneur de Montpellier, qui', par la volonté de Dieu, gouverne son peuple et sa seigneurie. *Uns sols es senher de Montpeylier que enaissi ab volontat de Dieu governa son pobol e sa honor*[1]. »

[1] Extrait du premier article des coutumes du *Petit Thalamus*. Voici la traduction latine de cet article, telle qu'elle est rapportée dans le *Grand Thalamus,* autre manuscrit précieux, quoique à un degré bien inférieur, par rapport au *Petit Thalamus*, et que l'on conserve également dans les archives de la Mairie de Montpellier.

« Le Seigneur de Montpellier doit jurer, à l'église ou sur la place publique, en présence de tout le peuple, de tenir et garder les libertés, franchises et coutumes de la ville, de les faire observer en tout temps, de ne les point enfreindre, et de ne point souffrir qu'elles soient enfreintes. Il n'a aucun droit sur la liberté ou sur la possession de personne; il ne peut s'opposer à ce que les biens des citoyens soient librement vendus, donnés, échangés, légués ou constitués en dot. Il ne peut forcer aucune femme à prendre mari, et il lui est expressément défendu de se mêler de mariage sans la volonté de la femme et de ses proches. »

« Il nomme le chef de la justice, *le Bayle*, après avoir pris conseil des Consuls, et *d'après leur volonté expresse*. Il doit promettre, par serment, qu'il donnera et fera raison et justice, selon *les lois écrites*, à ceux, *riches ou pauvres*, qui plaideront devant sa Cour de justice. Il doit nommer, dans sa Cour, *des hommes honnêtes, qui aiment la justice et la miséricorde, et qui, par prix, par prêt, par dons, par service, par amitié,*

Unus solus est Dominus Montispessulani qui sic suum Domino favente regit populum et honorem. Le mot *honor* a pu présenter quelque obscurité pour le sens qu'il convient d'y attacher. On trouve, en effet, ce substantif dans des chartes du moyen âge, où il ne signifie autre chose que *gloire, honneur*. Nous avons même cité, à l'article *langage*, un document où ce mot a conservé ce dernier sens: *a lausor, honor et gloria de Dieu, et honor et proffict del rey;* ce document est de 1424. Toutefois il est certain que, dans la plupart des chartes et titres antérieurs, le mot *honor* signifie *fortune, domaine, seigneurie*. On en peut voir plusieurs exemples dans les preuves de l'Histoire générale de Languedoc.

ou par inimitié, ne puissent s'écarter de la justice et de la miséricorde. »

« Le Seigneur doit aimer les habitants de Montpellier, les protéger, et fuir toute occasion de leur nuire dans leurs personnes et dans leurs biens ; et, s'ils croissent et multiplient *en avoir et en honneur*, le Seigneur doit en éprouver de la joie, et les aider à croître et à multiplier en avoir et en honneur. »

« En l'absence du Seigneur, un Lieutenant tient son lieu et place. »

« Les Consuls sont à la fois les législateurs et les administrateurs de la Cité ; ils forment le Conseil du Seigneur, qui ne peut décider aucune chose sans l'avoir soumise à leur délibération et à leur approbation ; ils ont l'initiative en tout, et décident de tout ce qui a rapport à la chose publique ; fixent les dépenses ; font les lois et les règlements ; modifient, interprètent les coutumes ; nomment à divers offices publics, et, entre autres, à ceux qui concernent l'impôt et la police. »

« Il sont élus par les habitants et renouvelés chaque année ; un seul peut être pris dans la même maison ; aucun de ceux qui sortent de charge ne peut être immédiatement réélu[1]. »

« Chaque classe de citoyens fournit un Consul qui la représente dans le gouvernement : ainsi, un Consul est tiré de la classe des bourgeois ; un autre de la classe des épiciers, merciers, etc.; un autre de la classe des charpentiers, bouchers, maçons, maréchaux, laboureurs, et de même des autres classes. »

---

[1] V. ci dessus la note p. 223, et ci-après pag 297.

« Lors de leur élection, les Consuls jurent, entre les mains de leurs prédécesseurs, de régir et gouverner fidèlement et utilement, selon les coutumes, la communauté de Montpellier, et de veiller à la conservation de la sainte foi catholique ; ils tiennent leurs séances dans la maison du Consulat, où ils se rassemblent au son de la cloche de l'église de Notre-Dame-des-Tables. »

« Le *Bayle* est le chef de l'ordre judiciaire ; il est élu par les Consuls et confirmé par le Seigneur ; il ne reste en charge que pendant un an, et ne peut y rentrer avant quatre ans révolus. Un juif ne peut être Bayle. Tout ce que le Bayle fait, le Seigneur le tient pour irrévocable à tout jamais. »

« Les juges formant la Cour de justice sont élus par le Bayle et par le Seigneur ; ils ne restent en charge que pendant un an, et ne peuvent y rentrer avant deux ans révolus. »

« Le Bayle et les juges doivent être élus parmi les hommes les plus loyaux de la ville de Montpellier seulement ; ils font serment au Seigneur, devant le peuple, de ne rien recevoir des parties, ni eux, ni leurs femmes, ni personne pour eux ; de rendre bonne justice à tous, au pauvre comme au riche, et de juger selon les lois. »

A cette occasion, nous devons rappeler un des statuts des Consuls, de 1225, portant que le Seigneur de Montpellier et sa Cour sont obligés et tenus d'ouïr et de terminer, à leurs propres dépens, tous les procès, et que personne, sauf les Chevaliers (*nisi Miles*), ne donnera des gages en aucune cause, soit principale, soit d'appellation.

L'influence de la législation romaine se reconnaît dans les lois qui règlent les rapports des parties entre elles et avec la société : c'est ainsi, par exemple, que le pouvoir du père de famille conserve une grande extension, et que le consentement des parents pour le mariage des enfants est rigoureusement exigé.

On reconnaît encore cette influence dans cet article des statuts des Consuls, dressé en 1235 : une femme qui épouse un jeune homme mineur de 25 ans, sans la connaissance de ses parents, *alliés, exécuteurs* ou *curateurs*, tombera, un mois après qu'ils auront été requis par les mâles mineurs, à la merci du Seigneur, avec tout son bien.

Toutefois, il est ici dérogé au droit écrit par un autre article des mêmes statuts qui veut que les filles au-dessous de 25 ans, non mariées, ayant des biens communs avec des garçons ou filles majeurs ou mineurs, puissent, pour cause de mariage, appeler les autres pour en faire la division.

« La Cour connaît des affaires civiles, commerciales et criminelles. Il est défendu au Seigneur et aux juges de s'immiscer dans les démêlés élevés entre les citoyens, lorsque ceux-ci ne portent pas plainte. »

On sait qu'un des statuts du consulat de 1235 veut que l'accusateur ou dénonciateur soit tenu de s'obliger à la peine du talion, si l'accusation est reconnue calomnieuse.

Des Consuls de mer veillaient aux intérêts de la navigation, et jugeaient les différends élevés entre ceux qui se livraient au commerce maritime. Des règlements très-développés régissaient cette institution, qu'on retrouve, dans le moyen âge, sur tout le littoral de la Méditerranée. Le consulat de mer fut supprimé en 1691, et remplacé par la Bourse consulaire. Cette juridiction avait pouvoir de connaître et de décider de tout billet de change et autres cas sur le fait du commerce. Elle s'étendait dans les diocèses de Montpellier, Béziers, Nimes, Uzès, Viviers, Le Puy, Mende, Lodève, Agde, Narbonne, St-Pons[1].

L'administration diocésaine de Montpellier se composait d'un Évêque, suffragant de l'Archevêché de Narbonne (il l'est aujourd'hui de celui d'Avignon); d'un Chapitre cathédral composé de vingt-quatre chanoines, en y comprenant le prévôt, trois archidiacres, le chantre, le sacristain, l'aumônier, l'ouvrier, etc., d'une Chambre ou Bureau ecclésiastique formé de six juges ou députés du clergé, présidés par l'Évêque, et d'un syndic; enfin d'un Tribunal de l'Officialité, ayant un official, un vice-gérant, un promoteur, un greffier.

Les Évêques de l'église de Montpellier avaient autrefois le droit de faire battre monnaie : plusieurs des Prélats qui ont occupé le siége épiscopal de cette ville ont gardé une place distinguée dans son histoire. On en compte cinquante-quatre depuis l'établissement du siége à Maguelone jusqu'à sa translation à Montpellier, en 1536, et quinze depuis cette translation.[2] Le Chapitre de Montpellier a eu parmi ses membres des personnes

---

[1] V. ci-dessus la note pag. 223.

[2] V. les noms des treize derniers Évêques avant 1790, ci-dessus pag. 195.—Depuis le Concordat, les Évêques sont : Jean-Louis-Simon Rollet, 1802 ; Marie-Nicolas Fournier, 1806; Charles-Thomas Thibault, 1835.

remarquables par leur naissance, leur piété, leur savoir : nous nommerons les Gariel, les d'Aigrefeuille, les Pouget, les Fleury, etc.

Le premier Gouverneur de la province de Languedoc, depuis sa réunion à la couronne, fut Humbert de Beaujeu, qui fut ensuite Connétable de France. Il fut nommé par Louis VIII, en 1226. — Le Gouverneur avait sous ses ordres les différentes autorités militaires de la Province. On prétend que Bérenger de Cerveria a été le premier Gouverneur de la ville de Montpellier : celui-ci vivait en 1225. — L'intendance de Languedoc avait son siége dans cette ville. L'Intendant avait des subdélégués en différentes localités de la Province. On peut faire remonter jusqu'en 1135 l'établissement des Intendants ou commissaires départis pour l'exécution des ordres du Roi dans les provinces ou généralités du Royaume. — Les derniers Intendants de la Province sont : de Tubeuf et de Bezons, 1665; Daguesseau, 1674; de Basville, 1687 ; de Bernage le père, 1719; de Bernage le fils, 1724; Le Nain, 1743; Guignard de St-Priest, 1751 ; Vicomte de St-Priest le fils, adjoint à son père, 1764; de Ballainvilliers, le dernier Intendant de Languedoc, 1786.

La Cour des Aides fut créée par Charles VII, l'an 1437, durant le séjour que ce roi fit à Montpellier. Elle n'avait pas d'abord de lieu fixe : Louis XI la fixa définitivement dans cette ville trente ans après que le roi Charles VII, son père, en eut fait le premier établissement dans le Languedoc; ses lettres sont du 22 Septembre 1467. — La Chambre des Comptes, instituée à Montpellier par François Ier, en 1523, fut réunie à la Cour des Aides, par un édit de Louis XIII, donné à

Nimes, au mois de Juillet 1629. — Vers le milieu du dernier siècle, cette Cour comptait dans sa composition : le gouverneur de la Province, premier président-né ; un premier président ; douze présidents ; trois présidents honoraires ; les trois lieutenants-généraux de la Province, et le gouverneur de Montpellier, conseillers d'honneur-nés ; un conseiller d'honneur ; deux chevaliers d'honneur ; soixante-cinq conseillers ; dix-sept correcteurs ; vingt-trois auditeurs ; deux avocats-généraux et un procureur-général ; un greffier en chef et deux principaux commis au greffe.

Les officiers de la Chancellerie auprès de la Cour des Comptes étaient connus sous le nom de Conseillers secrétaires du Roi : ils avaient à leur tête un officier garde du sceau, à titre d'office ; ils étaient au nombre de vingt.

Avant l'établissement du bureau des Trésoriers de France, il existait à Montpellier les Généraux des finances, dont le plus ancien qui soit connu est Jean Chauchat, en 1387. Le dernier fut Charles Du Plessis, chevalier, seigneur des Savonières, sous Henri II.

Les Trésoriers de France furent établis à Montpellier, en 1551, par François Ier. Leur juridiction s'étendait dans tout ce qu'on appelait Généralité de Montpellier, qui comprenait les douze diocèses du Bas-Languedoc.

Nous avons parlé ci-dessus de l'institution du Sénéchal, du Siége présidial et de la Cour du Petit-Scel, réunie, en 1750, au Présidial qui doit son origine au roi St-Louis, et son siége à Montpellier, à Philippe-le-Bel. Les membres de ces tribunaux étaient : le gouverneur de la Ville, sénéchal ; un premier président, présidial, juge-mage, maire perpétuel ; un second président; un juge criminel; un lieutenant principal; un lieutenant particulier; dix conseillers, un procureur et un avocat du roi; un greffier en chef.

Il y avait encore, à Montpellier, *la Maîtrise des eaux et forêts*, pour connaître en première instance, tant au civil qu'au criminel, de toutes les matières d'eaux et forêts, pêche et chasse, dans l'étendue de son ressort. Cette juridiction avait ses officiers, ses maître de port, juge des traites, visiteur des gabelles, juge de l'équivalent, etc. — Enfin la compagnie de la *Maréchaussée* était composée d'un prévôt général, de quatre lieutenants, de quatre assesseurs, de quatre procureurs du roi, de quatre greffiers et de trente-trois brigades.

Indépendamment de cette force armée, Montpellier formait une des cinq capitaineries de la Province, auxquelles on avait donné le nom de milice garde-côte. — La *milice bourgeoise*, ancienne institution dont nous avons déjà parlé, composée d'hommes du tiers-état, et partagée en six compagnies qu'on appelait *sixains*, devait prendre les armes au premier ordre, soit pour monter la garde à l'Hôtel-de-Ville et autres postes, soit pour faire le service en l'absence des troupes réglées.

L'administration proprement dite de la Ville était confiée aux Nobles Prud'hommes ou Consuls. Ceux-ci furent au nombre de douze jusqu'en 1391, époque où le roi Charles VI, par ses lettres du 20 Mars, réduisit le nombre de ces magistrats municipaux à quatre dans toutes les villes du Languedoc. Les mêmes lettres du Roi font une exception en faveur de la ville de Montpellier, et fixent le nombre de ses Consuls à six. Par ses lettres données à Toulouse, le 1er Décembre de la même année, il réforma cette exception et restreignit le nombre des Consuls de Montpellier à quatre. Enfin, sur la représentation de ces magistrats, leur nombre fut augmenté de deux autres, quatre ans après, et, dès 1394, il y eut six Consuls à Montpellier, ce qui fut continué depuis.

La juridiction de l'Hôtel-de-Ville était composée d'un maire ou viguier perpétuel, de deux lieutenants de maire, des six Consuls, dont le premier était toujours un gentilhomme, le second un bourgeois, ainsi des autres, comme il a été dit ci-dessus, d'un procureur du roi, d'un trésorier, d'un greffier, etc. — Il y avait, de plus, deux capitaines de ville, et quatre compagnies de guet. — La suite consulaire était composée de six hallebardiers, d'un trompette, à la livrée de la Ville, et de six écuyers en robe, avec des masses d'argent.

La Mairie de Montpellier fut établie en 1693, et les provisions en furent expédiées à Messire George de Belleval, Président à la Cour des Aides, en 1694. Gaspard de Belleval, son fils, lui succéda jusqu'en 1699 inclusivement. La Mairie fut rétablie en 1734, et la commission en fut donnée à Mre Louis de Manse, Trésorier de France. En 1743, les provisions furent expédiées en faveur de Mre de Massilian, lequel fut remplacé, en 1754, par Mre Jean-Antoine de Cambacérès.

On avait coutume d'élire les Consuls le 1er du mois de Mars, quoiqu'ils ne dussent entrer en exercice que le 25, jour où l'année commençait en France, avant que le roi Charles IX, par son ordonnance expresse de 1564, eût fixé la nouvelle année au commencement de Janvier, comme au temps de Numa.

Les principales fonctions des magistrats municipaux

étaient de se présenter dans les affaires qui intéressaient la Communauté, et de veiller à la police. Ils poursuivaient, en leur nom, les procès qui regardaient la ville. Ils faisaient les honneurs de la Cité au passage des Princes et des personnes de distinction ; dans les grandes solennités, dans les cérémonies, ils étaient chargés du devoir public : ils jouissaient de plusieurs droits honorifiques. Le Roi leur faisait l'honneur, comme aux Capitouls de Toulouse, de leur adresser immédiatement ses ordres à la naissance des Fils de France, et dans les grandes occasions; tandis que, dans les autres villes, les Consuls recevaient l'ordre du Commandant de la Province. Les affaires de police allaient en première instance aux Consuls, et, par appel, au Parlement de Toulouse.

Pour soulager ces magistrats dans leurs fonctions, on avait institué différents conseils, selon la nature des affaires ; l'un de ces conseils était appelé *Bureau de police*, l'autre *Conseil de ville* : chacun d'eux était composé de vingt-quatre Conseillers. — Il y avait, en outre, un *Conseil de quatorze*, dont la fonction était de se partager les sixains de la ville et de les visiter une fois l'année avec un Consul en chaperon : ils écrivaient le nom des personnes de chaque maison, île par île, et, l'ouvrage fini, ils s'assemblaient à l'Hôtel-de-Ville, pour y faire le département de la taille, de la capitation et d'autres impôts sur tous les contribuables.

La ville de Montpellier est aujourd'hui administrée par un Maire et trois Adjoints, nommés par l'Empereur. Le Conseil municipal est composé de trente membres élus par leurs concitoyens.

CHAPITRE XXXI.

Commerce.

Montpellier est dès long-temps une ville d'industrie et de commerce. On a pu remarquer, dans la notice historique placée au commencement de cet ouvrage, que sa prospérité, long-temps avant les guerres de religion, était due presque exclusivement à ses nombreuses et lucratives relations commerciales dans le Levant, en Italie et ailleurs, et aux progrès immenses que ses habitants avaient fait faire aux arts industriels. Nous ne parlerons pas des débris de monuments authentiques que nous possédons encore et qui attestent ces faits : il est certain, par ces monuments et par les institutions dont nous retrouvons aujourd'hui les traces, que, soit avant, soit après sa réunion à la couronne, Montpellier était une des villes de France les plus commerçantes.

Nous voyons dans le *Petit* et le *Grand Thalamus*, que, bien antérieurement au XIIIme siècle, elle faisait un grand commerce avec l'Orient. Les marchandises d'Asie, d'Afrique, et notamment les épiceries, arrivaient à Montpellier par les ports de Maguelone, de Lattes, d'Aigues-Mortes, et même par le petit port de St-Gilles, etc. — Mais c'est principalement dans le XIIIme siècle que l'on trouve, dans les manuscrits précités, la plupart des transactions commerciales conclues entre Montpellier et des Princes du Levant, ou des villes commerçantes de la Méditerranée, soit de

France, soit d'Italie, telles que Marseille, Toulon, Antibes, Gênes, Pise, Nice, etc. C'est aussi à cette époque que Montpellier obtint du roi St Louis la confirmation du privilége, qui lui avait été accordé par le roi Louis-le-Gros, son père, de négocier dans tout le Royaume.

Cette prépondérance commerciale dut décliner lorsque de grandes découvertes géographiques, ouvrant d'autres routes à la spéculation, donnèrent l'idée de nouvelles entreprises, et firent créer de nouveaux établissements. Le négoce de cette ville reçut des atteintes beaucoup plus fâcheuses des dissidences religieuses.

C'est à peine si l'on reconnaît de nos jours l'emplacement du port de *Lattes*, qui favorisait jadis si puissamment le commerce de Montpellier. Et l'on ne peut mettre en doute l'importance de ce port, lorsque l'on considère que les magistrats que nous avons précédemment fait connaître sous le nom de *Consuls de mer*, étaient spécialement chargés du soin d'entretenir le chemin qui conduisait de Montpellier à ce débouché et entrepôt de son commerce.

Le négoce de la ville, que des causes majeures et des temps malheureux avaient fait languir, reprit un plus grand éclat et un accroissement considérable sous le règne de Louis XIV. De nouveaux ports, de vastes canaux furent creusés; les relations lointaines furent rétablies. La première pierre du môle de Cette fut posée le 29 Juillet 1666. On sait que ce port fait aujourd'hui la plus grande partie du commerce de Montpellier. Un canal qui coupe à angles droits celui du port, communique, d'une part, au Canal des Étangs, à l'étang de Tau, au port de Mèze, au Canal du Midi, à la Garonne, à l'Océan ; et, d'autre part, au Canal des Étangs et au Rhône. Ainsi Montpellier peut communiquer avec Cette par la voie de terre et par la voie du Canal des Étangs ; car le canal du *Pont-Juvénal*, ou *Port-Juvénal*, autrement *Canal de Grave*, aux portes de Montpellier, lequel n'est que la continuation de la rivière du Lez, aboutit au Canal des Étangs qui conduit à Cette. Une large route facilite aussi les relations commerciales par terre. Mais ces relations ont pris une extension et un développement bien autrement considérables par le chemin de fer de Montpellier à Cette, terminé en 1837. Cette voie de fer et celle de Nimes, faite en 1844, qui s'y relie, ont donné au commerce et aux relations de Cette et de Montpellier une vie nouvelle, une nouvelle existence commerciale. Attendons un développement de commerce beaucoup plus considérable encore de l'établissement des rails qui viennent d'unir (1857) Bordeaux à Montpellier et à Cette, l'Océan à la Méditerranée.

Il faut placer au premier rang de l'industrie commerciale de Montpellier les *vins* que produit le pays : l'exportation des vins de St-Georges, de St-Drézéry, de St-Christol, des muscats de Lunel, de Frontignan, de Béziers, de Cazouls et de tout le Languedoc, des *eaux-de-vie* et des *liqueurs spiritueuses*, fabriquées dans la contrée, est si considérable, qu'on peut dire qu'elle compose la plus grande partie des chargements.

Ces boissons ne sont pas les seules denrées que la culture de la vigne fournisse au commerce : il faut y comprendre encore la fabrication du *vert-de-gris* ou *verdet*, et de la *crème de tartre*. Quoique le commerce de la première de ces drogues, qu'on prépare avec le marc de raisin ou avec le vinaigre, et qui est employée dans la teinture, ait considérablement diminué à Montpellier et dans les localités voisines, il ne laisse pas néanmoins d'y être encore une branche essentielle de l'industrie. Le *sel* ou la *crème de tartre* est une espèce de cristallisation que dépose le vin sur les parois des tonneaux : c'est un mordant pour la teinture.

Le *commerce des laines et la fabrication des couvertures de laine* sont très-anciens dans Montpellier, puisqu'on trouve qu'en 1314 les Consuls de la Ville y appelèrent des ouvriers en laine. Mais en aucun temps cette industrie n'a été portée au point où elle se trouve aujourd'hui. On remarquera les beaux établissements en ce genre sur la rivière du Lez.

Les autres principales fabriques de Montpellier ou des environs, sont les *filatures de coton* aussi sur le Lez, les *manufactures d'étoffes de coton, de flanelles, de siamoises, les métiers de soieries* : il en sort des toiles à carreaux, des calicots, des mouchoirs, des bonnets de coton, des bas et des gants de soie, etc.

Nous avons mentionné, à l'article des productions, les plantes tinctoriales : nous ajouterons ici que Montpellier fait un grand commerce du *tournesol* et de la *garance*. — L'écorce de la racine du *petit chêne-vert* est employée comme tan avec grand succès : cet arbre est très-abondant dans les environs de Montpellier, et la *tannerie* et le *corroi* occupent bien des bras en cette ville.

Le commerce des *plantes aromatiques* et des *parfums* a acquis à Montpellier une réputation que la Capitale même a confirmée. Les herbes odoriférantes se plaisent sur les collines voisines de cette ville : aussi l'on voit que lorsqu'elle a offert des présents à quelque Prince ou à quelque personne considérable, elle a mêlé aux autres dons des parfums, des sucreries, des confitures, etc.

Enfin, pour ne pas trop étendre la nomenclature des divers objets de négoce de Montpellier, nous ajouterons, aux autres industries de la ville, les *produits chimiques*, les *eaux-fortes*, l'*huile de vitriol*, etc., les *salpêtreries*, les *brasseries*, les *cierges*, les *bougies*, etc.

La ville de Montpellier a un Tribunal de commerce et une Bourse de commerce : elle compte environ quatre-vingts grandes maisons de négoce ou de fabrique; on peut évaluer à deux cents le nombre des maisons commerçantes ou industrielles de seconde classe.

La tenue de la *Bourse* (édifice *St-Côme*) devrait avoir lieu les lundi et les jeudi à midi. — Il y a deux marchés publics en cette ville; le mercredi pour les grains (place *St-Côme*), le lundi pour les bestiaux (place de l'*Abattoir*).

Montpellier a deux foires qui se tenaient précédemment au Port-Juvénal, le 2 Novembre et le lundi de *Quasimodo*; aujourd'hui le champ de foire est sur l'*Esplanade*[1]. Autrefois elles duraient trois jours chacune, à moins qu'elles ne fussent interrompues par un dimanche. On observait encore cet usage dans le dernier

---

[1] V. ci-dessus, pag. 137.

siècle; et comme les marchands juifs y vendaient toute sorte d'étoffes, il arrivait quelquefois que ces trois jours étaient aussi interrompus, soit par la célébration de leur Pâques, soit par celle de quelque jour de sabbat qui se rencontrait pendant la foire. Aujourd'hui, elles durent six et huit jours : c'est un rendez-vous de plaisir et de fête autant qu'un centre de relations commerciales.

CHAPITRE XXXII.

Biographie.

Les hommes célèbres auxquels Montpellier a donné le jour, appartenant à l'illustration de cette ville, nous en donnerons une brièvre nomenclature, où nous ne ferons figurer que ceux qui ont eu le plus de réputation.

AIGREFEUILLE (D') ou mieux DE GREFEUILLE (Charles), historien de la ville de Montpellier, né d'une famille ancienne, fut nommé Chanoine de l'église cathédrale de St-Pierre. Auteur de l'*Histoire civile et ecclésiastique de Montpellier*, 2 v. in-fol., 1737-1739; écrivain impartial, mais quelquefois incomplet. Mort le 24 Décembre 1743, à l'âge de 76 ans.

AIGREFEUILLE (Fulcran-Jean-Joseph-Hyacinthe D'), de la même famille que l'historien, Conseiller du Roi, Premier Président de la Cour des Comptes, Aides et Finances de Montpellier, savant distingué, Académicien honoraire de Montpellier et de Paris, né le 26 Février 1700, mort le 30 Août 1771.

*

AIGREFEUILLE (Marquis D'), fils du précédent, né vers 1745, Procureur-Général à la Cour des Aides de Montpellier. Admis dans l'intimité de Cambacérès, il a laissé la réputation d'un gastronome aussi aimable que savant dans l'art de bien vivre. Mort en 1818.

ALBISSON (Jean), savant jurisconsulte, membre du Tribunat et Conseiller d'État, a recueilli les *Lois municipales et économiques de Languedoc*, 7 v. in-4º, 1780-1787. Cet ouvrage n'est pas terminé. Albisson a coopéré à la confection des divers Codes de législation. Né en 1733, mort en 1810.

ALLETZ (Pons-Augustin), auteur d'un grand nombre d'ouvrages utiles, entre autres des *Ornements de la mémoire*; né en 1703, mort en 1785.

ALLUT (Antoine), physicien, né en 1743, mort en 1794.

ALLUT (Scipion), littérateur, parent du précédent, né en 1747, mort en 1781.

ALMÉRAS (Guillaume D'). Nom qui figure avec éclat dans les fastes de la marine. D'Alméras commandait l'avant-garde, sous les ordres de Duquesne, au combat naval de Messine, où il trouva une mort glorieuse, le 22 Avril 1676.

AMOREUX (Pierre-Jacques), médecin naturaliste distingué que Montpellier réclame à plusieurs titres, bien qu'il soit né à Beaucaire, a laissé plusieurs écrits remarquables; nous citerons principalement les suivants: *Traité de l'Olivier*. Montpellier, 1784, in-8º. *Traité des haies vives*. Montpellier, 1809, in-8º. *Notice des insectes de la France, réputés venimeux.* Paris, 1789, in-8º. *Essai historique et littéraire sur la médecine des Arabes.* Montpellier. 1805, in-8º. *Précis historique de l'art vétérinaire.* Montpellier, 1810, in-8º. *Opuscule sur les truffes.* Montpellier, 1813, in-8º, etc. Mort en 1824.

ARNAUD (Daniel), troubadour. XIIme siècle. V. Nostradamus, *Vie des Poëtes provençaux.* Lyon, 1575, p. 41.

ARNAUD DE VILLENEUVE, médecin et chimiste, né à Villeneuve-lez-Maguelone, près de Montpellier, mort en 1314.

ARTAUD (Jean-Baptiste), auteur comique, né en 1732, mort en 1796.

AUBRY (Jean), né dans la première moitié du XVIIme siècle, auteur de livres de médecine assez singuliers. Il fut docteur en droit, abbé, chimiste, médecin. Mort en 1667.

AUZIÈRES (Dom Pierre), né à Montpellier en 1650. Entré de bonne heure chez les Bénédictins, fit profession à l'âge de 20 ans, dans l'Abbaye de St-Mélaine-de-Rennes, le 13 Juin 1670. Son mérite l'éleva aux dignités du cloître. Ce fut Auzières qui, avec Dom Gabriel Marcland, fut désigné par le Père-Général pour entreprendre le grand œuvre de l'*Histoire générale de Languedoc.* C'est déjà faire l'éloge de la science et de l'ardeur infatigable de l'un et de l'autre. Notre Bénédictin travailla pendant six ou sept ans aux fondements de l'édifice élevé un peu plus tard par les mains de Dom Devic et de Dom Vaissete. Auzières mourut à Saint-Sauveur d'Aniane, le 13 Janvier 1734. (V. notre *Intro-*

duction à l'Histoire générale de Languedoc. In-4º, 1853, pag. 5.

BADON (Jean-Antoine), a composé plusieurs mémoires intéressants sur divers points de physique. Mort en 1792.

BARTHEZ (Paul-Joseph). C'est en vain que d'autres villes ont réclamé l'honneur d'avoir donné le jour à cet homme célèbre. On sait positivement aujourd'hui qu'il est né à Montpellier le 11 Décembre 1734. Il commença ses études médicales en 1750, et obtint le grade de Docteur en 1753. On lui conféra le titre de Conservateur royal en 1758; à la suite d'un brillant concours, en 1761, il fut nommé Professeur de l'Université de Montpellier, dont il devint vice-Chancelier en Mars 1773. Bientôt après, il étudia le droit, reçut les honneurs du baccalauréat et de la licence en 1778; ensuite il acquit une charge de Conseiller à la Cour des Aides. En 1781, le Duc d'Orléans le choisit pour son premier médecin; il fut Chancelier titulaire de la Faculté de Montpellier, en 1785. Appelé dans la plupart des Sociétés savantes de l'Europe, au Conseil d'État, etc., il rentra au sein de l'École de médecine de cette ville, qui avait remplacé, en l'an III, l'ancienne Faculté. Mort de la pierre, le 15 Octobre 1816.

Nous ne pouvons énumérer ici les nombreux ouvrages de Barthez, dont le nom a fait époque dans la science; nous nous contenterons de nommer : 1º *Nova doctrina de fonctionibus corporis humani*, qu'il publia depuis, avec de nombreuses additions, sous le titre de *Nouveaux Éléments de la science de l'homme*, 1804, in-8º;

2° *Mécanique des mouvements de l'homme et des animaux*, 1798, in-4°; 3° *Mémoire sur le traitement des fluxions et sur la passion iliaque*, 1802, in-8°; 4° *Traité des maladies goutteuses*, 1802, in-8°; 5° les articles de médecine de l'*Encyclopédie*, signés de la lettre G. M. le Professeur Lordat, son élève et son successeur, a publié ses *Consultations* et l'*Exposition de sa Doctrine médicale*, etc.

Beaulac (Guillaume), jurisconsulte, mort en 1804.

Belleval (Pierre-Richer de), médecin botaniste. Quoique né à Châlons-sur-Marne, de parents originaires de Picardie, il a droit à cet article, puisque c'est à ses soins qu'on doit la création du Jardin des Plantes de Montpellier. Il a écrit plusieurs opuscules sur l'agriculture et la botanique, qui ont été recueillis par Auguste Broussonnet. Ce savant botaniste avait rassemblé des matériaux pour l'histoire des végétaux du Languedoc. Né en 1564, mort en 1623.

Belleval (Martin-Richer de), neveu du précédent, succéda à son oncle dans les fonctions de professeur d'anatomie et de botanique, et devint Chancelier de l'Université de Montpellier. Mort en 1644.

Belleval (Charles-Pharamond de), littérateur et botaniste, auteur d'une excellente *Notice* sur Montpellier et de plusieurs opuscules sur la Flore de cette ville ou du Languedoc; mort en 1836.

Benezech (N.), Ministre de l'intérieur sous le Directoire, Conseiller d'État et Préfet colonial à Saint-Domingue; né en 1745, mort en 1802.

Bérard (Joseph-Frédéric), médecin philosophe, né à Montpellier le 4 Novembre 1789, mort dans la même ville le 16 Avril 1828. Il avait à peine 21 ans quand il fut reçu docteur. On remarqua dans sa thèse inaugurale la force et la tendance toute philosophique de son esprit. Bientôt il coopéra à la rédaction du grand *Dictionnaire des sciences médicales*. Ses articles ont toutes les qualités qui le distinguèrent depuis : amour passionné de la science, sagacité, hardiesse de vues, étendue des connaissances, facilité de style, netteté d'exposition, et, par-dessus tout cela, cette philosophie et ce spiritualisme qu'il avait puisés dans les principes de l'École à laquelle il s'est toujours fait gloire d'appartenir. On regrette vivement que sa fin prématurée ne lui ait pas permis de compléter le grand et magnifique travail qu'il avait entrepris sous le titre de *Doctrine médicale de l'École de Montpellier* (1819). Son livre de la *Doctrine des rapports du physique et du moral* (1823), in-8º, ne lui fit pas seulement un nom en médecine, mais aussi en philosophie. Nommé médecin de la Charité à Paris, il fut, peu de temps après, appelé à une chaire d'hygiène dans l'École de Montpellier. Nous citerons parmi ses autres ouvrages : *Essai sur les anomalies de la variole et de la varicelle*, 1818, in-8º; *Supplément au traité des maladies chroniques de Dumas*, 1823, in-8º; *Discours sur les améliorations progressives de la santé publique par l'influence de la civilisation*, Montpellier, 1826; *Discours sur le génie de la médecine*, prononcé en 1827, imprimé à Paris en 1830, in-8º; divers *Mémoires* et articles dans la *Revue Médicale* et dans le *Dictionnaire des sciences médicales*.

BERTRAND (Auguste), auteur de poésies qui ne sont pas sans mérite, et qui annoncent surtout de la facilité. On cite de lui l'opéra d'*Estelle et Némorin*, celui de *Numa-Pompilius;* ses *Fables*, ses *Chansons*, ses *Romances*, etc. Mort en 1819.

BOCAUD (Jean), médecin, mort en 1558.

BOERY (Nicolas), BOERIUS ou BOYER. On a de lui plusieurs ouvrages de droit. Né en 1468, mort en 1539.

BON (François-Xavier), Marquis de St-Hilaire, né le 15 Octobre 1678, premier Président de la Cour des Comptes de Montpellier. C'est à lui qu'est due la découverte de la soie qu'on peut tirer de la coque des araignées. Il a laissé des mémoires très-curieux. Mort le 18 Janvier 1761.

BONIER-D'ALCO (Ange), Président à la Cour des Comptes de Montpellier; Conventionnel, historien; né en 1750, assassiné sur la route de Rastadt, le 28 Avril 1799.

BORNIER (Philippe), lieutenant particulier au Présidial, a laissé quelques ouvrages de droit; né en 1634, mort en 1711.

BOURDON (Sébastien), peintre célèbre; né à Frontignan, près de Montpellier, en 1616. M. Poitevin a écrit sa vie. Nous parlons d'une de ses grandes compositions à l'article de l'Église St-Pierre. Mort en 1671.

BROUSSONNET (Pierre-Marie-Auguste), né le 28 Février 1761, professeur de botanique et intendant du Jardin des Plantes de Montpellier; naturaliste dont les travaux ont agrandi la science et contribué aux progrès de l'agriculture. Le nom de *Broussonnetia* a été donné à l'arbre connu vulgairement sous le nom de *mûrier de la Chine.* Mort à Montpellier, le 27 Juillet 1807.

BROUSSONNET (Jean-Louis-Victor), frère du précédent, professeur de clinique à la Faculté de médecine de Montpellier, né le 16 Août 1771. Disciple de Pinel, de Boyer et de Desault à Paris; de J. Hunter, de Blizard et de Cline à Londres; médecin en chef dans l'armée des Pyrénées-Occidentales; il fut, en 1790, appelé par l'Université de Médecine à remplacer son père dans l'enseignement à Montpellier. En 1800, il fut envoyé en Andalousie par le Gouvernement, avec ses collègues Berthe et Lafabrie, pour observer la nature de la maladie qui ravageait alors cette province. Broussonnet eut aussi la gloire d'arrêter le fléau qui désolait le fort Lamalgue et l'hôpital militaire de Toulon, en 1810. L'École de Montpellier se rappelle avec honneur son décanat de 1813 à 1819. Parmi ses ouvrages, nous rappellerons: *De la mode et des habillements*, 1806, in-8°; sa traduction *Des Pronostics d'Hippocrate*, 1822, in-8°; *De l'Antiquité de Montpellier*, 1839, in-8°. Mort à Montpellier, le 17 Décembre 1846.

Son fils, Louis-Raymond Broussonnet, décédé à Montpellier le 24 Mars 1857, à l'âge de 53 ans, agrégé à la Faculté de médecine de Montpellier, a laissé une réputation digne de son oncle et de son père.

BRUEYS (David-Augustin DE), né en 1640. Moins connu par ses nombreux ouvrages de controverse que par ses pièces de théâtre, où il s'est heureusement associé quelquefois le talent de Palaprat; et par son

Histoire du Fanatisme de notre temps (des Camisards), 1709-1713; 4 v. pet. in-12. Mort le 25 Novembre 1723.

Bruguière (Jean-Guillaume), naturaliste; né en 1750, mort en 1799.

Brun (Jean), Académicien de Montpellier, mathématicien et médecin, vivait en 1790.

Cambacérès (l'Abbé de), Archidiacre de l'Église de Montpellier, prédicateur du Roi, né en 1721; orateur éloquent; il est mort le 6 Novembre 1802, n'ayant jamais rien demandé à son neveu, deuxième Consul.

Cambacérès (Étienne-Hubert), neveu de l'Archidiacre, Cardinal, Archevêque de Rouen, et Sénateur. Né le 15 Septembre 1756, mort le 25 Octobre 1821.

Cambacérès (Jean-Jacques-Régis), frère du précédent, avocat, député à la Convention nationale, deuxième Consul, Archi-Chancelier de l'Empire. La biographie de cet homme célèbre est partout et connue de tous. Pour en avoir une idée impartiale, il faut lire le *Discours* de M. J. Massot-Reynier, *sur la vie et les travaux de Cambacérès*; Montpellier, 1846; in-8º. Nous devons nous borner à répéter que vingt ans d'un grand pouvoir n'ont pu faire accuser Cambacérès d'un seul abus d'autorité. Né le 18 Octobre 1753, mort le 8 Mars 1824.

Cambon (Joseph), Président de l'Assemblée législative et de la Convention, habile financier, créateur du grand-livre de la dette publique. Né le 17 Juin 1757, mort le 15 Février 1820.

Campredon (Jacques-David-Martin, Baron de), Général, né à Montpellier, le 13 Janvier 1761, mort dans la même ville, le 11 Avril 1837. Issu d'une famille protestante originaire de Clermont-l'Hérault, il fut destiné de bonne heure à l'état militaire. Dès sa sortie de l'École spéciale du génie de Mézières, en 1782, il eut le grade de lieutenant en second; il fut promu au grade de lieutenant en premier en 1785, et à celui de capitaine en 1791. Il assista aux plus belles actions de l'armée d'Italie; eut une large part aux succès des généraux Baraguay-d'Hilliers, Bernadotte, Berthier, Championnet, Moreau, Masséna, Suchet. Nous ne rappellerons ici que la défense du pont du Var (1800) et le siége de Gaëte (1806), où il commandait le génie. Campredon avait été élevé au grade de général de brigade après la bataille de Fossano; peu de jours après la capitulation de Gaëte, il était nommé, par l'Empereur, général de division. Étant passé au service de Joseph, devenu Roi de Naples, il fut (1809) nommé Ministre de la guerre; il ne quitta ce poste que pour prendre le commandement de l'armée napolitaine pendant la campagne de Russie, où, après sa belle défense de Dantzig, il fut fait prisonnier et conduit à Kiow. Rendu à la liberté en 1814, il occupa de hauts emplois dans sa patrie, et fut appelé, en 1834, à la Chambre des Pairs. Son nom est gravé sur l'arc de triomphe de l'Étoile, côté du sud. Le Général Campredon était grand; sa figure était pleine de noblesse et de dignité; d'un caractère doux et aimable, sa conversation était aussi agréable qu'instructive. Nous nous souviendrons toujours avec plaisir des réunions littéraires dont il était un des plus beaux ornements.

CARNEY (Jean-Alexandre DE), savant laborieux, qui a laissé plusieurs ouvrages importants sur l'astronomie, la géographie, les poids et mesures, la linguistique, etc. Il fut professeur de littérature latine à la Faculté des lettres de Montpellier, créée en 1810. Esprit varié, on a dit de lui qu'à l'inverse de la plupart des auteurs, il tirait tout de son propre fonds et n'empruntait rien à personne. Né en 1741, mort le 3 Mars 1819.

CASTEL (Louis-Bertrand), né en 1688 ; jésuite, savant mathématicien, esprit inventif, connu surtout pour son clavecin oculaire et ses ouvrages originaux. Mort en 1757.

CASTRIES (Joseph-François De La Croix, Marquis DE), né au mois d'Avril 1663. Savant militaire. Il commandait à la belle et célèbre retraite de Nuys, dans l'électorat de Cologne. Successivement maréchal-de-camp, gouverneur de Cette, etc. De la Société royale des sciences de Montpellier, etc. Mort le 24 Juin 1728.

CASTRIES (Armand-Pierre De La Croix DE), Archevêque d'Albi, frère du précédent. Né le 13 Avril 1664, mort le 14 Avril 1747.

CEZELLI (Françoise DE, et non Constance), fille d'un Président de la Chambre des Comptes de Montpellier, femme de Barry, gouverneur de Leucate, petite ville du Bas-Languedoc. Son courage, son généreux dévouement dans le siége de cette place, qu'elle soutint contre les Ligueurs et les Espagnols, en 1590, sont trop connus pour que nous nous y arrêtions longuement. Barry ayant été pris par les Ligueurs, ceux-ci menacèrent l'héroïne d'attacher son époux à un gibet qu'ils avaient fait dresser, si elle ne rendait pas la place. Françoise offrit ses biens, sa personne même pour racheter son mari : « Ma fortune, ma vie, sont à moi, dit-elle, je les donne volontiers pour mon époux ; mais ma ville est au Roi, et mon honneur à Dieu; je dois les conserver jusqu'au dernier soupir. » Son mari fut pendu : Françoise se vengea plus noblement en forçant les ennemis à lever le siége. Henri IV nomma Françoise *Gouverneur* de Leucate jusqu'à la majorité de son fils Hercule. Nous avons sous les yeux sa signature autographe : *Francese de Cezelly*.

CHICOYNEAU (François), Chancelier de l'Université de médecine; premier médecin de Louis XV. Né en 1672, mort en 1752.

CHICOYNEAU (François), fils du précédent, et, comme lui, Chancelier et juge en survivance de l'Université de médecine, intendant du Jardin des Plantes de Montpellier, naquit le 2 Juin 1702. Mort le 22 Juin 1740.

CLAPIÈS (Jean DE), né le 28 Août 1670 ; mathématicien, astronome et ingénieur distingué. On doit à ses travaux de nivellement, faits en 1712, la réalisation de l'aqueduc qui conduit à Montpellier l'eau de la source St-Clément. Mort le 19 Février 1740.

COULAS, de l'Académie de Montpellier. Mort en 1769.

COURTAUD ou CURTAUD (Siméon), professeur et doyen de la Faculté de médecine de Montpellier, jouit d'une certaine célébrité vers le milieu du XVIIme siècle.

CUSSON (Pierre), mathématicien et botaniste estimé; né le 14 Août 1727, mort le 13 Novembre 1783. Linné lui a dédié le genre de plantes appelé *Cussonia*. Son fils aîné lui succéda dans sa place de vice-professeur de botanique.

CRASSOUS (Jean-François-Aaron), député de l'Hérault

au Conseil des Cinq-Cents, membre du Tribunat, puis Sénateur, connu surtout pour ses importants travaux dans ces assemblées; traducteur de Sterne. Mort en 1804.

Danysy (Jean-Hippolyte), un des Académiciens les plus laborieux de la Société royale des sciences de Montpellier. Né à Avignon, sa mère le porta enfant à Montpellier, où il eut véritablement son berceau. Il aida efficacement son père (Augustin-Hyacinthe, né à Avignon, en 1698, mort en 1777) dans le travail des cartes diocésaines de Languedoc que celui-ci avait partagé avec Clapiès et Plantade. Un des fondateurs de l'observatoire de Montpellier, il en fut long-temps le conservateur. Nous lui devons plusieurs mémoires intéressants de physique et d'astronomie. Né le 11 Février 1748, mort vers 1827.

Daru (Pierre-Antoine-Noël-Bruno, Comte), né en 1767, membre du Tribunat, Sénateur, Intendant-Général de la Liste civile, Intendant-Général en Prusse, Ministre plénipotentiaire à Berlin, Ministre secrétaire d'État en 1811; Pair de France; de l'Académie française et de l'Académie des sciences. Poëte, historien; nous ne citerons ici que sa Traduction en vers d'Horace, son Histoire de Bretagne et sa belle Histoire de Venise. C'est un homme carré par la base, disait le grand Capitaine. Napoléon disait encore : Daru joint au travail du bœuf le courage du lion. Mort en 1829.

David (Daniel), troubadour, à la fin du XIIme siècle.

David-le-sage, ou **Lesage** (Daniel), poëte doué d'imagination et de facilité. Mort en 1642.

Despeisses (Antoine), né en 1595. Avocat et auteur célèbre. Ses *œuvres*, recueillies en 3 vol. in-fol., ont au moins le mérite d'être un bon répertoire. Mort en 1658.

Deydier (Antoine), professeur de médecine, a laissé plusieurs ouvrages sur cette science et sur la chimie. Né dans la seconde moitié du XVIIme siècle; mort en 1760.

Dortoman (Pierre), savant médecin, professeur de chirurgie et de pharmacie; né en 1570; mort en 1612.

Draparnaud (Jacques-Philippe-Raymond), né en 1772, naturaliste et grammairien, enlevé de trop bonne heure aux sciences. — Il suffit de nommer son *Histoire des mollusques de la France*, publiée après le décès de l'auteur. Mort en 1805.

Dumas (le Comte Matthieu), général et historien, né le 23 Décembre 1753, accompagna le général Rochambeau en Amérique comme aide-de-camp; assista au siége d'Amsterdam en 1787; commanda, l'année suivante, dans l'Alsace, la Guienne et le Languedoc; successivement aide-de-camp du Maréchal de Broglie et du général Lafayette, maréchal-de-camp; membre de l'Asseemblée législative, on le vit défendre la cause des émigrés; Président de l'Assemblée, il remplaça Condorcet; arrivé au Conseil des Anciens, en 1795, il fit preuve partout de droiture et de modération. Après plusieurs campagnes, nommé général de division en 1805, il s'attacha au Roi Joseph et devint Ministre de la guerre à Naples, puis grand Maréchal du Palais et grand dignitaire de l'ordre des Deux-Siciles. Il assista au passage du Danube, à la bataille de Wagram, suivit Napoléon en Saxe. Conseiller d'État sous Louis XVIII, il fut chargé de la défense de plusieurs projets de lois à la Chambre des Députés. Mort le 16 Octobre 1837. Le général Matthieu Dumas a publié le *Précis des événements militaires* de 1799 à 1800; Paris, 1817, 8 vol. in-8º et 14 atlas in-fol.; et toutes les *campagnes* depuis 1800 jusqu'à la paix de Tilsitt; 17 vol. in-8º et 7 atlas.

Durand (Guillaume), poëte français du XIIme siècle. Mort vers 1172.

Durand (Guillaume), célèbre jurisconsulte et troubadour. Mort en 1270. On prétend qu'il mourut de douleur en apprenant la nouvelle de la mort de sa maîtresse, qui, toutefois, ne mourut point; mais elle se retira dans un monastère pour y pleurer pendant le reste de sa vie un amant si tendre.

Durand (Jean-Jacques-Louis), né en 1760. Président à la Cour des Aides, Maire de Montpellier. Il fit exécuter à ses frais un travail d'assainissement dans le quartier de la Saunerie. Mort sous la hache révolutionnaire, le 12 Janvier 1794.

Durand (Charles-Étienne), ingénieur et architecte français. Né le 29 Novembre 1762, mort à Nimes, le 26 Août 1840. Il est un des auteurs de la *Description des monuments antiques du midi de la France*; Paris, 1819, in-fol. pl.

Durranc (Jean), Jésuite, professa avec distinction les mathématiques à Toulouse, vers 1739.

Ermengaud, médecin de Philippe-le-Bel, a traduit quelques ouvrages de l'arabe. Mort en 1313.

Estève (Louis), médecin et homme de lettres, a

laissé, outre la Vie du médecin Fizes, publiée à Amsterdam, plusieurs ouvrages imprimés, soit à Montpellier, soit à Avignon, de 1751 à 1765.

Estève (Pierre), littérateur distingué du milieu du dernier siècle. On cite de lui principalement : l'*Esprit des Beaux-Arts*, 1753, 2 v. in-12; l'*Histoire de l'astronomie*, 1756, 3 vol. in-12 ; et ses écrits sur la musique.

Fabre de l'Hérault (Denis), né à Montpellier, tué à l'armée des Pyrénées-Orientales, le 9 Janvier 1794. Conseiller à la Cour des Aides de Montpellier, Conventionnel.

Fabre (le Baron François-Xavier), peintre d'un mérite très-distingué. Né le 1er Avril 1766. Bien que nous ayons déjà consacré un article particulier au magnifique don que nous devons à ce généreux enfant de Montpellier, il convient d'ajouter ici quelques mots à la biographie de l'artiste, élève de David. Fabre remporta le grand prix de peinture en 1787, et fut envoyé comme pensionnaire à Rome. Il dut ce prix à son tableau de la *Mort de Sédécias*. Les tableaux qui grandirent sa réputation furent *Abel mort*, *St-Sébastien*, *Milon de Crotone*, *Philoctète*, indépendamment de belles copies d'après Le Guide et Raphaël. Fabre habitait Florence, où, après la mort du poëte Alfieri, il devint la seule société de la Comtesse d'Albany. Après la mort de sa bienfaitrice, Fabre revint dans sa ville natale qu'il avait enrichie de la plus belle partie de l'héritage du poëte et de la Comtesse. Le talent de Fabre, dit M. Garnier, son confrère à l'Académie, se fait remarquer par une grande pureté de dessin, une couleur riche et un fini large et précieux. Ajoutons, avec son biographe, que ses paysages sont pensés avec une extrême délicatesse. Mort à Montpellier, le 12 Mars 1837.

Favre (Jean-Baptiste-Castor), célèbre poëte languedocien, né à Sommières, le 26 Mars 1727, de Claude Favre, régent des Écoles royales, a parlé dans ses écrits la langue de Montpellier. Il fut bibliothécaire du Marquis d'Aubais (1753); vicaire à Leucate (1754); curé à Vic (1755); à Castelnau (1756-1765); prieur du Crès (1765-1769); de Montels (1769-1771); Chanoine à Avignon (1771); professeur d'humanités au Collége de Montpellier (1772); curé à Cournonterral (1773-1780); enfin prieur de Celleneuve où il mourut le 6 Mars 1783. Nous parlons ailleurs de ses poésies.

Fizes (Antoine), né en 1690, savant médecin, et praticien dont la célébrité populaire vivra éternellement à Montpellier. Mort en 1765. Il était fils de Nicolas Fizes, avocat et professeur de mathématiques et d'hydrographie à Montpellier.

Fontanon (Denis), professeur en médecine : il a laissé des ouvrages sur cette science. Mort en 1538.

Formi (Samuel), médecin, vivait à la fin du XVIme siècle. On lui doit quelques écrits sur son art, imprimés dans les ouvrages de Lazare Rivière.

Fouquet (Henri), célèbre professeur à l'École de médecine de Montpellier : il a laissé une haute réputation sous le rapport de la science et de la pratique. Né en 1727, mort en 1806.

Fournier, de l'Académie de Montpellier, médecin naturaliste, écrivait vers le milieu du dernier siècle.

GARIEL (Pierre), né vers 1585; il fut, comme d'Aigrefeuille, chanoine, et, en outre, doyen de la Cathédrale de Montpellier. Ses ouvrages sur le Languedoc, sur Maguelone et sur Montpellier, seront toujours consultés avec fruit par les hommes qui voudront écrire l'histoire de ce pays. Mort vers l'année 1673.

GAUSSEN (Jean), habile et savant physicien, de la Société royale des sciences de Montpellier. Né en 1737, mort le 3 Décembre 1809.

GAUTÉRON (Antoine), secrétaire perpétuel de la Société royale des sciences de Montpellier, médecin, physicien, chimiste. Né le 2 Octobre 1660, mort le 12 Juillet 1737.

GONDANGE (Étienne), habile chirurgien. Né le 27 Février 1673, mort le 1er Mars 1718.

GORDON (Bernard), écrivait, vers l'an 1305, son *Lilium medicinæ*.

GOUAN (Antoine), botaniste, que ses travaux constants et ses nombreux ouvrages ont placé en un rang honorable dans la science. Gouan fut l'ami de J.-J. Rousseau. Né en 1733, mort le 1er Septembre 1821. Une plante apportée de St-Domingue, par Jacquin, a été dédiée à Gouan : on la nomme *Gouania Domingensis*.

GOUDARD (le Chevalier Ange), historien, économiste. Né en 1721, mort en 1791.

GRANGE (N. DE LA), auteur comique. Mort en 1767.

HAGUENOT (Henri), né le 28 Janvier 1687; professeur à la Faculté de médecine, a laissé des mémoires estimés. Il se fit pourvoir, en 1744, d'une charge de

Conseiller à la Cour des Comptes de Montpellier. Haguenot, qui fut aussi doyen de la Faculté, peut être regardé comme le fondateur de la belle bibliothèque de cet établissement. Mort le 11 Décembre 1775.

Icher (Pierre), littérateur, médecin et habile physicien, de la Société royale des sciences de Montpellier. Né le 11 Janvier 1658, mort le 22 Mai 1713.

Jacques, Roi d'Aragon, Seigneur de Montpellier. Né en 1207, mort en 1276. Soixante ans de victoires remportées sur les Maures lui ont mérité le surnom de *Conquérant*. — Son fils puîné, Jacques Ier, roi de Majorque, infant d'Aragon, Seigneur de Montpellier, etc., est aussi né dans cette ville. Mort en 1311.

Joubert (François De), fils aîné d'André de Joubert, syndic des États de Languedoc, fonctions qu'avait exercées son père et qui furent pour ainsi dire héréditaires dans sa famille. Il les quitta pour entrer dans le sacerdoce, et fut un grand théologien. Né en 1689, mort en 1763.

Joubert (René-Gaspard de), frère du précédent, et troisième fils d'André de Joubert; né le 21 Novembre 1696, fut nommé syndic général de la Province en 1733. Il était le quatrième syndic titulaire de la famille depuis 1642, et ces quatre syndics formaient trois générations. Il fut reçu dans la Société royale des sciences de Montpellier en 1757. Mort le 26 Novembre 1780.

— (Le célèbre Laurent Joubert était né à Valence en Dauphiné. Mort en 1582.) C'est la tige de l'honorable famille de ce nom qui vint se fixer à Montpellier.

LAFOSSE (Jean), savant médecin. Il regardait le suicide de Calas fils comme constant; il lia, à cette occasion, une correspondance suivie avec Voltaire. Né le 13 Novembre 1742, mort prématurément le 22 Janvier 1775.

LAMORIER (Louis), chirurgien renommé. Les écrits qu'il a laissés sur son art sont insérés dans les Mémoires de la Société royale des sciences de Montpellier. Né le 4 Octobre 1696, mort le 18 Mars 1777.

LEFAUCHEUR (Michel), ministre protestant, célèbre par ses sermons qu'on a recueillis; il a aussi écrit plusieurs Traités sur la religion. Mort en 1667.

LEPIC (N.) général, commandait les grenadiers à cheval de la garde impériale à Eylau. Enveloppés par un carré de 6000 Russes, on les croyait perdus : *Je suis tranquille*, dit Napoléon; *c'est Lepic qui les commande; il me les ramènera.* Le carré fut détruit; la bataille fut gagnée. Mort en 1832.

MAGNOL (Pierre), médecin, professeur de botanique. Il a écrit plusieurs ouvrages sur la Flore du pays. Un bel arbre de la Caroline lui a été dédié sous le nom de *Magnolia.* Ce célèbre naturaliste est né le 8 Juin 1638. Mort le 21 Mai 1715.

MARCOT (Eustache), médecin, de l'ancienne Académie de Montpellier. Né en 1686, mort en 1755.

MARQUEZ (l'Abbé Pierre), littérateur; né en 1725.

MARTIN-DE-CHOISY (Pierre-Jacques-Durand-Eustache), Conseiller à la Cour impériale de l'Hérault. Magistrat savant et intègre, il consacra ses loisirs à la poésie;

quelques-unes de ses pièces fugitives ne seraient pas indignes de Voltaire. Né en 1756, mort en 1819.

Matte (Jean), habile chimiste; il occupa la place de démonstrateur royal de chimie à l'Université de Montpellier. Né le 1er Février 1670, mort le 7 Août 1742. — Son père a publié un ouvrage intitulé: *Pratique de chimie.*

Maureillan. Voy. Poitevin.

Maurin (Antoine), lieutenant-général; né le 19 Décembre 1771, commandait la 1re division militaire de Paris, quand il mourut le 4 Octobre 1830.

Moline (Pierre-Louis), a composé un nombre considérable d'écrits en prose et en vers, et de pièces de théâtre dans la dernière moitié du XVIIIme siècle.

Montferrier (Jean-Antoine-Du-Vidal Marquis de), syndic-général de la Province, comme son père, naquit le 15 Octobre 1700. Savant distingué de la Société royale de Montpellier, il a laissé plusieurs mémoires curieux. Mort le 9 Mars 1786.

Mourgues (Jacques-Augustin), né le 2 Juin 1734. Savant naturaliste et statisticien. Mort en Janvier 1818.

Nissole (Guillaume), médecin et excellent botaniste. Tournefort lui a dédié quelques plantes connues sous le nom de *Nissolia.* Né le 19 Avril 1647, mort en 1734.

Nissole (Pierre), frère du précédent, chirurgien estimé. Il succéda à son père dans la place d'anatomiste royal à la Faculté de médecine de Montpellier. Né en 1685, mort le 4 Avril 1726.

Nogaret (Guillaume), jurisconsulte et Chancelier de France. Mort vers 1310.

Pacotte (Dom Joseph), né vers 1740. Infatigable, comme tous les religieux de son ordre, il se livra à l'étude des Archives du Languedoc. Chargé, par les États généraux de la Province, de colliger tous les titres essentiels dispersés dans les différents dépôts du pays, il s'aida surtout de la collaboration de Desmazes, Archiviste de la ville de Montpellier, habile paléographe, décédé le 18 Avril 1847, à l'âge de 85 ans. C'est ainsi que nous devons au P. Pacotte 12 volumes in-fol. de documents manuscrits très-intéressants pour l'Histoire de Languedoc. Ces manuscrits sont déposés aux Archives départementales de l'Hérault. D. Pacotte mourut octogénaire, curé d'un chef-lieu de canton dans le département de Seine-et-Marne. Son frère, avocat au conseil, fut l'agent de la province de Languedoc à Paris. (Voy. notre *Introduction bibliographique à l'Histoire générale de Languedoc*, 1853, in-4°, pag. 51-89.)

Pellicier (Guillaume), botaniste, littérateur, succéda à son oncle dans l'évêché de Maguelone. Son zèle, sa doctrine, ses mœurs, furent attaqués par l'esprit de parti : le temps a lavé sa mémoire. C'est à ce prélat, recommandable par ses vastes connaissances et son amour pour les sciences, qu'on doit la translation du siége épiscopal à Montpellier. Mort dans cette ville en 1568. Il était né à Mauguio vers 1490.

Petiot (Jacques), né en 1742, médecin renommé;

professeur de clinique interne : il remplit courageusement son devoir en combattant une maladie contagieuse dont était infecté l'hôpital St-Éloi de Montpellier. Frappé lui-même de la contagion, il succomba en 1805. Déjà il avait montré le même courage en acceptant avec empressement une mission périlleuse auprès de l'armée des Pyrénées-Orientales, dévorée par une maladie épidémique.

Peyre (Antoine-Pierre), habile chimiste. Né en 1721, mort le 26 Mai 1795.

Peyronie (François-Gigot de la), s'est acquis dans la chirurgie une brillante réputation. Il fut premier chirurgien du roi Louis XV. Il légua le tiers de ses biens à la Compagnie des chirurgiens et aux hôpitaux de Montpellier. Cette ville lui doit le monument de St-Côme, destiné dans l'origine à servir d'amphithéâtre anatomique. Né le 15 Janvier 1678, mort le 25 Avril 1747.

Philippi (Jean), Président en la Cour des Aides de Montpellier et Intendant de Languedoc : il a écrit des ouvrages de jurisprudence qui, dans le temps, eurent de la réputation. Né en 1518, mort en 1612.

Pilleterius (Gaspard), médecin, a laissé un ouvrage sur les plantes de la Valachie et de la Zélande, imprimé en 1610, in-8º.

Plantade (François de), secrétaire perpétuel de la Société royale des sciences de Montpellier. Ses travaux scientifiques, ses découvertes importantes, particulièrement en astronomie, sont consignés en partie dans les

Mémoires de cette Société, et dans ceux de l'Académie royale des sciences. Né en 1670, mort le 25 Août 1741.

Poitevin (Jacques), membre de la Société royale des sciences de Montpellier, savant honorable qui a laissé plusieurs ouvrages utiles sur l'agriculture, l'astronomie, la météorologie. Nous nous bornerons à citer son *Essai sur le climat de Montpellier*. Poitevin remplit aussi les fonctions de conseiller de Préfecture. Né en 1742, mort en 1807.

Poitevin (Étienne-Casimir, Vicomte de Maureillan), lieutenant-général du génie. Né le 18 Juillet 1772. Fit les campagnes d'Égypte, de Dalmatie, de Russie. Mort à Metz, le 19 Mai 1829.

Pomaret (Denis), médecin, a laissé quelques observations sur son art, qui, comme celles de Samuel Formi, sont imprimées dans les ouvrages de Lazare Rivière, vers le commencement du XVIIme siècle.

Pouget (François-Amé), prêtre de l'Oratoire, docteur de Sorbonne et abbé de Chambon, auteur du fameux Catéchisme de Montpellier, qui a eu tant d'éditions et qui a été traduit dans presque toutes les langues de l'Europe, même en chinois. Il eut une grande part à la conversion de La Fontaine. Né le 28 Août 1666, mort le 4 Avril 1723.

Prophatius ou Profatius, médecin et astronome, écrivait sur l'astronomie. Mort vers 1330.

Rambaud d'Orange, troubadour, fils de Guillaume d'Omelas, de la maison de Montpellier. Né au commencement du XIIme siècle. Ses poésies sont remarquables pour l'époque où il écrivait. Il fut aimé par la Comtesse de Die. Les vers qu'elle nous a laissés pour se plaindre de l'inconstance ou de l'infidélité de son amant sont pleins de sensibilité et de naturel. Voyez le *Choix de poésies romanes* de M. Raynouard. Rambaud est mort vers l'an 1173.

Ranc (Antoine), peintre distingué. On lui doit un beau tableau qui décorait un des côtés du chœur de la cathédrale, et dont il a été parlé ci-dessus. Vivait à la fin du XVII° siècle.

Ranc (Jean), fils du précédent, né le 12 Janvier 1674, peintre célèbre pour le portrait; de l'Académie royale de peinture, et premier peintre du roi d'Espagne. Il fut le maître de Verdier et d'autres peintres distingués. Mort à Madrid en 1735.

Ranchin, nom qui a illustré la médecine, le barreau, les lettres et l'humanité.

Le jurisconsulte Étienne Ranchin naquit à Uzès vers 1510, et mourut en 1580.

Ranchin (François), né vers 1560, fut Chancelier de la Faculté de médecine de Montpellier. Consul lors de la peste de 1629, sa conduite et son courage lui firent le plus grand honneur. Il a même laissé un *Traité historique de la peste*, dans lequel, comme dans ses autres ouvrages, il a montré autant d'esprit que d'érudition. Mort en 1640.

Ranchin (Guillaume de), Avocat-général en la Cour des Aides de Montpellier, professeur ès-lois, a publié plusieurs discours sur l'éloquence et un *Traité des successions*. Il vivait dans la seconde moitié du XVIme siècle.

RANCHIN (Henri de), Conseiller à la Cour des Comptes de Montpellier, est auteur d'une traduction en vers français des Psaumes de David, imprimée en 1697.

RANCHIN (Jacques de), Conseiller à la Chambre de l'Édit, a composé des vers charmants d'un père à son fils, et le triolet si connu et si vanté par Ménage, qu'il l'appelle le roi des triolets :

> Le premier jour du mois de Mai
> Fut le plus heureux de ma vie.
> Le beau *dessein* que je formai,
> Le premier jour du mois de Mai !
> Je vous vis et je vous aimai.
> Si ce *dessein* vous plut, Sylvie,
> Le premier jour du mois de Mai
> Fut le plus heureux de ma vie.

RAOUX (Jean), peintre, élève d'Antoine Ranc, sinon du fils de celui-ci, né le 12 Juin 1667. Il se perfectionna à Paris dans l'école de Bon Boullongne. Il s'exerça dans les sujets historiques ; il réussit surtout dans les *sujets de caprice*. Il fut membre de l'Académie de peinture. Des quatre tableaux représentant *les quatre âges de l'homme* qu'il fit pour le grand Prieur de Vendôme, lequel l'honora d'une protection particulière, le plus estimé est celui de la *vieillesse*. Raoux fut chargé des peintures du magnifique château de la Mosson, à une lieue de Montpellier, qu'avait fait construire M. Bonnier, Trésorier des États de Languedoc, dont rien ne rappelle l'immense fortune, sinon les débris de ce château et un dicton populaire à Montpellier. Mort à Paris, en 1734.

Ratte (E.-Hyacinthe de), Conseiller en la Chambre des Comptes, membre de la Société des sciences de Montpellier, de l'Institut national, auteur de l'*Histoire et de Mémoires de la Société des sciences de Montpellier, des Éloges des Académiciens de cette Société*, et de plusieurs articles de l'*Encyclopédie*. Homme d'une rare piété et d'un vaste savoir. Il fut à la fois géomètre, astronome, physicien ; on l'honora de la présidence de la Société des sciences et belles-lettres de Montpellier. Les écrivains qui ont eu occasion de parler de M. de Ratte se sont accordés pour rendre hommage à l'étendue de ses connaissances, à ses vertus, à l'innocence de ses mœurs. Né en 1723, mort en 1805.

Raymond (Martin), avocat, a composé un *Traité du domicile, par rapport au privilége d'arrêt accordé aux habitants de Montpellier*. Mort jeune au commencement du XVIIIme siècle.

Rebuffy (Jacques), professeur de droit à Montpellier, juge du Palais, a écrit des Commentaires sur les trois livres du Code. Mort en 1428. — Son neveu, Pierre Rebuffy, né en 1500, mort en 1557, fut un savant jurisconsulte. Il naquit à Baillargues, village à 13 kilom. de Montpellier.

René (Jean-Gaspard-Paschal), général de brigade, né le 23 Juin 1769. Il fit la guerre sous Dugommier, Augereau, Masséna, Monnier, Brune; fut attaché à l'état-major de Napoléon en Égypte; combattit avec Kléber, Menou; fit les campagnes d'Allemagne, de

Prusse, de Pologne. Envoyé en Espagne à l'armée de Dupont, il fut massacré en 1808, à la *Carolina* (Sierra-Morena). Le général René fut estimé de Napoléon qui le nomma baron de l'Empire, et lui assigna une dotation en Westphalie. Son nom est inscrit sur l'arc de triomphe de l'Étoile.

Ricome (Laurent), savant médecin-naturaliste. Né le 24 Octobre 1654, mort le 24 Août 1711.

Rideux (Pierre), physicien et médecin. Né en 1670, mort le 21 Avril 1750.

Rivière (Guillaume), médecin; ami de l'humanité, il s'adonna principalement à l'étude des eaux minérales de Languedoc, et consacra charitablement ses soins aux pauvres. Né en 1665, mort le 14 Juillet 1734.

Rivière (Jean-Brutel de la), né en 1669; fils d'un receveur général des gabelles de Languedoc, quitta son pays lors de la révocation de l'Édit de Nantes, et remplit avec zèle et édification, pendant vingt-deux ans, les fonctions de pasteur de l'église Wallone d'Amsterdam. Il a laissé quelques écrits religieux. Mort en 1742.

Rivière (Lazare), professeur distingué à l'Université de Montpellier. Praticien habile, il a aussi composé plusieurs ouvrages remarquables. Voyez Formi et Pomaret. Né en 1589, mort en 1655.

Roch (Saint), né en 1295, mort le 16 Août 1327. Voyez la *Notice* ci-dessus, pag. 234.

Romieu (Jean-Baptiste), physicien. Né en 1723, mort en 1766.

Rondelet (Guillaume), professeur à la Faculté de médecine de Montpellier, connu notamment par son excellente *Histoire des Poissons*. C'est ce naturaliste qui a mis en usage les eaux thermales de Balaruc. Né en 1507, mort en 1566. Rabelais l'appelle le docteur *Rondibilis*.

Rosset (Pierre-Fulcran de), Conseiller à la Cour des Comptes de Montpellier, auteur d'un poëme sur l'*Agriculture*, où les difficultés du sujet sont souvent heureusement surmontées. Il a aussi composé des hymnes en latin, dont il a donné la version en prose française. Mort en 1788.

Roucher (Jean-Antoine), né le 22 Février 1745, auteur du poëme des *Mois*, où des beautés du premier ordre sont mêlées à de grands défauts. La Harpe a été bien sévère dans son jugement sur ce poëte, et l'on pourrait s'en étonner, si celui qui a mérité d'ailleurs le titre de Quintilien français n'avait poursuivi de sa critique, parfois injuste, presque tous les auteurs contemporains. Roucher a composé d'autres ouvrages qui ont moins contribué que son poëme à sa réputation. Honorable holocauste de la révolution, il plaça, le jour de son exécution (7 Août 1794) au bas de son portrait, adressé à sa femme et à ses enfants, les quatre vers suivants, où respire la sensibilité la plus touchante :

> Ne vous étonnez pas, objets charmants et doux,
> Si quelque air de tristesse obscurcit mon visage ;
> Quand un savant crayon dessinait cette image,
> On dressait l'échafaud, et je pensais à vous.

Sabbathier (Dom Jean), bénédictin. Né vers 1669,

mort Prieur du monastère de St-Bauzille à Nimes, le 9 Janvier. Il se dévoua au service des pestiférés en 1720, et il nous a laissé une *Relation de ce qui s'est passé à Aix en Provence pendant le temps de la peste.* Aix, 1721, in-12. Réimpr. Paris, 1723.

SAGE ou LESAGE (David), poëte languedocien. V. DAVID.

SAPORTA (Antoine), médecin, successivement Professeur, Doyen, Chancelier; a laissé un Traité *de tumoribus.* Mort en 1573.

SARRAU (Jacques), habile chirurgien. Né en 1727, mort le 4 Août 1785.

SARTRE (l'Abbé Pierre), théologien. Né en 1693, mort en 1771.

SÈNES (Dominique DE), savant naturaliste, fils du président de Sènes; de la Société royale des sciences de Montpellier. Né en 1713, mort le 19 Juillet 1768.

SERANE (Charles), médecin, de la Société royale des sciences de Montpellier. Mort en 1755.

SERRE (Michel), professeur à la Faculté de médecine de Montpellier. Né en 1799. Il a, dans sa courte existence, laissé la réputation d'habile chirurgien et des ouvrages de son art très-estimés. Mort le 21 Mars 1849.

SERRES (Claude), jurisconsulte. Né en 1695, mort le 29 Décembre 1768.

SOLIGNAC (Pierre-Joseph de la Pimpré, Chevalier DE), secrétaire et ami du Roi Stanislas Duc de Lorraine, secrétaire perpétuel de l'Académie de Nancy. On remarque, parmi ses ouvrages, l'*Histoire de Pologne* et l'*Éloge historique du Roi Stanislas*. Né en 1687, mort en 1773.

Soverols (Guillaume), médecin. Né dans la première moitié du XVIme siècle; a fait imprimer à Paris un ouvrage ayant pour titre : *Brevis et accurata de peste disputatio.*

Tandon (Auguste), poëte languedocien. Né en 1759. On a de lui un recueil de fables et de contes en vers, qui a eu un succès mérité; il eut pour professeur au Collége de cette ville le célèbre poëte du pays, l'Abbé Favre. Tandon est mort le 25 Novembre 1824.

Teissier (Antoine), retiré en Prusse par suite de la révocation de l'Édit de Nantes; fut nommé conseiller d'ambassade et historiographe de l'Électeur de Brandebourg. Il a laissé beaucoup d'ouvrages historiques, religieux, etc. Né en 1631, mort en 1715.

Thomas (Jean-Pierre), archiviste de la Préfecture de l'Hérault, a laissé des *Mémoires* exacts sur ce département et sur la ville de Montpellier. On lui doit la découverte de l'emplacement du *Forum Domitii* à Montbazin, commune à 21 kilom. de Montpellier. Né le 18 Avril 1756, mort le 29 Juillet 1820.

Ursine des Urcières, dame de Montpellier, qui, d'après le témoignage de Nostradamus, aurait fait partie des Cours d'amour, dans le XIIIme siècle.

Uzilis (Antoine), né au commencement du XVIme siècle; professeur de droit à Montpellier; Conseiller au

Présidial : a composé des ouvrages de jurisprudence.

Verdier (Henri), peintre, élève d'Antoine Ranc, a traité les sujets d'histoire et le genre des portraits. Il avait le titre de Peintre de l'Hôtel-de-Ville de Lyon. Mort en 1721.

Verdier-Allut (Suzanne), née en 1745, a écrit de petits poëmes, des odes, des épîtres, des élégies, des pièces fugitives pleines de charme et de sensibilité. Douée d'une grande force d'âme, qu'on retrouve encore dans ses poésies, on y remarque aussi la hardiesse, l'énergie, l'imagination et le sentiment de l'harmonie poétique. On sait qu'ayant appris, en 1794, que son frère allait périr victime de la révolution, elle se rendit à Paris et l'accompagna jusqu'au pied de l'échafaud, en l'exhortant à mourir en chrétien. Morte en 1813.

Vien (Joseph-Marie), peintre célèbre, élève de Natoire, né en 1716. On a observé que son talent avait plus de grâce que de vigueur : il est simple et naturel. C'est un des peintres qui ont fait le plus d'honneur à l'école française. On peut dire qu'il l'a régénérée, et c'est son premier et son plus beau titre. — Il avait été admis à l'Académie de peinture ; il fut nommé directeur de l'Académie à Rome ; puis, membre du Sénat-Conservateur. Mort en 1809. Il a écrit lui-même les Mémoires de sa vie, à l'âge de 88 ans.

Vigarous (Barthélemi), chirurgien qui a laissé une grande réputation. Né le 21 Janvier 1725. Il fut successivement premier chirurgien interne de l'Hôtel-Dieu St-Éloi, dans sa ville natale, démonstrateur d'anatomie à la Faculté de médecine, professeur aux Écoles de chirurgie, membre de la Société royale des sciences, l'un des chirurgiens en chef du principal hospice civil, et chirurgien-major de l'hôpital militaire. Ses écrits, très-estimés, ont été publiés, après sa mort, par son fils Joseph-Marie-Joachim, sous le titre d'*Œuvres de chirurgie pratique civile et militaire*, 1812, in-8º. Mort le 19 Juillet 1790. (V. ci-dessus, pag. 249.)

Vigarous (François), frère puîné du précédent, docteur en médecine de la Faculté de Montpellier, y fut pourvu d'une chaire qu'il remplit avec distinction. Mort en 1792.

Vincent (N.), lieutenant-général ; fit toutes les guerres de l'Empire. Il avait été aide-de-camp du général Vandamme ; en 1823, il fut envoyé à l'armée des Pyrénées. Mort en 1834.

CHAPITRE XXXIII.

Bibliographie.

Notre intention n'est pas de réunir ici tous les titres des ouvrages qui ont été écrits sur Montpellier. Un travail de cette nature, déjà entrepris par un homme de mérite dont nous déplorons la perte récente, M. Junius Castelnau, satisfera les curieux à cet égard, la Société archéologique de Montpellier se proposant de publier incessamment ce travail dans ses Mémoires. Nous n'avons ici pour but que de présenter aux étrangers un choix de livres pour compléter les diverses notices que nous avons données sur cette ville. Une nomenclature plus étendue nous aurait fait sortir de notre plan et n'aurait pas été du goût de tous les lecteurs.

Essai sur le climat de Montpellier; par J. Poitevin. Montpellier, 1803, in-4.

Topographie médicale de la ville de Montpellier; par Murat de la Dordogne. Montpellier, 1810, in-8.

Description géologique des environs de Montpellier; par Paul-Gervais de Rouville. Montpellier, 1853, in-4.

Hortus regius Monspeliensis; auct. A. Gouan. Lugduni, 1762, in-8.

Flora Monspeliaca; auct. A. Gouan. Lugduni, 1765, in-8.

Herborisations des environs de Montpellier; par Antoine Gouan. Montpellier, an IV, in-8.

État de la végétation sous le climat de Montpellier; par P.-J. Amoreux. Montpellier, 1809, in-8.

Catalogus plantarum horti botanici Monspeliensis; auct. A.-P. de Candolle. Monspelii, 1813, in-8.

Nomenclateur botanique languedocien; par Ch. de Belleval. Montpellier, 1840, in-12.

Le Jardin des plantes de Montpellier; par le professeur-directeur Charles Martins (avec des dessins de M. Laurens). Montpellier, 1854, in-4.

Notice sur les bains de Palavas; par le docteur L.-J. Saurel. Montpellier, 1851, in-8.

Observations pour servir à l'histoire des eaux minérales de Foncaude; par le docteur E. Bertin. Montpellier, 1847, in-8.

Series præsulum Magalonensium et Monspeliensium; auct. P. Gariclo. Tolosa, 1665, in-fol.

Idée de la ville de Montpellier; par Gariel. Montpellier, 1665, grand in-4.

Histoire de la ville de Montpellier; par Ch. d'Aigrefeuille. Montpellier, tom. Ier (histoire politique), 1737 ; tom. II (histoire ecclésiastique), 1739, in-fol.

Mémoires historiques sur Montpellier et sur le département de l'Hérault (histoire des églises de St-Pierre, de Notre-Dame-des-Tables, de la statue équestre de Louis XIV, de la place du Peyrou, etc.); par J.-P. Thomas. Montpellier, 1827, in-8.

Histoire de la ville de Montpellier sous la domination de ses premiers seigneurs, sous celle des rois d'Aragon et des rois de Mayorque ; par Garonne. 1829. — Suite : *Histoire de la ville de Montpellier sous la domination française* ; par le même. 1835. Montpellier, in-8.

De l'Antiquité de Montpellier ; par V. Broussonnet. Montpellier, 1839, in-8.

Le Petit Thalamus de Montpellier ; publié par la Société archéologique de cette ville. En cinq parties : la coutume, les établissements, les serments, la chronique romane et la chronique française. Montpellier, 1840, in-4.

Histoire de la Commune de Montpellier, depuis ses origines jusqu'à son incorporation définitive à la monarchie française ; par A. Germain. Montpellier, 1851. 3 vol. in-8.

Proprium insignis ecclesiæ cathedralis ac diœcesis Monspeliensis (olim Magalonensis), jussu D. Ch.-J. de Colbert. Monspelii, 1736, in-8.

Le Propre des Saints de l'église cathédrale et du diocèse de Montpellier. 2e édition, 1753, in-12.

Almanach historique et chronologique de la ville de Montpellier ; par D. Donat. Montpellier, 1759, in-8.

Le noble jeu de mail de la ville de Montpellier ; par Sudre. Montpellier, 1772, in-12.

Notice sur Montpellier ; par Ch. de Belleval. Montpellier, an XI, in-8. — 4e édition, Montpellier, 1826, in-8. — *Notes sur Montpellier* ; par le même. (Additions et corrections à l'ouvrage précédent.) 1835, in-8.

Essai historique et descriptif sur Montpellier; par Eugène Thomas. Montpellier, 1836, in-8.

Sommaire des règlements faits par le Bureau de police de Montpellier; par Reboul. Montpellier, 1760, in-8.

Code municipal de Montpellier; par Ulysse Cros. Montpellier, 1836, in-8.

Guide de Montpellier, ou contrôle manuel et distribution de la ville de Montpellier en sixains, îles, rues, etc.; par Flandio de la Combe. Montpellier, 1788, in-12.

Indicateur des rues et places de la ville de Montpellier, etc. (rédigé d'après le travail d'une Commission de huit membres, par Casimir Desmazes). Montpellier, 1853, in-12.

Essai de statistique (de la ville de Montpellier); par Mourgues. Paris, an IX, in-8.

Mémoires pour servir à l'histoire de la Faculté de médecine de Montpellier; par Astruc. Paris, 1767, in-4.

Fragments pour servir à l'histoire de la médecine dans l'Université de Montpellier; par V.-G. Prunelle. Montpellier, an IX, in-4.

Histoire de l'Université de Montpellier; par Kühnholtz. Paris, 1840, in-8.

Histoire et Mémoires de la Société royale des sciences de Montpellier; par de Ratte. Tome Ier. Lyon, 1766, in-4. — Tom. II. Montpellier, 1778, in-4.

Éloges des Académiciens de Montpellier, publiés par le baron Desgenettes. Paris, 1811, in-8.

Recueil des Bulletins publiés par la Société libre des sciences et belles-lettres de Montpellier. Montpellier, de 1803 à 1813. 6 vol. in-8.

Ajoutons à cette brève nomenclature les *Mémoires* des Sociétés archéologiques de Montpellier (depuis 1835) et de Béziers (1834); de l'Académie des sciences et lettres de Montpellier (1847); de la Société d'agriculture (1807); les *Annuaires* du département (1818).

Deux mines inépuisables sont d'ailleurs ouvertes aux études historiques du pays: les Archives départementales et les Archives municipales. Dans le premier dépôt se trouvent la plus grande partie des papiers de l'*Intendance* de Languedoc, des *États* provinciaux et diocésains, de l'*Hôtel de la Monnaie* de Montpellier, de la juridiction des *Consuls de mer*, de l'*Amirauté*, de l'*Évêché de Maguelone* ou de *Montpellier*, des *Chapitres* épiscopaux et collégiaux de Montpellier et de Béziers; de plusieurs *Monastères* d'hommes et de femmes, les cartulaires des abbayes d'*Aniane* et de *St-Guillem-du-Désert*, dont les actes remontent à l'an 804; des Recueils historiques, etc.

Les Archives municipales se composent notamment de chartes, bulles, diplômes et autres titres du XIIIme au XVIme siècle: ces pièces, renfermées dans des cassettes de bois, concernent les priviléges accordés à la Ville; des registres du *Consulat*, des *Compois* ou cadastres, des comptes des *Clavaires* ou Receveurs; des délibérations du *Corps municipal*. Parmi les manuscrits latins et français, sur parchemin, en minuscule et cursive, nous nommerons quatre *Recueils* précieux, intéressant à la fois l'histoire et l'administration de Montpellier: le *Petit Thalamus*, pet. in-4º de 565 feuillets (V. ci-dessus, pag. 339); le *Grand Thalamus*, in-fol. de 387 feuillets (1204-1675); le *Mémorial des Nobles*, in-fol. de 246 feuillets avec enluminures, du XIIIme siècle; le *Livre noir*, aussi du XIIIme siècle, de

54 feuillets. Enfin nous signalerons un autre *Recueil* in-fol. où sont peints sur vélin, en robe, les anciens Maires, Consuls et Greffiers de la Cité. Le dernier, Jean-Antoine de Cambacérès, père de l'Archi-Chancelier, a été peint en 1765. Il était *Maire-perpétuel de Montpellier*.

FIN.

TABLE DES CHAPITRES.

		Pages.
Avertissement................................		v
Chap. Ier.	Histoire........................	1
Chap. II.	Météorologie	24
Chap. III.	Géologie	34
Chap. IV.	Productions.....................	40
Chap. V.	Population	47
Chap. VI.	Constitution physique des habitants, Caractère, Mœurs....	55
Chap. VII.	Coutumes, Usages, Jeux, Danses publiques.....................	61
Chap. VIII.	Langage........................	73
Chap. IX.	Topographie....................	104
Chap. X.	Place du Peyrou	121
Chap. XI.	Arc de triomphe, ou Porte du Peyrou	131
Chap. XII.	Aqueduc de Montpellier	134
Chap. XIII.	Esplanade	136
Chap. XIV.	Citadelle	137
Chap. XV.	Jardins publics.................	139
	Jardin des plantes................	Ibid.
	Narcissa	147
	Jardins du roi et de la reine.........	187
Chap. XVI.	École (Faculté) de médecine.....	190

		Pages
Chap. XVII.	Faculté des sciences	202
Chap. XVIII.	Faculté des lettres	205
Chap. XIX.	Observatoire	207
Chap. XX.	École supérieure de pharmacie.	208
Chap. XXI.	Musée-Fabre	*Ibid.*
Chap. XXII.	Églises	220
	Notre-Dame-des-Tables	221
	Cathédrale St-Pierre	229
	Saint-Roch (Légende)	234
	Temple protestant	247
	Charles Buonaparte	248
Chap. XXIII.	Hôpitaux et établissements de bienfaisance	254
Chap. XXIV.	Maison centrale de détention	256
Chap. XXV.	Palais de Justice	257
Chap. XXVI.	Monuments de Jacques-Cœur	264
Chap. XXVII.	St-Côme	266
Chap. XXVIII.	Salle des spectacles	267
Chap. XXIX.	Environs de Montpellier	268
	Antiquités	269
	Maguelone	273
	Cimetière St-Lazare	277
	Lieux remarquables des environs de Montpellier	278
	Bains	282
	Coup d'œil sur le département	286
Chap. XXX.	Administration, Justice	288
Chap. XXXI.	Commerce	300
Chap. XXXII.	Biographie	305
Chap. XXXIII.	Bibliographie	337

www.ingramcontent.com/pod-product-compliance
Lightning Source LLC
Chambersburg PA
CBHW060333170426
43202CB00014B/2767